Emotional Boosting

Emotional Boosting

Die hohe Kunst der Kaufverführung

Hans-Georg Häusel

2. Auflage 2012

Haufe Gruppe
Freiburg · München

Bibliografische Information der Deutschen Nationalbibliothek
Die Deutsche Nationalbibliothek verzeichnet diese Publikation in der Deutschen Nationalbibliografie; detaillierte bibliografische Daten sind im Internet über http://dnb.d-nb.de abrufbar.

Print: ISBN: 978-3-648-02944-2 Bestell-Nr. 00116-0002
EPUB: ISBN: 978-3-648-02945-9 Bestell-Nr. 00116-0101
EPDF: ISBN: 978-3-648-02946-6 Bestell-Nr. 00116-0151

Hans-Georg Häusel
Emotional Boosting
2. Auflage 2012
© 2012, Haufe-Lexware GmbH & Co. KG, Munzinger Straße 9, 79111 Freiburg

Redaktionsanschrift: Fraunhoferstraße 5, 82152 Planegg/München
Telefon: (089) 895 17-0
Telefax: (089) 895 17-290
Internet: www.haufe.de
E-Mail: online@haufe.de
Produktmanagement: Steffen Kurth

Anschrift des Verfassers: Dr. Hans-Georg Häusel
Gruppe Nymphenburg Consult AG
Arnulfstraße 56
80335 München
E-Mail: hg.haeusel@nymphenburg.de
Telefon: (089) 54 90 21-30

Lektorat: Ulrike Wachter-Eberle
Satz: kühn & weyh Software GmbH, 79110 Freiburg
Umschlag: RED GmbH, 82152 Krailing
Druck: fgb, freiburger graphische betriebe, 79108 Freiburg

Alle Angaben/Daten nach bestem Wissen, jedoch ohne Gewähr für Vollständigkeit und Richtigkeit. Alle Rechte, auch die des auszugsweisen Nachdrucks, der fotomechanischen Wiedergabe (einschließlich Mikrokopie) sowie der Auswertung durch Datenbanken oder ähnliche Einrichtungen, vorbehalten.

Inhaltsverzeichnis

Vorwort		7
I. Emotionen: wie sie wirken und was sie ausmachen		11
1	No emotions – no money	13
1.1	Warum nur Emotionen Wert und Werte schaffen	13
2	Think Limbic!	27
2.1	Wie das emotionale Gehirn funktioniert	27
II. Wie man mit Emotional Boosting den entscheidenden Vorteil erreicht		55
3	Product Boosting	57
3.1	Wie man den inneren Wert von Produkten und Marken steigert	57
4	Presentational Boosting	85
4.1	Wie man sein Angebot mit kleinen Tricks groß herausbringt	85
5	Retail Boosting	111
5.1	Wie man mit Emotionen clever handelt	111
6	Web Boosting	139
6.1	Wie man im Web mehr verkauft	139
7	Service Boosting	153
7.1	Wie man Kunden bindet und begeistert	153
8	Sales Boosting	177
8.1	Wie man ins Herz seiner Zielgruppen trifft	177
9	B2B Boosting	195
9.1	Warum auch Ingenieure Menschen sind	195
10	Culture & Brand Boosting	211
10.1	Wie man die Spiegelneuronen seiner Mitarbeiter und Kunden aktiviert	211

Literatur	225
Über die Gruppe Nymphenburg Consult AG	227
Autor	229
Stichwortverzeichnis	231

Vorwort

Was ist Emotional Boosting? Die Antwort: Emotional Boosting ist Marketing aus Sicht des Gehirns. Aber wie unterscheidet sich Marketing aus Sicht des Gehirns vom klassischen Marketingdenken? Die Antwort: Das klassische Marketing geht von einem bewussten und rationalen Kunden aus, der uns brav seine Wünsche erzählt, die wir dann umsetzen. Doch mit dieser Herangehensweise gibt es ein Problem: Die Hirnforschung zeigt uns nämlich eindrucksvoll, dass der bewusste und rationale Kunde eine Illusion ist. Kaufentscheidungen fallen erstens weitgehend unbewusst und zweitens sind sie immer emotional. Die Welt bekommt nämlich erst durch Emotionen Wert und Bedeutung. Marketing aus Sicht des Gehirns bedeutet also, nicht darauf zu warten, bis der Kunde seine Wünsche äußert, sondern proaktiv alles dafür zu tun, um die unzähligen kleinen Kaufknöpfchen im Kundengehirn zu aktivieren. Wenn Wert nur durch Emotionen entsteht und deren Aktivierung weitgehend unbewusst erfolgt, bedeutet dies zwangsläufig, dass man den Wert eines Produktes, einer Marke oder einer Dienstleistung dadurch erhöht, indem man die damit verbundenen oder von ihnen ausgelösten Emotionen verstärkt oder in Englisch: boostet.

Ein Werber wird jetzt sagen: „Das wusste ich doch schon immer." Dabei denkt er an seine Werbekampagne, in der sich ein verliebtes Paar sehnsüchtig in die Augen schaut und eine Pizza, einen Espresso oder sonst etwas verzehrt. Aber so einfach ist das nicht mit der Emotionalisierung. Damit das Ganze gelingt, müssen wir uns nämlich klar machen, dass es nicht einen einzigen großen Kaufknopf im Kundengehirn gibt, sondern jedes Produkt und jeder Serviceprozess aus vielen kleinen Kontaktpunkten besteht. Emotional Boosting bedeutet deshalb, jedes Detail aus Sicht des Kundengehirns zu betrachten und emotional zu verstärken. Doch damit das gelingt, muss man wissen, welche Emotionssysteme im Gehirn vorhanden sind und wie sie zusammenwirken. Mit Limbic® haben wir in der Gruppe Nymphenburg heute weltweit mit den fundiertesten und besten Ansatz zum Verständnis der Emotions- und Motivsysteme für die Marketingpraxis entwickelt. (Mehr über die wissenschaftlichen Hintergründe von Limbic® finden Sie unter: www.haeusel.com).

Limbic® wird uns deshalb in diesem Buch als Navigations- und Orientierungssystem dienen. Machen wir uns also gemeinsam auf zu einer spannenden Entdeckungsreise in das emotionale Kundengehirn.

Vorwort

Ein kurzer Überblick über den Aufbau des Buches

Zunächst einmal: Das vorliegende Buch ist ein Praxisbuch und deswegen steht auch die Praxis im Vordergrund. Aber auch ein Handwerker, der ganz und gar auf Praxis ausgerichtet ist, braucht einen Werkzeugkasten mit besten Werkzeugen und er muss wissen, wie dieses Werkzeug funktioniert. Wenn wir also auf die emotionalen Kaufknöpfe im Kundengehirn drücken wollen, müssen wir die Emotionssysteme im Gehirn und ihre Funktionen kennen. Nachdem wir uns im ersten Kapitel mit der Idee des Emotional Boosting vertraut gemacht haben, werden wir uns im zweiten Kapitel mit dem Limbic®-Ansatz näher beschäftigen (Leser, die mein Buch „Brain View - Warum Kunden kaufen" gelesen haben, können dieses Kapitel quer lesen). Um die Motivstruktur von Produkten und Marken geht es im 3. Kapitel „Product Boosting." Wir lernen, wie man unbewusste Motive erkennt und diese gezielt ansprechen kann. Der Mensch ist aber auch ein Sinn suchendes Wesen. Über 99 % der Menschen glauben an höhere Mächte. Die Suche nach Sinn und Halt findet er in der heutigen Zeit nicht mehr nur in Religionsgemeinschaften, sondern auch in Produkten und Marken. Wir beschäftigen uns deshalb auch damit, wie man die emotionale Sinnstruktur von Produkten und Marken verstärken und nutzen kann. Während wir im 3. Kapitel die innere emotionale Substanz eines Produktes verstärken, werden wir im 4. Kapitel „Presentational Boosting" erfahren, wie man die Inszenierung eines Produktes durch viele kleine Tricks emotionalisieren kann. Im 5. Kapitel „Retail Boosting" überlegen wir uns, welche Chancen Emotional Boosting für den Handel bietet. In Kapitel 6 „Web Boosting" übertragen wir unser Wissen auf das Web. Die emotionale Seite des Service- und Dienstleistungsbereichs erkunden wir im 7. Kapitel „Service Boosting". Wie eine zielgruppenorientierte Emotional Boosting-Strategie im Finanzbereich umgesetzt wird, zeigt Kapitel 8 „Sales Boosting". In Kapitel 9 „B2B Boosting" lernen wir am Beispiel einer Maschinenfabrik, dass auch die scheinbar rationale B2B-Welt viele Möglichkeiten und Ansätze zum Emotional Boosting bietet. Im Abschlusskapitel „Cultur & Brand Boosting" führen wir alles Gelernte zusammen, machen uns Gedanken über strategische Markenführung und werfen noch einen Blick auf das für das menschliche Gehirn wichtigste Emotionssignal: das menschliche Gesicht und damit auf die Rolle der Mitarbeiter.

Manipulation und Verführung?

Ich werde des Öfteren gefragt, ob denn alle meine Ideen und Überlegungen nicht Manipulation und Verführung pur seien. Ich will darauf eine klare Antwort geben: Ja, sie sind es! Aber Verführung und Manipulation sind nun einmal untrennbar mit der menschlichen Existenz verbunden. Jede Frau, die sich morgens schminkt und ihre weiblichen Formen durch geeignete Mode betont, manipuliert. Jeder Mann, der durch eine teure Uhr seine Prosperität zeigt und seiner Angebeteten Blumen schickt, manipuliert. Jeder Pfarrer, der eine Messe zelebriert, manipuliert. Und jeder Journalist, der einen Artikel schreibt, manipuliert auch. Manipulation, so viele Philosophen, wird dann verwerflich, wenn man damit bewusst dem anderen schadet. Zudem: Ich lege die Tricks offen, so dass man sich, wenn man diese kennt, auch teilweise dagegen schützen kann. Warum nur teilweise? Weil man in der Hektik des Alltags gar nicht die Zeit hat, sich um die vielen kleinen Kaufverführer, die auf der Lauer liegen, zu kümmern.

Ich wünsche Ihnen jedenfalls viel Spaß beim Lesen

Herzlichst
Ihr

Dr. Hans-Georg Häusel

München, im Juni 2012

I. Emotionen: wie sie wirken und was sie ausmachen

1 No emotions – no money

1.1 Warum nur Emotionen Wert und Werte schaffen

> **Was Sie in diesem Kapitel erwartet:**
> *Alchimisten haben schon immer davon geträumt, aus Wasser Gold zu machen. Was damals unmöglich war, ist heute fast Realität. Durch Emotional Boosting wird z. B. der Wert von Wasser um das 75.000fache gesteigert. Wer in Verkauf und Marketing Erfolg haben will, verabschiedet sich vom Bild des bewussten und rationalen Kunden. Er drückt besser systematisch die unzähligen Kaufknöpfchen, die im Unbewussten des Kundengehirns vorhanden sind.*

Würden Sie, liebe Leserin und lieber Leser, für ein Produkt tausendmal mehr bezahlen, als es eigentlich wert ist? „Nie und nimmer" werden Sie sagen — allein schon das Ansinnen, dass Sie so unvernünftig handeln könnten, stellt schon fast den Tatbestand einer Beleidigung dar. Schließlich, und das ist unser Selbstbild, sind wir doch rational und bewusst handelnde Akteure oder in unserem speziellen Fall: Konsumenten. Wir, so glauben wir, entscheiden bewusst und vernünftig. Mehr bezahlen als ein Produkt wert ist? Niemals! Doch lassen Sie sich überraschen. Werfen wir dazu einen Blick in die Welt des Alltagskonsums. Das sicherlich profanste Produkt, das man sich so denken kann, ist Wasser. Wenn man wie ich im Münchner Süden wohnt, hat man das Glück, dass das Leitungswasser direkt aus den bayerischen Alpen kommt. 0,75 Liter dieses qualitativ guten Wassers kosten inklusive Abwassergebühr 0,12 Cent. Nun gehen Sie in den Supermarkt und kaufen eine 0,75-Liter-Flasche eines Markenwassers. Nach Abzug des Pfands für die Glas- oder PET-Flasche zahlen Sie dafür rund 80 Cent. Das Wasser, so versichern Lebensmittelchemiker, ist nicht besser und nicht gesünder als meines aus dem Wasserhahn. Für das normale Markenwasser haben Sie also bereits 650-mal soviel bezahlt als es wert ist. Warum? Weil offensichtlich ein Markenetikett genügt hat, in Ihrem Gehirn den Geldbeutel zu öffnen. Aber wir sind noch nicht am Ende unserer Reise. Jetzt gehen Sie abends nett essen und bestellen sich zum Wein ein Apollinaris, ein San Pellegrino oder ein Perrier. Auf der Rechnung finden Sie für dieses Wasser den Preis von 7 Euro. Von unserem Ausgangspunkt 0,12 Cent gerechnet, handelt es sich um eine Steigerung um den Faktor 6000! Warum haben Sie das bezahlt? Zum einen, weil es eine Premium-Marke war. Zum anderen, weil das Wasser in einem edlen Umfeld von einem vornehmen Ober serviert wurde. Sie sind verblüfft — aber unsere Wasser-Reise hat noch einen weiteren Höhepunkt. Nach diesem Essen gehen

Sie mit Ihrem Partner oder Ihrer Partnerin in einen absoluten „In-Club". Alles ist hier ganz stylish und die Geld-Elite Ihrer Stadt gibt sich in diesem Lokal regelmäßig ein Stelldichein. Auch hier bestellen Sie sich ein Wasser. Der Barkeeper fragt, ob Sie lieber ein Bling-Gold- oder ein Voss-Wasser haben wollen. Sie kennen keines von beiden. Der Barkeeper meint, Bling-Gold sei der große Renner und absolut „in", und so bestellen Sie davon eine Flasche. Der Barkeeper bringt die Flasche an den Tisch und entfernt, wie bei einem Wein, die Metallkappe, um sie dann mit einem Korkenzieher zu öffnen. Er gießt Ihnen ein und lässt Sie dann mit der Flasche alleine. Sie staunen. Das matte Glas fühlt sich sanft und wertvoll an und der Schriftzug besteht aus aufgesetzten Swarovski-Kristallen (siehe Abbildung 1). Sie trinken das Wasser voller Ehrfurcht. Aber wenn Sie ehrlich sind: Sie stellen keinen Unterschied zu einem normalen Wasser fest. Das einzige, was Sie feststellen, sind die neugierigen Blicke Ihrer Tischnachbarn.

Abbildung 1: Wie man aus Wasser Gold macht: Bling H2O

Auf der Rechnung, die alsbald folgt, ist der Unterschied zu Ihrem Hauswasser jedoch dramatisch: 90 (in Worten: neunzig!) Euro — das ist eine 75.000fache Wertsteigerung —, obwohl Sie keinerlei Unterschied schmecken! Sie sind fassungslos. Wie konnte Ihnen, dem bewusst handelnden Konsumenten, so etwas passieren? Schon Ihre Bereitschaft den 650fachen Wert für das Supermarkt-Markenwasser zu bezahlen, brachte Sie zum Grübeln. Und jetzt dieses Rationalitätsfiasko. Auch der Hinweis des Barkeepers, dass auch die Hündchen von Paris Hilton dieses Wasser täglich trinken, ist nur ein schwacher Trost für Sie. Uns interessiert jetzt aber eine andere Frage. Wie schaffen es die amerikanischen Bling-Produzenten, aus Wasser Gold zu machen? Die Antwort: durch Emotional Boosting. Auf Deutsch: durch emotionale Verstärkung. Wir werden uns im Verlauf von Kapitel 3 und 4 immer wieder mit Bling beschäftigen und die vielen kleinen Details seiner emotionalen Wertsteigerung kennenlernen.

Wie ein Taxifahrer seine Kunden glücklich macht

Verlassen wir die mondäne Welt und wechseln in den Alltag. Vor einigen Wochen hatte ich mir ein Taxi zum Flughafen bestellt. Das Taxi, ein sehr gepflegter Mercedes, kam pünktlich. Der Fahrer persischer Herkunft verstaute mein Gepäck und öffnete mir die hintere Wagentür. Ich nahm Platz. Neben mir auf der Rückbank fand ich eine aktuelle Tageszeitung und einige Illustrierte sowie eine geöffnete Dose mit Erfrischungsbonbons auf der Mittelkonsole. Da ich von etwas größerer Statur bin, ist hinten der Platz, wenn der vordere Sitz in normaler Position ist, doch sehr beengt. Kaum saß ich im Wagen, schob der Fahrer sofort den Sitz nach vorne. Eine Prozedur, die in den meisten Taxis erst auf ausdrückliche Bitte erfolgt. Der Fahrer drehte sich um und sagte: „Die Zeitungen sind für Sie da. Nehmen Sie auch ein Bonbon, da kommen Sie gleich frisch in den Tag." Und nach einer kurzen Pause fragte er: „Möchten Sie gerne Musik hören — Pop, Klassik oder Volksmusik? Oder wollen Sie lieber Ihre Ruhe haben?" Wenn man so freundlich empfangen wird, kommt man natürlich gleich ins Gespräch und ich fragte ihn (mitten in der Rezession), wie das Geschäft denn so liefe. Er antwortete: „Ich bin sehr zufrieden und gut ausgebucht." Die gleiche Frage stellte ich einige Tage zuvor einem anderen Taxifahrer. Seine Antwort: „Besch…". Doch zurück zu unserem Fahrer. Ich fragte ihn, warum er so zufrieden mit seinem Geschäft sei? Die Antwort: „Ich bekomme zwar gleich viel Geld für den Kilometer wie meine Kollegen, aber ich habe weit mehr persönliche Vorbestellungen. Ich habe sehr viele Stammkunden und die fahren mit mir oft zum weit entfernten Flughafen. Ich bin gut ausgelastet, viele meiner Kollegen nicht." Was ist nun der eigentliche Grund für den Erfolg unseres Taxifahrers? Die Antwort: Emotional Boosting. Ganz speziell mit dem Thema Service werden wir uns in Kapitel 7 „Sales Boosting" beschäftigen. Im Vergleich zu unserem Wasser-Beispiel wird hier ein wichtiger Zusammenhang deutlich: Während sich beim Wasser durch Emotional Boosting der Preis vervielfachte, blieb der Preis beim Taxifahrer der gleiche. Was sich allerdings steigerte, war die Kundenzahl und die Kundenbindung. Trotzdem haben beide Beispiele eines gemeinsam: Es klingelt in der Kasse!

Verhandeln Sie nicht mit dem Regierungssprecher, sondern mit der Regierung

Vielleicht sind Sie jetzt etwas neugierig geworden und fragen sich, was hinter dem neuen Begriff „Emotional Boosting" eigentlich steckt? In aller Kürze kann man die Frage so beantworten: Emotional Boosting ist Marketing und Verkauf aus Sicht des Gehirns. Aber was ist da anders als beim herkömmlichen Marketing? Was unterscheidet Emotional Boosting von „Kundenorientierung"? Die Antwort ist einfach: Während das klassische Marketing inklusive Kundenorientierung vom bewussten und rationalen Kunden ausgeht, den man fragt, was er will, verfolgt Emotional Boosting einen gänzlich anderen Weg. Weil Kaufentscheidungen nämlich weitgehend unbewusst aufgrund emotionaler Programme im Kundengehirn fallen, ist es das Ziel von Emotional Boosting, ganz konsequent die vielen tausend kleinen Kaufknöpfchen im Unbewussten des Kunden zu drücken. Emotional Boosting verabschiedet sich also vom bewussten und rationalen Kunden und nutzt die Erkenntnisse der modernen Hirnforschung. Der Kunde hat nämlich in der Regel keine Ahnung davon, warum er wie entscheidet, auch wenn er es selbst glaubt. Diese Täuschung bezeichnet die Hirnforschung übrigens als „Benutzer-Illusion". Oder frei nach dem amerikanischen Neurophilosophen Daniel Dennett: „Das Bewusstsein eines Kunden (bei Dennett: „Menschen") gleicht einem Regierungssprecher, der Entscheidungen zu verkünden hat, an denen er a) nicht beteiligt war und b) dessen wahre Entscheidungsgründe ihm zudem nicht zugänglich sind." Wer also Erfolg haben will, wendet sich deshalb nicht an den Regierungssprecher, sondern direkt an die Regierung. Und wer ist die Regierung? Das sind die Emotionssysteme im Kundengehirn!

Kritiker könnten nun sagen: „Das ist doch nichts Neues — durch Emotion Wert zu schaffen. Jedem Werber wird das doch schon im ersten Lehrjahr eingehämmert." Derweil ein Werber unter Emotionalisierung versteht, im TV-Spot ein Paar zu zeigen, das sich verliebt beim Joghurt-Genuss in die Augen schaut, und sein Event-Kollege bei der Aufforderung mehr Emotionen in die Bude zu bringen, den Bass wummern lässt und die Lichtorgel zu Höchstleistungen antreibt, werden wir entdecken, dass diese Form der Emotionalisierung durchaus ihre Berechtigung hat und wirken mag.

Emotional Boosting greift aber viel, viel weiter und tiefer. Und damit sind wir schon beim ersten Prinzip von Emotional Boosting angelangt.

1 Warum nur Emotionen Wert und Werte schaffen

Prinzip 1: Emotional Boosting ist ein strategischer Ansatz für die Praxis

Insbesondere die Kreativen glauben, dass Emotionalisierung immer mit einem Wow-Effekt verbunden sein muss. Zugegeben: Wow-Effekte, über die viele Menschen kurzfristig reden, können durchaus Erfolg haben. Aber Sie haben ein Problem: Sie sind meist zufällig und sie sind nicht nachhaltig! Was wir auf unserer gemeinsamen Reise entdecken werden, ist, dass die wirkliche Emotionalisierung eines Unternehmens, einer Dienstleistung und eines Produktes viel, viel weiter geht als eine kreative Werbekampagne. Emotional Boosting ist nämlich nicht nur Aufgabe der Kreativen oder der Marketingabteilung — es ist die Aufgabe des ganzen Unternehmens. Es geht nämlich nicht darum, eine lustige Idee zu haben, sondern alle Kundenkontaktpunkte konsequent aus Sicht des (emotionalen) Kundengehirns zu betrachten und emotional zu optimieren. Doch damit diese Operation gelingt, braucht man Instrumente — man muss wissen, wie das emotionale Kundengehirn funktioniert. Man muss wissen, welche Emotionssysteme es im Kundengehirn gibt und wie Kaufentscheidungen wirklich fallen. Mit dem Limbic®-Ansatz hat die Gruppe Nymphenburg nach Meinung vieler Experten heute das beste und wissenschaftlich fundierteste Emotions-Modell für die Marketing- und Vertriebspraxis geschaffen. Wie man dieses faszinierende Modell und Wissen konsequent in der Praxis einsetzt, zeigt dieses Buch. Die Grundlagen dazu schaffen wir im nächsten Kapitel.

Warum, werden Sie fragen, sind denn Emotionen bei Kaufentscheidungen so wichtig? Den ersten kleinen Eindruck haben wir ja bereits oben beim Mineralwasser- und Taxi-Beispiel bekommen. Aber Eindruck ist nicht Einblick. Was wir jetzt brauchen ist ein kleiner Einblick ins Kundengehirn und die Macht der Emotionen. Damit wären wir schon beim zweiten wichtigen Prinzip von Emotional Boosting angelangt. Dieses Prinzip lautet:

Prinzip 2: Nur Emotionen geben der Welt Wert und Bedeutung

Man kann dieses Prinzip auch so ausdrücken: Marken, Produkte oder Services, die keine Emotionen auslösen, sind für das Gehirn wertlos. Kein Produkt hat einen Wert an sich. Wert entsteht erst im Bewusstsein des Kunden. Aber um zu verstehen, wie diese Bewertung erfolgt, müssen wir uns kurz mit den Abläufen und Strukturen im Kundengehirn beschäftigen. Zunächst einmal kann man, wie Abbildung 2 zeigt, das Gehirn ganz grob in drei Zonen einteilen.

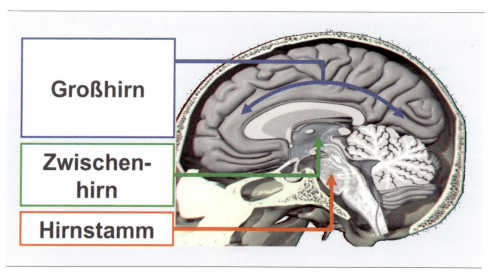

Abbildung 2: Der Aufbau des Gehirns

Ganz unten befindet sich der sogenannte Hirnstamm, der entwicklungsgeschichtlich sehr alt ist. Darüber liegen das Zwischenhirn und schließlich das Endhirn, dessen wichtigster Bestandteil der Neokortex ist, der umgangssprachlich auch Großhirn genannt wird. Dieser Gehirnbereich ist entwicklungsgeschichtlich der jüngste und, was seine Größe betrifft, auch der größte Teil des Gehirns. Eine ganz wichtige Gehirnstruktur, die teilweise zum Zwischenhirn, teilweise zum Endhirn gezählt wird, ist das sogenannte limbische System (siehe Abbildung 3). An der hinteren Seite des Gehirns sitzt schließlich das Kleinhirn.

Das limbische System ist eine Sammelbezeichnung für Hirnstrukturen, die wesentlich an der Emotionsverarbeitung beteiligt sind. Beim limbischen System handelt es sich also nicht um eine funktionale Einheit im Gehirn. Es gibt Hirnforscher, die aus diesem Grund den Begriff ablehnen. Aber Begriffe helfen, die Welt zu ordnen und zu vereinfachen. Aus der gleichen Logik heraus dürfte man auch nicht von „Mittelmeerländern" sprechen, denn auch diese liegen in unterschiedlichen Erdteilen, besitzen unterschiedliche kulturelle und religiöse Hintergründe usw. Aber was den Mittelmeerländern gemeinsam ist: Sie liegen am Mittelmeer, obwohl sie noch viele weitere Eigenschaften haben. Genauso ist es mit den verschiedenen Hirnarealen, die zum limbischen System gezählt werden. Sie alle sind an der Emotionsverarbeitung beteiligt, haben aber noch zusätzlich weitere Funktionen. Durch die Fortschritte der Hirnforschung hat sich auch der Umfang des limbischen Systems erweitert, weil man festgestellt hat, dass auch große Bereiche des vorderen Großhirns stark mit der Verarbeitung der Emotionen beschäftigt sind. Diese Erkenntnis zwang zu einem radikalen Umdenken.

1 Warum nur Emotionen Wert und Werte schaffen

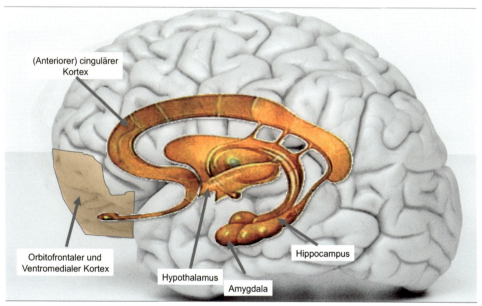

Abbildung 3: Das limbische System: Das limbische System ist eine Sammelbezeichnung für die Hirnstrukturen, die wesentlich an der Emotionsverarbeitung beteiligt sind.

Die emotionale Wende: die kleine Revolution in der Hirnforschung

Bis Mitte der 90er-Jahre herrschte in der Gehirnforschung weitgehend Übereinstimmung darüber, welche Funktion diese größeren Gehirnbereiche hätten. Abbildung 4 veranschaulicht diese alte Welt. Das Großhirn, der Neokortex, galt als Sitz des Verstandes und der Vernunft. Dem darunter liegenden limbischen System wurden die Emotionen zugeordnet und dem Stammhirn tief unten die Heimat der niederen Instinkte: also Sex und Fußball.

Diese Gehirnbereiche würden, so die Annahme, wie Zwiebelschalen aufeinander sitzen und, weil sie kaum verbunden wären, relativ unabhängig voneinander arbeiten. Eine besondere Bedeutung in diesem Modell hatte der Neokortex. Man ging davon aus, dass er das eigentliche Machtzentrum im menschlichen Kopf sei, das bewusst, vernünftig, computergleich und rational Entscheidungen treffen würde. Man erkannte aber dann durch Untersuchungen bei hirnverletzten Patienten, dass Emotionen keinesfalls Störungen in Entscheidungsprozessen waren. Das Gegenteil war der Fall: Ohne Emotionen kamen überhaupt keine guten Entscheidungen zustande! Patienten, deren Emotionszentren im Kopf gestört waren, waren z. B. unfähig, bei Kartenspielen, die Gewinn oder Verlust von Geld zur Folge hatten, richtige Entscheidungen zu treffen.

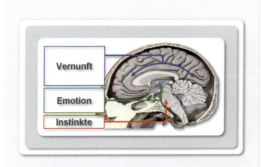

Abbildung 4: Das alte Denken in der Hirnforschung

Heute weiß man, dass letztlich unser ganzes Gehirn mehr oder weniger emotional ist. Die vorderen Gehirnbereiche mehr, das hintere Großhirn und das Kleinhirn weniger. Diese Einsicht wird auch durch einen Seitenblick auf die Nervenbotenstoffe und Hormone untermauert, die unsere Emotionssysteme maßgeblich mitgestalten. Ihre Bahnen beginnen im Stammhirn, laufen dann durch das Zwischenhirn und limbische System, enden aber nicht dort, sondern ziehen sich durch das gesamte Großhirn hindurch und beeinflussen dort die Art und Weise unseres Denkens. Die stärkste Konzentration allerdings findet sich im limbischen System. Die alte Dreiteilung gehört daher der Vergangenheit an. Auch das vernünftige Großhirn leistet deshalb einen wichtigen Beitrag bei der Emotionsverarbeitung. Insbesondere der vordere Teil des Großhirns spielt die Rolle eines (emotionalen) Rechenzentrums, das Wege und Wahrscheinlichkeiten berechnet, wie der Kunde und Konsument ein Maximum an Lust mit einem Minimum an Einsatz, zum Beispiel in Form von Zeit, Geld oder Arbeit, erhält. Dazu werden die eingehenden und vom limbischen System bewerteten Signale mit verschiedensten emotionalen Erfahrungen und Bildern, die aus dem sogenannten episodischen oder autobiographischen Gedächtnis abgerufen werden, verrechnet. Daraus entsteht dann ein Handlungsplan, der vom mittleren Teil des Großhirns und den darunter liegenden Basalganglien in konkrete Handlungen umgesetzt wird. Im hinteren Großhirn und im seitlichen Großhirn erfolgen die Objekterkennung und die Bewegungskoordination im Raum. Abbildung 5 zeigt uns vereinfacht diese Struktur.

1 Warum nur Emotionen Wert und Werte schaffen

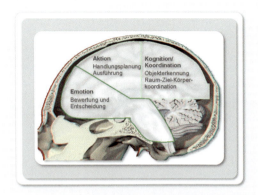

→ **Das neue Denken in der Hirnforschung:**

→ Emotionen entscheiden.

→ Das emotionale Machtzentrum im Gehirn ist das limbische System.

→ Entscheidungen fallen weitgehend unbewusst (ca. 70-80%).

Abbildung 5: Das neue Denken in der Hirnforschung

Als ich vor mehr als 10 Jahren aufgrund eigener Forschungsarbeiten als einer der Ersten die Vormacht der Emotionen propagierte, erntete ich noch ein müdes Lächeln. Meinen Buchvorschlag „Think Limbic!" erhielt ich von mehreren Verlagen mit dem Hinweis zurück, dies wäre kein Thema und würde nicht dem Stand der Wissenschaft entsprechen. Heute sieht die Welt völlig anders aus: Inzwischen gibt es selbst in der scheinbar rationalen Philosophie viele Lehrstühle, die sich mit der Philosophie der Emotionen beschäftigen. Inzwischen haben auch die modernen Philosophen erkannt, dass Emotionen höchst rational sind: Sie sichern nämlich unser Überleben. Die Erkenntnis der Vormachtstellung der Emotionen ist übrigens nicht neu: Schon David Hume, Baruch Spinoza, Arthur Schopenhauer und Friedrich Nietzsche waren überzeugte Vertreter dieses Gedankens. Das Problem war: Man konnte es damals nicht naturwissenschaftlich beweisen. Heute ist der naturwissenschaftliche Beweis durch die Hirnforschung erbracht. Doch was sind überhaupt Emotionen? Wie wirken sie, wie funktionieren sie? Mit dieser Frage werden wir uns im nächsten Kapitel beschäftigen. Uns reicht jetzt zunächst einmal die grundlegende Erkenntnis: No emotions — no money.

Geld ist konzentrierte Lust in der Hosentasche.

Je stärker die (positiven) Emotionen sind, die von einem Produkt, einer Dienstleistung oder/und einer Marke vermittelt werden und je mehr negative Emotionen vermieden werden, desto wertvoller sind Produkt, Marke oder Dienstleistung für das Gehirn und desto mehr ist der Konsument auch bereit, Geld dafür auszugeben. Auch das scheinbar rationale Geld kann sich übrigens dieser emotionalen Neurologik nicht entziehen. Man muss sich nur fragen: Warum ist Geld für uns so attraktiv? Ganz einfach: Weil wir uns mit Geld fast alle unsere Wünsche erfüllen können. Wir können in den Urlaub fahren, ein neues Auto kaufen oder auch unsere Altersvorsorge verbessern. All diese Wünsche und Motive sind aber höchst emotional. Geld ist ein generalisiertes Wertsymbol. Oder etwas salopper ausgedrückt: Geld ist konzentrierte Lust in unserer Hosentasche, verbunden mit einer Zukunftsoption. Wenn ich Geld habe, erweitern sich nämlich meine zukünftigen Möglichkeiten. Geld ist ein Universal-Joker zur Befriedigung unserer Wünsche. Die Rechnung des Gehirns folgt einer einfachen Logik: Der generalisierte Emotionswert des Geldes wird mit dem konkreten Emotionswert des Angebots verrechnet. Strahlt das Angebot nur schwache Emotionen aus, bleibt das wertvolle Geld im Geldbeutel. Aktiviert das Angebot gleichzeitig viele Emotionssysteme im Gehirn, steigt der Wert des Produktes für den Konsumenten — er ist bereit, dafür Geld auszugeben. Die Wirkung von Geld kann man auch im Hirnscanner bestens beobachten. Gewinnen wir Geld oder sehen wir ein attraktives Produkt, dann leuchtet der Lustkern im Belohnungszentrum — der Nucleus Accumbens — hell auf. Verlieren wir Geld oder zeigen wir dem Gehirn, was das attraktive Produkt kostet, wird die Insula im Gehirn aktiv. Diese ist auch aktiv, wenn wir Zahnschmerz haben. Die Trennung von Geld ist für unser Gehirn ein extrem schmerzhafter und unlustvoller Prozess. Diese Trennung erfolgt nur, wenn auf der anderen Waagschale viele Emotionen zur Wiedergutmachung aufgelegt werden.

Prinzip 3: Die emotionale Bewertung erfolgt im Kundengehirn weitgehend unbewusst

Wenn wir ein Auto oder eine neue Hose kaufen und zwischen verschiedenen Alternativen wählen, haben wir stets das Gefühl, bewusst zu entscheiden. Aber bevor ein Kunde überhaupt etwas ins Bewusstsein bekommt, hat z. B. jedes Produkt einen langen, unbewussten Bewertungsprozess durch die Emotionssysteme hinter sich. Wie diese emotionale Bewertung im Detail abläuft, erfahren wir im nächsten Kapitel. Wir und der Kunde bekommen — wie der Regierungssprecher — das Ergebnis dieses unbewussten Prozesses mitgeteilt. Nun gibt es sowohl in der Fach- als auch in der Populärliteratur unterschiedliche Aussagen über den Anteil des Unbewussten an der Entscheidung. Mein amerikanischer Neuromarketing-Kollege Gerald Zaltman spricht von 95 %. Ich selbst gehe von 70 bis 80 % aus. Wer hat nun Recht? Diese Frage lässt sich nicht lösen, beide Zahlen sind letztlich Vermutungen. Es gibt bis heute keine Definition und keine Erklärung, was Bewusstsein überhaupt ist. Aber wie kann man etwas quantifizieren, wenn man gar nicht so genau weiß, was es ist? Übereinstimmung herrscht aber in der Philosophie, in der Hirnforschung und in der Psychologie heute darin: Das Unbewusste bestimmt das Bewusstsein und nicht umgekehrt. Auch diese Erkenntnis ist übrigens nicht neu. Schon Leibniz' Monadenlehre Ende des 17. Jahrhunderts, aber auch Schopenhauer und Nietzsche und darauf aufbauend Freud propagierten die Vormacht des Unbewussten. Doch durch die Entdeckung der Computer, durch die Gedanken des Humanismus usw. glaubte man an die bewusste Vernunft oder besser gesagt, hoffte man darauf. Aber wie bei den Emotionen erleben wir derzeit auch eine Rückkehr des Unbewussten in die wissenschaftliche Welt. Noch immer sind allerdings die Berührungsängste der kognitiv orientierten Psychologen und Neurowissenschaftler spürbar. Sie vermeiden das Wort „unbewusst" und sprechen lieber von „expliziter" (= bewusst) oder „impliziter" (= unbewusst) Verarbeitung. Das klingt etwas technischer und moderner, meint aber das Gleiche. Heißt das nun, dass unser explizites System oder das Bewusstsein rational und unser unbewusstes implizites System emotional ist? Aber nein: Bewusste Prozesse laufen verstärkt im vorderen Großhirn ab. Wir haben nun vorher gesehen, dass auch das Großhirn nichts anderes als eine emotionale Rechenmaschine zur Emotionsoptimierung ist. Sie werden nun einwenden: Aber diese Prozesse laufen doch teilweise bewusst ab. Das ist schon richtig. Das Problem liegt darin, dass hinter diesen bewussten Verarbeitungsprozessen ein emotionales Konstruktionsprinzip steckt, welches dem Bewusstsein nicht zugänglich ist (siehe das Beispiel des Regierungssprechers weiter oben). Was unser Bewusstsein verarbeitet und optimiert, wird aus dem Unbewussten vorgegeben. Nun fragt man sich, welche Konsequenzen sich aus dieser Erkenntnis für uns ergeben. Die Antwort ist klar: Wenn nur Emotionen für Wert sorgen, diese Bewertung für den Kunden weitgehend unbewusst abläuft und der Kunde zudem nur einen sehr geringen Einblick in die Bewertungsprozesse hat, dann macht es Sinn, ausgehend von den Bewertungsmechanismen und den Emotionssystemen im Kundengehirn, Produkte und Dienstleistungen bis ins kleinste Detail zu analysieren und zu fragen: Wo und wie kann ich an allen diesen Kontaktpunkten die positiven Emotionen verstärken und, genauso wichtig, die negativen minimieren. Deshalb lautet das vierte Prinzip:

Prinzip Nr. 4: Warten Sie nicht auf Wunder — arbeiten Sie konsequent am Detail

In vielen Marketingbüchern wird propagiert, dass der Innovator, der ein völlig neues Produkt auf den Markt bringt, die Siegertreppe der Marktführerschaft besteigt und den Pokal voller Gold gewinnt. Ohne Zweifel: Mit revolutionären Ideen kann man sehr viel Geld machen. Allerdings auch dramatisch scheitern. Der Marketing-Friedhof ist gefüllt mit revolutionären Produkten und Ideen, die zur falschen Zeit kamen oder die keiner verstanden hat usw. Die wenigen Mutigen, deren Innovationen glücklich im Markt überlebt haben, werden in den Managementbüchern zu Recht als Helden gefeiert. Die nicht so glücklichen Marktrevolutionäre, es sind zehnmal mehr als die Helden, liegen dagegen auf dem Friedhof der Vergessenheit. Viele Unternehmen warten und hoffen auf die „Große Idee". Sie übersehen dabei völlig, dass es einen zusätzlichen, weit weniger risikoreichen Weg zum Markterfolg gibt, nämlich Emotional Boosting.

Erinnern wir uns an den Taxifahrer am Anfang dieses Kapitels: Taxi- oder Droschkenfahrer und das ganze Gewerbe gibt es schon seit einigen Jahrhunderten. Aber anstatt seine Zeit mit der Erfindung eines revolutionären Plasma-Magnet-Hubschraubers zu vergeuden, mit dem er die Passagiere durch die Straßen fliegen könnte, hat unser Taxifahrer darüber nachgedacht, wie er mit emotionalen Details einen Wettbewerbsvorsprung erringt. Der Grundgedanke des Emotional Boosting ist „Markt-Meisterschaft". Was ich darunter verstehe zeigt ein Blick in den Motorsport. Betrachten wir die Formel 1. Wie wird man Formel-1-Weltmeister? Die landläufige Antwort: Man braucht einen guten Fahrer. Aber reicht das wirklich aus? Bei weitem nicht. Gute Fahrer gibt es einige. Weltmeister wird aber nur der, der sich, neben einem guten Fahrer, zusätzlich um jedes kleinste Detail am Rennwagen und in den Boxenprozessen kümmert und fragt: Was kann ich noch verbessern? Keines dieser Details allein entscheidet das Rennen. Aber wenn man an tausend Details konsequent dreht und jedes Mal eine kleine Verbesserung erreicht, steht man am Ende auf der Siegertreppe. Denn tausend kleine Verbesserungen ergeben in Summe einen gewaltigen Vorsprung. Genau das ist auch das Prinzip von Emotional Boosting: Das konsequente Drücken von tausenden kleinen Kaufknöpfchen im Kundengehirn.

Wer den großen Kaufknopf im Kundengehirn sucht, wird enttäuscht werden: den gibt es nämlich nicht. Es gibt aber dafür tausend kleine Kaufknöpfchen, die wir gemeinsam in diesem Buch erkunden werden. Damit ist aber auch klar: Das vorliegende Buch ist kein Ratgeber mit einer einzigen „Erfolgszauberformel". Es ist dagegen eine Trainingsanleitung für die, die Verkaufs- und Kundenbindungsweltmeister werden wollen. Dieses Training läuft für den Wettbewerb aber weitgehend unsichtbar ab — und damit sind wir beim 5. Prinzip des Emotional Boosting.

Prinzip 5: Emotional Boosting ist eine wirkungsvolle Geheimstrategie

Um dieses Prinzip zu verstehen, bleiben wir noch im Bild einer Weltmeisterschaft und unserer Wahrnehmung davon. Wir schauen uns im Fernsehen eine Fußball-, Ski-, Formel 1- oder Admiralscup-Meisterschaft an und sehen schließlich den strahlenden Sieger auf der Treppe. Für uns Zuschauer ist die Weltmeisterschaft das, was in dieser kurzen Zeit des Sportereignisses über die Bildschirme flimmert. Der Weltmeister selbst betrachtet das Ganze völlig anders: Die eigentliche Weltmeisterschaft hat für ihn schon Jahre und Monate vorher durch intensives Training und Optimierung von Material und Abläufen begonnen. Die Faszination, die er im Rennen selbst auf den Zuschauer (= Kunden) ausübt, ist das Ergebnis eines langen, für Zuschauer und Wettbewerber meist unsichtbaren Optimierungsprozesses. Der Wettbewerber wundert sich, warum der Sieger um Klassen besser war und die Zuschauergunst für sich entschieden hat. In der Regel bemerken Ihre Wettbewerber Ihre großen Strategieveränderungen und kopieren sie schnell, wenn sie erfolgreich sind. Die tausend kleinen Verbesserungen entgehen ihnen, bis sie das Ergebnis bemerken. Nämlich Kundenverlust. Diese Veränderung in der Kundengunst erfolgt meist schleichend — dafür aber nachhaltig. Bis Emotional Boosting wirkt, braucht es nämlich etwas Zeit. Damit sind wir beim letzten und 6. Prinzip angekommen:

Prinzip Nr. 6: Die Kunden kommen sicher — aber nicht auf einen Schlag

Menschen und Kunden leben in der Regel in Gewohnheiten. Gewohnheiten werden aber nicht mit einem Schlag verändert. Gewohnheiten und Verhaltensweisen verändern sich dann, wenn sich die Belohnungen oder die Bestrafungen, die mit einem Verhalten verbunden sind, verändern. In der Psychologie heißt dieser Vorgang „Instrumentelles Konditionieren" und ist mit der wichtigste Lern- und Umlernmechanismus von Organismen. Es besagt, dass unbewusst die Verhaltensweisen und Präferenzen verstärkt werden, die eine größere Belohnung nach sich ziehen.

Schauen wir uns kurz an, was es damit auf sich hat. Viele Erkenntnisse dieser Lernform wurden bei unseren Säugetier-Kollegen wie zum Beispiel bei Affen gewonnen. Da Säugetiergehirne im Grundaufbau ziemlich ähnlich sind, schließlich haben wir noch 98 % gemeinsame Gene mit dem Schimpansen, können wir diese Erkenntnisse problemlos auf uns Menschen übertragen. Das wurde auch in vielen Versuchen mit Menschen schon bewiesen.

Wie funktioniert es: Ein Schimpanse sitzt in einem Käfig, in dem zwei Hebel angebracht sind. Schimpansen sind neugierig und so probieren sie auch aus, die Hebel zu drücken. Im Versuch erhält nun der Schimpanse immer dann, wenn er Hebel 1 drückt, ein Futterstück. Auch Essen ist für das Gehirn eine Belohnung und damit zutiefst emotional. Zunächst passiert wenig. Der Affe spielt weiter, drückt auch weiterhin beide Hebel und wieder bekommt er beim Drücken von Hebel 1 ein Futterstück. Während er aber bis jetzt Hebel 1 und 2 gleich häufig gedrückt hat, verändert sich dieses Verhältnis nun zunehmend in Richtung Hebel 1. Und nach etwa

10 Versuchsdurchgängen drückt er nur noch Hebel 1. Das Gehirn des Affen hat also gelernt: Hebel 1 = mehr Belohnung. Diese Verhaltensänderung geschah nicht auf einen Schlag. Jedes Gehirn braucht Zeit, bis es umlernt.

Auch bei Kundengehirnen ist es nicht anders. Sie kaufen oft mehrere gleichartige Produkte oder bei mehreren Lieferanten gleichzeitig ein. Gelingt es nun einem Produkt oder Lieferanten durch Emotional Boosting einen deutlichen emotionalen Mehrwert zu generieren, wendet sich der Kunde diesem zu. Emotional Boosting wirkt wie ein Heizungsthermostat. Wenn Sie diesen in Ihrem Wohnzimmer auf einen Schlag voll aufdrehen, ist Ihre Wohnung nicht im gleichen Moment warm, sondern es braucht mitunter etwas Zeit, bis sich die wohlige Wärme breit macht. Haben Sie also etwas Geduld.

Nachdem wir uns nun mit den 6 Grundprinzipien des Emotional Boosting vertraut gemacht haben, ist es nun an der Zeit, uns mit Limbic® und den Emotionssystemen im menschlichen Gehirn zu beschäftigen.

2 Think Limbic!

2.1 Wie das emotionale Gehirn funktioniert

> **Was Sie in diesem Kapitel erwartet:**
> *Wer emotionalisieren will, muss wissen, wie unser emotionales Gehirn aufgebaut ist. Sie lernen die Struktur und Wirkungsweise der Emotionssysteme im Kundengehirn kennen. Gleichzeitig erfahren Sie, warum und wie sich Kunden in ihren Präferenzen unterscheiden.*

Die wahren Entscheider und die wahren Werttreiber im menschlichen Gehirn, wir haben es im ersten Kapitel gesehen, sind die Emotionen. Wir haben uns auch mit den unbewussten Abläufen und Mechanismen beschäftigt. Wenn man emotionalisieren will, muss man natürlich auch wissen, auf welche Emotionsknöpfe man drücken kann und drücken sollte. Dazu muss man die Emotionssysteme im menschlichen Gehirn kennen. Bevor wir uns mit den Emotionssystemen im Detail beschäftigen, gilt es aber zunächst zu klären, was Emotionen überhaupt sind. Vereinfacht gesagt sind Emotionen „Relevanz-Detektoren", die uns zeigen, was wichtig und bedeutend für uns ist. Doch woher wissen die Emotionen das? Die Antwort: aus der Evolution. In unseren Emotionssystemen sind Erfahrungen über Milliarden von Jahren gespeichert, die das Überleben und die Fortpflanzung eines Organismus sichern. In der Alltagssprache werden Emotion und Gefühl oft synonym verwendet — doch das ist falsch, wie wir gleich sehen werden. Hinter dem einfachen Begriff „Emotion" verbirgt sich eine Reihe von komplexen Merkmalen. Die wichtigsten Merkmale einer Emotion sind:

Subjektives Erleben oder Gefühl

Die Emotionssysteme in unserem Gehirn und Körper machen sich meist in unserem Bewusstsein über Gefühle bemerkbar. Wir sind verliebt, wir sind glücklich oder aber auch traurig. Emotionen sind also komplexe körperliche und neuronale Abläufe, die von uns erlebten Gefühle sind nur die „sichtbare" Spitze dieses Eisbergs. Emotionen können uns übrigens auch beeinflussen, ohne dass unser Bewusstsein etwas davon mitbekommt.

Think Limbic!

Gesichtsausdruck

Der Mensch ist ein Sozialwesen und Sozialität setzt Kommunikation voraus. Nun werden Sie sagen, dafür hätten wir ja die Sprache. Aber das ist ein Irrtum — die Sprache ist entwicklungsgeschichtlich sehr jung (ca. 200.000 Jahre) —, denn schon unsere tierischen Vorfahren verständigten sich über Körpersprache und Gesichtsausdruck. Spätestens seit der Weiterentwicklung der Säugetiere zu Affen differenzierte sich der Gesichtsausdruck und gewann eine zunehmende Bedeutung. Daran hat sich auch beim Menschen wenig geändert. Wir zeigen unseren Mitmenschen, ob wir uns über sie ärgern oder ob wir uns über sie freuen und stärken so unsere sozialen Bindungen.

(Neuro-) Physiologische Prozesse in Gehirn und Körper

Emotionen sind Programme in unserem Gehirn und Körper, die für unser Überleben wichtig sind. Wenn wir uns ängstigen oder fürchten, wird auch unser ganzer Körper über Nervenbotenstoffe in Alarmbereitschaft gesetzt. Angst bedeutet ja, dass unser Leben in Gefahr ist. Um diesen Zustand möglichst zu beenden, müssen wir handeln. In der Regel flüchten wir und wenn das nichts nützt, kämpfen wir oder bleiben regungslos stehen. Emotionen verändern also unseren ganzen Körperzustand: Das Herz beginnt wild zu pochen, weil es für die Flucht sauerstoffreiches Blut in die Muskeln pumpt. Der Magen zieht sich zusammen, weil das Blut dort abgezogen und den Muskeln zur Verfügung gestellt wird. Ein großer Teil dieser physiologischen Steuerung beginnt im Gehirn.

Evolutionäre Funktionalität

Emotionen haben aus Sicht der Evolution einen Zweck und ein Ziel. Sie müssen zum einen unser Leben sichern und zum anderen dafür sorgen, dass wir möglichst viele Gene in Form von Nachkommen in die nächste Generation bringen.

Valenz (Belohnung & Lust & Unlust)

Die Emotionssysteme sind wie ein Autopilot, der uns auf richtigem Kurs hält und uns möglichst vor einem falschen bewahrt. Wenn wir auf dem richtigen Kurs sind, werden wir durch positive Emotionen belohnt; wenn wir davon abweichen, werden wir durch negative Emotionen bestraft. Jedes Emotionssystem hat also immer eine lustvolle und eine unlustvolle Seite im Gehirn. Die lustvolle Seite wird durch das Belohnungssystem im Gehirn, die unlustvolle Seite durch das Schmerz-/Ekel-Unlust-System ausgelöst. Wir werden uns in diesem Kapitel noch näher damit beschäftigen.

2 Wie das emotionale Gehirn funktioniert

Erregungsstärke (Stärke der Emotion)

Emotionen sind in ihrer Stärke variabel: Wir fühlen uns beispielsweise einfach wohl — diese Stimmung kann sich zu einer freudigen Zufriedenheit steigern und, wenn die Glückshormone in unserem Gehirn toben, hüpfen wir selbst vor Freude. Auf der negativen Seite gibt es diese Steigerungen auch, eine leichte Unsicherheit kann sich bis zur extremen Panik steigern. Aus einem leichten Ärger über den anderen kann glühender Zorn werden.

Welche Emotionssysteme gibt es im Gehirn?

Nachdem wir uns mit den Grundlagen von Emotionen allgemein beschäftigt haben, interessiert uns jetzt, welche Emotionen es überhaupt gibt. In vielen wissenschaftlichen Werken werden sechs Basisemotionen proklamiert: Trauer, Überraschung, Freude, Ärger, Angst und Ekel. Doch diese Betrachtung ist völlig unzureichend, weil es sich bei den proklamierten Basisemotionen letztlich nur um einige wichtige Gefühle handelt, die weltweit von einem einheitlichen Gesichtsausdruck begleitet werden. Der Emotionsbegriff geht aber weit über die Gefühlsebene hinaus. Zudem fehlen viele wichtige Gefühle. Es gibt außerdem eine ganze Reihe von Gefühlen, die mit keinem Gesichtsausdruck einhergehen, trotzdem aber von enormer Bedeutung sind. Denken Sie nur an Ihre erste Liebe, die Ihnen innerlich das Herz vor Sehnsucht weggebrannt hat. Kurz und gut: die Theorie der sechs Basisemotionen ist zwar nicht völlig falsch, sie ist aber unvollständig.

Welche Emotionssysteme gibt es nun wirklich? Diese Frage beschäftigte mich und meine Kollegen in der Gruppe Nymphenburg über mehrere Jahre. Wir stellten uns folgende Fragen.

- Gibt es bestimmte Gene, die mit den Emotionssystemen verbunden sind?
- Welche Hormone oder Neurotransmitter sind mit welchen Emotionssystemen verknüpft?
- Welche Zentren im Gehirn sind mit der Verarbeitung welcher Emotionen im besonderen Maße beschäftigt?
- Welche Konstrukte und Modelle in der Psychologie stimmen mit den Erkenntnissen der Hirnforschung überein?
- Erfüllen sie die oben aufgezählten Kriterien einer Emotion?

Think Limbic!

In einer umfangreichen Forschungsarbeit verknüpften wir die vielfältigen Erkenntnisse der Hirnforschung mit bestehendem Wissen der Psychologie und umfangreichen eigenen Untersuchungen zu einem in dieser Form weltweit einzigartigen Emotions-Gesamtmodell. Sein Name: Limbic®. Ziel war und ist es, ein Modell zu formulieren, das auf festem und aktuellstem wissenschaftlichen Boden steht, aber gleichzeitig leicht verständlich und universell einsetzbar ist. Die umfangreiche wissenschaftliche Begründung finden sie unter www.nymphenburg.de . Wie sieht nun das emotionale Betriebssystem im Konsumentenhirn genau aus? Abbildung 6 gibt einen Überblick.

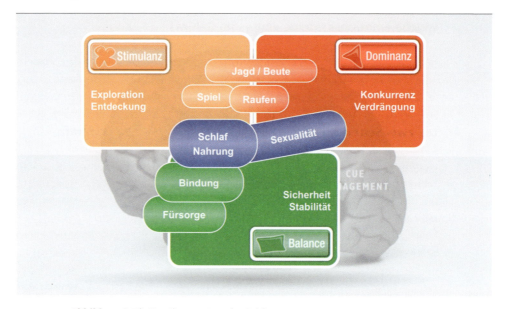

Abbildung 6: Die Emotionssysteme im Gehirn

Im Zentrum aller Emotionssysteme stehen die sogenannten physiologischen Vitalbedürfnisse, wie Nahrung (inkl. Appetit/Ekel), Schlaf und Atmung. Mit diesen Bedürfnissen werden wir uns nicht weiter befassen. Neben diesen Vitalbedürfnissen gibt es drei große Emotionssysteme. Diese sind:

- Das Balance-System (Ziel und Zweck: Sicherheit, Risikovermeidung, Stabilität)
- Das Dominanz-System (Ziel und Zweck: Selbstdurchsetzung, Konkurrenzverdrängung, Autonomie)
- Das Stimulanz-System (Ziel und Zweck: Entdeckung von Neuem, Lernen von neuen Fähigkeiten)

Wie das emotionale Gehirn funktioniert

Im Laufe der Evolution haben sich zusätzliche Emotionssysteme im Gehirn entwickelt, die allerdings nicht die Bedeutung der aufgezeigten Big 3 haben. Die wichtigsten sind:

▶ Bindung (Positiv: Geborgenheitsgefühl; Negativ: Verlassenheitsgefühl)

▶ Fürsorge (Positiv: Liebe; Negativ: Gefühl von niemandem gebraucht zu werden)

Das Bindungs- und das Fürsorge-System sind eng mit dem Balance-System verknüpft, verfolgen aber teilweise eigene Ziele. Eine Sonderrolle spielt die Sexualität, weil sie ebenfalls eigene Ziele verwirklicht und gleichzeitig auf vorhandene Emotionssysteme zurückgreift. Das Hormon Testosteron ist zum einen Sexualhormon, zum anderen aber auch der zentrale Treibstoff für das Dominanz-System.

Die zwei Seiten jedes Emotionssystems: Belohnung und Strafe

Unsere Emotionssysteme verfolgen stets ein Ziel und haben einen evolutionären Zweck: die sogenannte evolutionäre Funktionalität. Das reicht aber noch nicht aus, um uns aus Sicht der Evolution erfolgreich durchs Leben zu navigieren. Damit wir aber auf dem richtigen Weg bleiben, brauchen wir Hinweise auf richtig oder falsch bzw. auf „mehr davon" oder „Pfoten weg". Aus diesem Grund hat jedes Emotionssystem eine positive lustvolle und eine negative schmerzliche oder Abscheu auslösende Seite. Im Gehirn gibt es dazu zwei Systeme, die Teil der gesamten Emotionsarchitektur sind. Das (positive) Belohnungssystem und das (negative) Vermeidungssystem. Beginnen wir mit dem Belohnungssystem. Wissenschaftlich korrekt besteht das Belohnungssystem sogar aus zwei Funktionen: Dem Belohnungs-Vorhersage/Erwartungssystem, das uns durch lustvolle Erwartung motiviert, die Belohnung aufzusuchen, und dem eigentlichen Belohnungssystem, das uns mit guten Gefühlen belohnt, wenn wir das ersehnte Objekt konsumieren. Das Belohnungserwartungssystem ist sehr stark vom Nervenbotenstoff Dopamin abhängig – die eigentliche Belohnung wird von sogenannten Endorphinen, das sind Glückshormone, im Gehirn ausgelöst. Ein wichtiger Kern im Belohnungssystem ist der sogenannte Nucleus Accumbens. Im weiteren Teil des Buches sprechen wir ganz allgemein vom Belohnungssystem, ohne zwischen diesen beiden Subfunktionen zu unterscheiden. Auf der Unlust-Seite – dem Vermeidungssystem – gibt es eine analoge Architektur. Auch hier existiert ein Subsystem für die Straferwartung und eines für die eigentliche Strafe. Wichtige Hirnbereiche sind hier die Amygdala und die Insula. Nachdem wir jetzt die beiden Seiten jeder Emotion kennen, schauen wir uns nun in Abbildung 7 an, wie sich diese in unseren Gefühlen bemerkbar machen.

Think Limbic!

Abbildung 7: Die beiden Seiten der Emotionssysteme

Die positive Seite des Stimulanz-Systems erleben wir als prickelnde Freude, die negative Seite als ätzende Langeweile. Das Dominanz-System belohnt uns mit einem Gefühl des Stolzes und der Macht; es bestraft uns durch Ohnmachtsgefühle und Wut. Das Balance-System schließlich vermittelt uns entweder das Gefühl der Sicherheit oder es alarmiert uns durch Angst und Unsicherheit. Die positiven Seiten der Sozialemotionen Fürsorge und Bindung sind Liebe und soziale Geborgenheit. Die negativen Seiten sind Trauer und Einsamkeit. Bei der Sexualität schließlich sind es sexuelle Lust (Erwartung) und Orgasmus und sexueller Frust.

Emotional Boosting bedeutet auch: Vermeide negative Emotionen!

Wichtig für unsere spätere Betrachtung ist, dass es bei Emotional Boosting nicht nur darum geht, die positiven Emotionen zu maximieren. Wir müssen uns bei allem, was wir tun, auch immer überlegen, wie wir die negativen Emotionen minimieren und Enttäuschungen beim Kunden vermeiden können. Oft ist es sogar wichtiger, sich mit den negativen Emotionen zu beschäftigen. Warum? Weil für unser Gehirn die negative Emotion oft viel bedeutender ist als die positive. Der amerikanische Psychologe und Wirtschaftsnobelpreisträger Daniel Kahneman konnte beispielsweise zeigen, dass der Verlust einer Geldsumme X eine doppelt so starke negative Wirkung hat wie der Gewinn der gleichen Geldsumme auf der positiven Seite. Unser Gehirn hat aber noch ein paar weitere Mechanismen, die man kennen sollte.

Einer dieser Mechanismen ist die „Negative Verstärkung". Ein Beispiel soll verdeutlichen, was damit gemeint ist: Der Philosoph Michel de Montaigne litt enorm unter dem brennenden Schmerz seiner immer wieder neu entstehenden Nierensteine. Lösten sich die Nierensteine und wurden ausgeschieden, hörte der stundenlange stechende Schmerz plötzlich auf. Dieses Gefühl, wenn der Schmerz plötzlich weg war, beschrieb er in seinen Memoiren als die schönsten Gefühle in seinem Leben. Unser Gehirn erlebt also oft auch die Schmerz- und Unlusterleichterung als Belohnung.

Die Limbic® Map: Der Emotions- und Werteraum des Menschen

Da die drei großen Emotionssysteme (inklusive Submodule) meist zeitgleich aktiv sind, gibt es Mischungen. Die Mischung von Dominanz und Stimulanz beispielsweise ist Abenteuer, die Mischung aus Stimulanz und Balance ist Offenheit/Fantasie. Kontrolle und Disziplin schließlich ergeben sich aus der Mischung zwischen Balance und Dominanz. Die Limbic® Map in Abbildung 8 zeigt die Gesamtstruktur der Emotionssysteme im Gehirn auf. Wichtig für das Marketing sind aber auch Werte. Da Werte immer emotional sind, haben sie einen festen Platz auf der Limbic® Map.

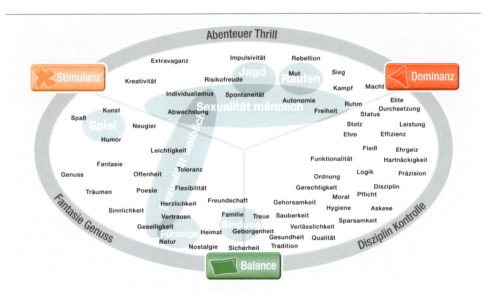

Abbildung 8: Die Limbic® Map: Die Struktur der Emotionssysteme und Werte

Think Limbic!

Spannungsfelder im emotionalen Gehirn

Zwischen den großen Emotionssystemen besteht ein Spannungsverhältnis, das sich oft in inneren Konflikten bemerkbar macht. Schon Goethe beschrieb dieses Phänomen im Faust mit „Zwei Seelen wohnen, ach! in meiner Brust". Obwohl die Kräfte in unterschiedlichen Gehirnbereichen verarbeitet und durch unterschiedliche Nervenbotenstoffe unterstützt werden, stehen sie in einem hochintelligenten System-Gesamtzusammenhang. Das Dominanz- und das Stimulanz-System sind die optimistischen, aktivierenden und vitalisierenden Motivsysteme im Kopf des Kunden, während das Balance-System eine eher hemmende und pessimistische Rolle hat. Das Dominanz- und das Stimulanz-System ermutigen ihn (Kauf-)Risiken einzugehen, während das Balance-System versucht, jedes Risiko zu vermeiden. Das Balance-System ist übrigens das stärkste Emotionssystem in unserem Gehirn, wo es noch mehr solcher Spannungsverhältnisse gibt.

Die hedonistisch-asketische Spannung

Sie kennen das sicher aus eigener Erfahrung: Das Essen am Vorabend war fantastisch, der Wein floss reichlich und auch die sonstigen Genüsse kamen nicht zu kurz. Das Stimulanz-System jubelte — Hedonismus pur (hedoné kommt aus dem Griechischen und bedeutet Lust). Doch schon auf dem Heimweg macht sich das schlechte Gewissen bemerkbar: „Die nächste Woche wird gefastet — die Völlerei hat ein Ende, Askese und Disziplin sind angesagt." Auf der Limbic® Map wird dieses Spannungsfeld deutlich — dem Stimulanz-System gegenüber liegt das Feld „Disziplin und Kontrolle", zu dem auch Askese gehört. Nun zu einem weiteren Spannungsfeld im emotionalen Gehirn.

Die egoistisch-altruistische Spannung

Der Mensch, so heißt es, sei egoistisch und nur auf seinen Vorteil bedacht. Und in der Tat finden sich im Alltag viele Bestätigungen dafür. Denken wir nur an korrupte Politiker oder Manager, die sich hemmungslos Millionenbeträge unter den Nagel reißen. Und ein Blick in die Konsumwelt mit ihren Statusprodukten zeigt, dass diese egoistischen Kräfte durchaus vorhanden sind. Aber den gleichen Manager, der tagsüber knallhart seine eigenen Interessen durchzieht, finden wir am Abend wieder, wie er in der Kirchengemeinde Spenden für karitative Einrichtungen sammelt oder liebevoll für seine Familie sorgt. Auch hier zeigt die Limbic® Map das Warum: Genau entgegengesetzt zur Dominanz-Kraft liegen nämlich die großen Sozialmodule „Bindung & Fürsorge".

Die hedonistische Tretmühle — oder ein Rennen ohne Ziellinie

Unsere Emotionssysteme, insbesondere das antreibende Belohnungssystem, sind von Natur auf Steigerung angelegt. Oder wie es Wilhelm Busch treffend sagte: „Ein jeder Wunsch, ist er erfüllt, kriegt augenblicklich Junge." Kaum ist ein Wunschzustand erreicht oder ein Wunschobjekt im Besitz, beginnt das Sehnen und Streben von Neuem. Das Problem: Die neuen Wünsche sind immer etwas größer als die alten. Ein junger Mann kauft sich ein Auto mit 80 KW, aber schon kurz danach beginnt er darüber nachzudenken, wie schön es doch wäre ein Auto mit 120 KW zu besitzen. Dazu gibt es natürlich auch eine weibliche Variante. Eine junge Frau kauft sich ein neues Kleid bei H&M, aber schon kurz danach beginnt sie von einem Prada- oder Gucci-Outfit zu träumen. Dieses „Immer mehr von allem"-Prinzip ist die treibende Kraft des Kapitalismus, aber natürlich auch des Konsums. Diesen tragischen Lebenskreislauf nennen Philosophen die „hedonistische Tretmühle", weil man immer nach mehr strebt, aber nie am Ziel ankommt. Welche Konsequenzen hat das aber für Emotional-Boosting-Strategien? Die Antwort ist einfach: Das Rennen um den Logenplatz im emotionalen Kundengehirn ist letztlich nie zu Ende. Man emotionalisiert seine Produkte, seine Services usw. Der Kunde freut sich darüber und kauft mehr. Aber nach einiger Zeit hat er sich daran gewöhnt, das Gehirn verweigert die Ausschüttung von Glückshormonen und zudem hat der Wettbewerb nachgezogen. Das, was noch ein Jahr vorher den emotionalen Kaufunterschied ausmachte, wird irgendwann Markt-Standard.

Nachdem wir uns einen Überblick über die Emotionssysteme im Kundengehirn, ihre Ziele und ihre Funktionsweise verschafft haben, stellt sich nun die Frage: Finden sich diese Emotionssysteme bei allen Kunden wieder? Oder auf unser Thema übertragen: Sind alle „Emotional Boosters", die wir einsetzen und aktivieren, bei allen Menschen gleich wirksam und gleich relevant?

Gibt es Zielgruppen?

Damit berühren wir eine der zentralen Frage des Marketings und des Verkaufs: Nämlich die, ob es überhaupt noch so etwas wie Zielgruppen gibt. In der Praxis stößt man ja oft auf „Gurus", die das Ende der Zielgruppen proklamieren. Die einen propagieren den multioptionalen Kunden, der letztlich nur situativ aufgrund momentaner Stimmungen entscheidet oder der in so viele individuelle Lebensrollen eingebettet ist, dass sich jede Art von Normierung verbietet. Die anderen versuchen es mit einer Beweisführung, indem sie klassische soziodemografische Zielgruppen ad absurdum führen und dem Gelächter des Publikums preisgeben. Der „Beweis" sieht ungefähr so aus: Zunächst werden einige soziodemografische

Think Limbic!

Merkmale auf einer Powerpoint-Präsentation eingeblendet und mit der süffisanten Bemerkung versehen: „So werden Zielgruppen heute beschrieben". Die Merkmale sind:

- männlich
- um die 60 Jahre alt
- weit überdurchschnittliches Einkommen

Es folgt ein geheimnisvolles Lächeln und man ahnt, dass der dramaturgische Höhepunkt naht. Und tatsächlich: Über den soziodemografischen Daten werden jetzt zwei Fotos eingeblendet. Foto Nummer 1 zeigt Prinz Charles, Foto Nummer 2 den englischen Rockstar Ozzy Osbourne.

61 Jahre
männlich
Einkommen mehr als 1 Mio. €

61 Jahre
männlich
Einkommen mehr als 1 Mio. €

Abbildung 9: Das Ende der Zielgruppen? Soziodemografisch identisch; trotzdem liegen Welten zwischen Prinz Charles und dem englischen Rockstar Ozzy Osbourne. Die Erklärung: Die Limbic® Types

Schon auf den ersten Blick erkennt jeder: Zwischen diesen beiden Männern liegen, trotz gleicher Soziodemografie, Welten. Der Beweis scheint schlüssig: Soziodemografische Zielgruppen und damit Zielgruppen in toto sind out. Was unser Guru leider nicht beachtet hat, ist, dass er mit dieser Anti-Beweisführung im Prinzip eine Pro-Beweisführung für eine neuropsychologische Zielgruppen-Segmentierung, nämlich für die Limbic® Types erbracht hat (die Auflösung folgt gleich). Doch zurück zur Ausgangsfrage: Hängt das, was der Kunde wünscht und wie er entscheidet, letztlich nur von seiner momentanen Stimmung oder Situation ab? Oder gibt es stabile emotionale Persönlichkeitseigenschaften, die sich durch sein gesamtes Konsum- und Entscheidungsverhalten ziehen?

In der Psychologie und in der Hirnforschung ist diese Frage längst beantwortet. Man unterscheidet hier nämlich zwischen „Trait", das sind dauerhafte und stabile Persönlichkeitseigenschaften, und „State", den momentanen Stimmungen, die von der Tageszeit und aktuellen Situationen und Erlebnissen abhängig sind. Beide Aspekte spielen hinsichtlich des Entscheidungsverhaltens eine wichtige Rolle. Insbesondere für ein wissenschaftlich fundiertes psychologisches Zielgruppenmarketing sind aber die stabilen Persönlichkeitseigenschaften von zentraler Bedeutung. Viele aktuellere Forschungen zeigen, dass die übergreifenden emotionalen Persönlichkeitsstrukturen das menschliche Entscheidungsverhalten erheblich beeinflussen. Alle Menschen haben alle Emotionssysteme im Gehirn — aber nicht in gleicher Stärke und Ausprägung.

Schauen wir uns nun das emotionale Persönlichkeitsprofil zweier prototypischer Kunden einmal aus Sicht des Limbic®-Ansatzes in Abbildung 10 an. Bei Kunde A ist die Balance-Seite stärker ausgeprägt, während Dominanz und Stimulanz schwächer ausfallen. Weil das Sicherheit suchende Balance-System in seinem Gehirn regiert, wird er bei Kaufentscheidungen besonderen Wert auf Sicherheitsmerkmale legen. Ganz anders dagegen Kunde B. Man sieht, dass sein Stimulanz-System stärker, das Balance-System aber schwächer ausgeprägt ist. Man kann nun davon ausgehen, dass dieser Konsument in seinem gesamten Entscheidungsverhalten eher spontaner und neugieriger ist. Er wird stärker auf emotionale Reize und Boosters reagieren, die Neues und Abwechslung versprechen.

Abbildung 10: Persönlichkeitsdifferenzen zwischen Konsumenten beeinflussen das Kaufverhalten in hohem Maße

Limbic® Types: Die neuropsychologische Zielgruppensegmentierung

Konsumenten haben meist einen Schwerpunkt in der Ausprägung ihrer Emotionssysteme. Im obigen Beispiel ist es bei Kunde A das Balance-, bei Kunde B das Stimulanz-System. Auf diese Weise lassen sich Konsumenten praxisnah typisieren: Ihr emotionaler Schwerpunkt bestimmt ihre Typ-Zuordnung. Man muss sich dabei allerdings immer bewusst sein, dass jede Typisierung eine Vereinfachung darstellt! Entsprechend des auf der Limbic® Map aufgezeigten Emotionsraums kann man nun 7 Limbic® Types festmachen. Diese 7 Limbic® Types (siehe Abbildung 11) sind:

▶ Harmoniser(in)
(hohe Sozial- und Familienorientierung; geringere Aufstiegs- und Statusorientierung, Wunsch nach Geborgenheit)

▶ Offene(r)
(Offenheit für Neues, Wohlfühlen, Toleranz, sanfter Genuss)

▶ Hedonist(in)
(aktive Suche nach Neuem, hoher Individualismus, hohe Spontaneität)

▶ Abenteurer(in)
(hohe Risikobereitschaft, geringe Impulskontrolle)

▶ Performer(in)
(hohe Leistungsorientierung, Ehrgeiz, hohe Statusorientierung)

▶ Disziplinierte(r)
(hohes Pflichtbewusstsein, geringe Konsumlust, Detailverliebtheit)

▶ Traditionalist(in)
(geringe Zukunftsorientierung, Wunsch nach Ordnung und Sicherheit)

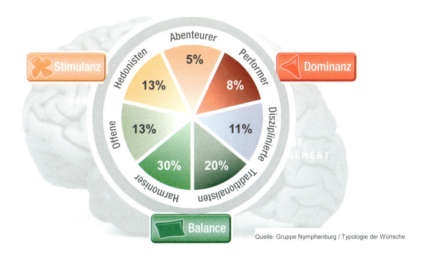

Abbildung 11: Die Limbic® Types: Die meisten Menschen haben einen emotionalen Persönlichkeitsschwerpunkt. Dieser bestimmt die Zuordnung

Nachdem wir jetzt die Limbic® Types etwas näher kennengelernt haben, wird uns auch klar, warum diese der Schlüssel zum obigen Prinz Charles/Ozzy Osbourne-Vergleich sind. Prinz Charles (wir haben ihn nicht getestet) dürfte vom Typ Traditionalist, Ozzy Osbourne eher Hedonist/Abenteurer sein. Abbildung 12 zeigt, wo die beiden in etwa liegen.

Think Limbic!

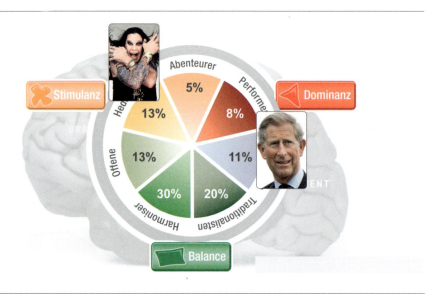

Abbildung 12: Prinz Charles und Ozzy Osbourne aus Sicht der Limbic® Types

Natürlich spielen hier auch soziale Rollenerwartungen mit und wirken auf die Persönlichkeit zurück. Im Rock-Milieu wird eher der hedonistische Bereich verstärkt, während im Buckingham-Palast am Tisch der Queen mehr ehrwürdig-aristokratische Disziplin herrschen dürfte. Viele Forschungen zeigen aber, dass die emotionale Persönlichkeitsstruktur die stabilste Eigenschaft beim Menschen ist. Der Bremer Hirnforscher Gerhard Roth hat genau über dieses Thema ein spannendes Buch mit dem Titel „Persönlichkeit, Entscheidung und Verhalten" geschrieben – ich kann es wärmstens empfehlen.

Auf Basis des Limbic®-Ansatzes hat die Gruppe Nymphenburg mit dem Limbic® Types-Test einen sehr effizienten und aussagefähigen Persönlichkeitstest entwickelt, der die emotionalen Schwerpunkte eines Menschen misst. Der Limbic® Types-Test wurde u. a. in die Typologie der Wünsche von Burda (TdWI) integriert. Im zweijährigen Rhythmus werden 20.000 Konsumenten in Deutschland repräsentativ über Einstellungen, Kaufgewohnheiten, Markenpräferenzen befragt. So ist es möglich, die Erkenntnisse der Hirnforschung mit konkretem Konsumverhalten zu verknüpfen. Schauen wir uns dazu nun einige empirische Auswertungen an.

Die emotionale Persönlichkeitsstruktur beeinflusst das Produktinteresse

Bevor ein Konsument ein Produkt kauft, muss er sich für ein Produkt überhaupt interessieren. Schon in diesem Bereich gibt es deutliche Unterschiede. Die Abbildungen 13 a und b zeigen deutlich, wie unterschiedlich das Produktinteresse zwischen den verschiedenen Limbic® Types ist. Zur Erklärung der Indexwerte: Index 100 bedeutet Durchschnitt. Wenn beispielsweise der Indexwert „Autointeresse" bei Harmonisern bei 59 liegt, bedeutet das, dass die Harmoniser 41% weniger Interesse am Auto haben als der Durchschnitt der Bevölkerung. Während Performer ein weit überdurchschnittliches Interesse an Autos haben, interessieren Autos die Harmoniser kaum. Dafür interessieren sich die Harmoniser sehr für Gesundheitsprodukte. Harmoniser reagieren deshalb auf Emotional Boosting bei Gesundheitsprodukten weit stärker als zum Beispiel Abenteurer. Der Grund: Harmoniser interessieren sich stark für diese Kategorie. Abenteurer dagegen interessiert diese Kategorie nicht.

Die emotionale Persönlichkeitsstruktur beeinflusst die Qualitätserwartung

Eng verbunden mit dem Produktinteresse ist bei der Entscheidungsfindung die Qualitätserwartung. Ein Kunde wünscht in der Regel nur in den Produktbereichen Qualität, für die er sich auch interessiert. Bei Unterhaltungselektronik haben insbesondere Abenteurer, Hedonisten und Performer eine hohe Qualitätserwartung — dagegen ist Abenteurern die Qualität von Lebensmitteln in der Entscheidungshierarchie relativ gleichgültig.

Think Limbic!

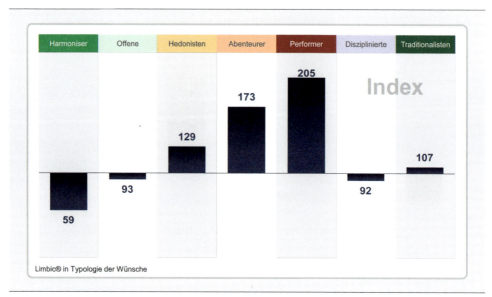

Abbildung 13 a: Hohes Produktinteresse: Auto

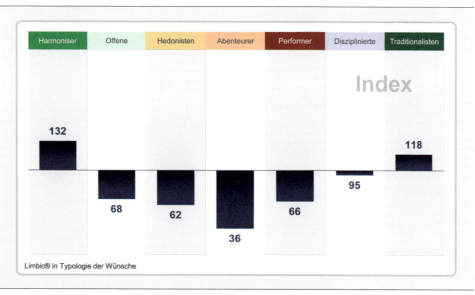

Abbildung 13 b: Hohes Produktinteresse: Gesundheitsprodukte

2 Wie das emotionale Gehirn funktioniert

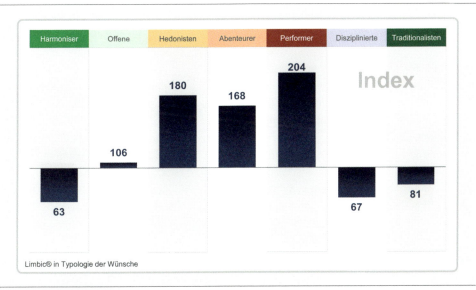

Abbildung 14 a: Qualitätserwartung: Unterhaltungselektronik

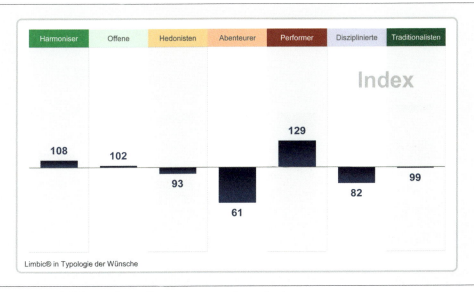

Abbildung 14 b: Qualitätserwartung: Lebensmittel

Think Limbic!

Die emotionale Persönlichkeitsstruktur beeinflusst die Markenentscheidung

Der emotionale Persönlichkeitsschwerpunkt des Konsumenten beeinflusst in hohem Maße, welche Marken mit ihren emotionalen Botschaften sein Interesse auslösen. Konsumenten mit einer beispielsweise stärkeren Ausprägung des Balance-Systems sind für Produkte und Marken besonders empfänglich, die Sicherheit und Geborgenheit versprechen. Eine stärkere Ausprägung des Dominanz-Systems auf Seiten des Konsumenten sorgt für mehr Aufmerksamkeit und Involvement für Marken, deren emotionales Versprechen „Macht, Status und Leistung" lautet. Diese Aufmerksamkeits- und Involvementprozesse sind für den Konsumenten selbst unbewusst, weil er keinen oder nur geringen Einblick in sein emotionales „Betriebssystem" im Gehirn hat. Besonders starke Unterschiede gibt es bei Automarken, wie die Abbildungen 15 a und b zeigen.

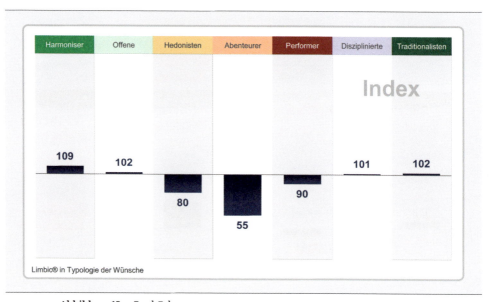

Abbildung 15 a: Ford-Fahrer

Abbildung 15 b: Porsche-Fahrer

Die emotionale Persönlichkeitsstruktur beeinflusst die Musikpräferenz

Musik ist, wie wir im übernächsten Kapitel noch sehen werden, ein wichtiger Emotionsverstärker. Unterschiedliche Musikstile lösen unterschiedliche Emotionen aus. Deswegen verwundert es nicht, dass die Limbic® Types auch sehr unterschiedlich auf Musikstile reagieren (siehe Abbildung 16 a und b). Die stimulanteren Limbic® Types suchen auch in der Musik den Kick, das Neue und die lauteren Reize, während die vorsichtigeren Limbic® Types mehr auf der Suche nach dem Gewohnten und Harmonischen sind.

Think Limbic!

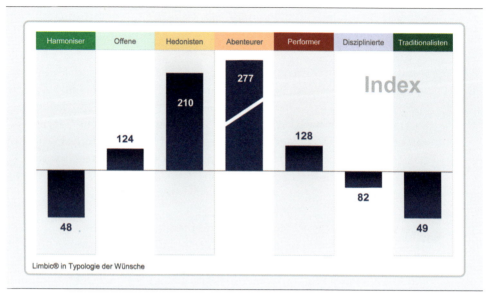

Abbildung 16 a: Heavy Metal-Hörer

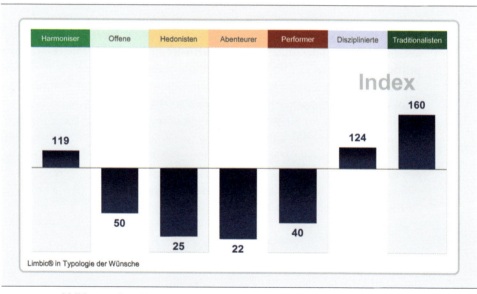

Abbildung 16 b: Volksmusik-Hörer

Die emotionale Persönlichkeitsstruktur beeinflusst die Design-Präferenz

Nicht nur die Musikpräferenz, auch die Formensprache wird sehr stark von unseren Emotionen beeinflusst. Hier gibt es natürlich viele kulturelle Einflüsse. Östliche Kulturkreise haben ein anderes Formempfinden als westliche. Trotzdem gibt es Konstanten. Hedonisten und Abenteurer lieben ausgefallene, neue Designs, Harmoniser dagegen präferieren Harmonie-Designs und Traditionalisten lieben Gestaltungen, die Ruhe und Tradition symbolisieren (im 4. Kapitel „Presentational Boosting" kommen wir nochmals darauf zurück).

Altersunterschiede im emotionalen Gehirn

Wenn man über ein neuropsychologisch basiertes Zielgruppenmarketing spricht, dürfen drei wichtige Faktoren nicht vernachlässigt werden: Alter, Geschlecht und Kultur. Insbesondere die neurochemischen Unterschiede und Veränderungen (Hormone, Neurotransmitter usw.) sorgen für eine Veränderung der kognitiven Strukturen und emotionalen Persönlichkeitsausprägungen. Mit zunehmendem Alter nehmen beispielsweise das Dominanzhormon Testosteron und der Stimulanz-Neurotransmitter Dopamin stark ab. Dadurch lassen Neugier und Risikobereitschaft deutlich nach, Status wird weniger wichtig. Im Gegenzug nimmt die Konzentration des Stresshormons Cortisol mit dem Alter im Gehirn zu. Mit zunehmendem Alter sucht man deshalb Unsicherheiten zu vermeiden.

Think Limbic!

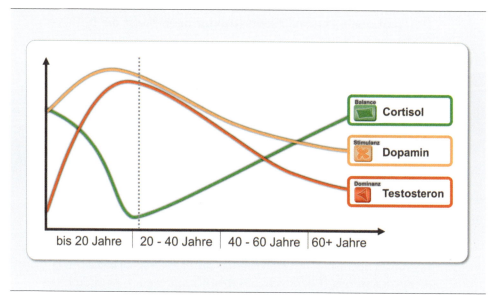

Abbildung 17: Wie sich die Konzentration wichtiger Nervenbotenstoffe im Gehirn im Alter verändert

Diese altersbedingte hormonelle Veränderung führt auch zu einer Veränderung der emotionalen Persönlichkeitsstruktur im Alter (siehe Abbildung 18). Während zwischen 18 und 25 Jahren Dopamin und Testosteron im Gehirn das Sagen haben — man sieht es an dem großen Anteil von Hedonisten und Abenteurern in diesem Zeitraum -, gehen diese Nervenbotenstoffe zurück und das Stress- und Angsthormon Cortisol übernimmt stärker die Regie. Auf unser Thema übertragen: Ältere Menschen gewinnt man verstärkt mit „Balance-Boosters", während jüngere Menschen auf „Stimulanz-Boosters" abfahren.

2 Wie das emotionale Gehirn funktioniert

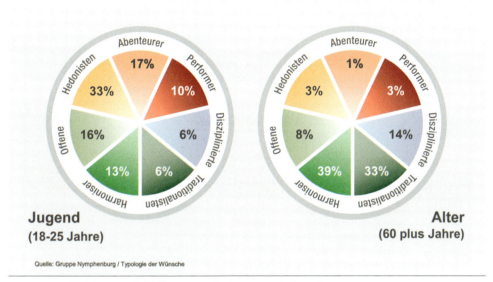

Abbildung 18: Limbic® Types: Veränderungen mit dem Alter

Geschlechtsunterschiede im emotionalen Gehirn

Nun zum Geschlecht: Es würde den Rahmen dieses Beitrags sprengen, die vielfältigen Verknüpfungen zwischen sozialen, kulturellen und biologischen Geschlechtseinflüssen darzustellen. Besonders wichtig ist der unterschiedliche Mix der Sexualhormone bei Frau und Mann, denn diese haben einen enormen Einfluss auf die Motiv- und Emotionssysteme im Gehirn. Während im männlichen Hirn im Durchschnitt eine stärkere Konzentration der Sexualhormone Testosteron und Vasopressin zu finden ist, wird das weibliche Hirn stärker von Östrogen/Östradiol, Prolactin und Oxytozin bestimmt.

Think Limbic!

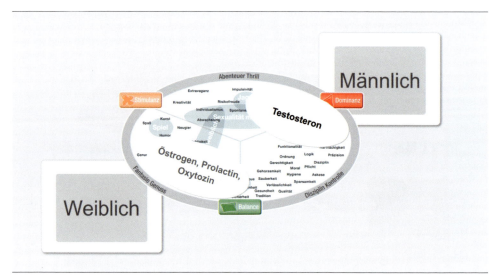

Abbildung 19: Die emotionale Wirkung der Sexualhormone im Gehirn

Testosteron beispielsweise verstärkt im emotionalen Gehirn das Dominanz-System und die benachbarten Felder Abenteuer und Disziplin/Kontrolle. Östrogen & Co verstärken das Balance-System, insbesondere aber die beiden Sozialmodule „Fürsorge" und „Bindung". Diesen Einfluss erkennen wir auch an der Verteilung der Limbic® Types. Östrogen & Co verdoppeln den Harmoniser-Anteil bei Frauen, Testosteron & Co den Abenteurer- und Performer-Anteil bei Männern.

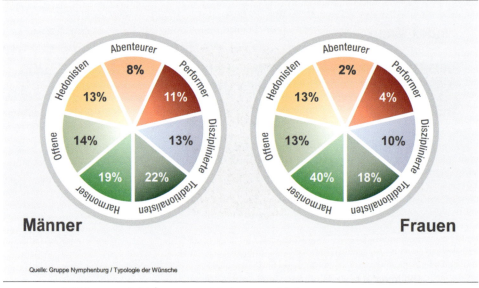

Abbildung 20: Limbic® Types: Geschlechtsunterschiede

Wie das emotionale Gehirn funktioniert **2**

Die Geschlechtsunterschiede gehen weit über diese messbaren Größen hinaus — Frauen beispielsweise empfinden in allen Sinnesmodalitäten intensiver und anders als Männer. Auch die visuelle Ästhetik ist anders, wie auf den Abbildungen 21 a und b zu sehen ist.

Abbildung 21 a: Gestaltungspräferenz weiblich

Abbildung 21 b: Gestaltungspräferenz männlich

Think Limbic!

Gerade wenn es um die Feinheiten des Emotional Boosting geht, müssen diese Unterschiede beachtet werden. Was im männlichen Gehirn für ein lautes „Bingo" sorgt, kann ein weibliches Gehirn zum Gähnen bringen.

Kulturunterschiede im emotionalen Gehirn

Im Zuge einer zunehmenden Globalisierung der Wirtschaft stellt sich natürlich die Frage, ob denn die beschriebenen Emotionssysteme bei allen Menschen in allen Kulturen vorhanden sind. Die Antwort lautet: Ja — aber in unterschiedlicher Ausprägung. Beginnen wir mit Europa. Zwischen Österreich, Deutschland und der Schweiz gibt es nur sehr geringe Unterschiede — unsere Nachbarn erreichen beim Limbic® Typ des Offenen ein bis zwei Prozent mehr, diese fehlen bei den Disziplinierten. Etwas deutlicher werden die Unterschiede beispielsweise zu Italien: Hier gibt es ca. 8 — 10 % mehr Hedonisten und Offene und etwas weniger Harmoniser, Traditionalisten, Disziplinierte, aber auch Performer. Nun werfen wir einen Blick nach Westen über den Atlantik, in die USA. Da sich die US-amerikanische Bevölkerung aus unterschiedlichen Ethnien zusammensetzt, ist eine genaue Bestimmung schwierig. Es gibt aber einige Hinweise aus der weißen US-Bevölkerung. Im Unterschied zur deutschen Verteilung gibt es bei den Hedonisten, Abenteurern und Performern ca. 12 % mehr, dafür bei den Harmonisern, Traditionalisten und Disziplinierten den gleichen Anteil weniger.

Der Grund dafür liegt im sogenannten (jetzt vor dem Wort nicht erschrecken) Bio-Soziokulturellen-Ko-Konstruktivismus. Was ist damit gemeint? Hier lohnt ein kurzer Blick auf die amerikanische Gründergeschichte. Von wem wurde Amerika gegründet? Richtig, von Auswanderern. Welcher Limbic® Typ ist bei Auswanderern, die keine Gefahr scheuen und das Vertraute verlassen, überproportional zu finden? Die Abenteurer. Unsere Persönlichkeit wird zu ca. 50 % genetisch festgelegt. Der Münchner Psychologieprofessor Günther Bäumler konnte in Studien zeigen, dass sich solche genetischen Unterschiede noch nach 15 bis 20 Generationen nachweisen lassen. Das war das „Bio" in dem komplizierten Wort. Nun zum „Soziokulturellen". Diese Abenteurer haben damals auch die kulturellen Werte und Spielregeln festgelegt, die die USA bis heute bestimmen: Freiheit, Unternehmertum, grenzenlose Möglichkeiten, Selbstverantwortung. Diese Kulturwerte verknüpfen sich bis heute mit der genetischen „Grundausstattung". Ein kleines Beispiel macht den Unterschied deutlich. Wenn ein Westeuropäer von seinem Arzt eine Krebsdiagnose erfährt, sagt er: „Ich habe Krebs". Ein US-Amerikaner schildert die Krankheit völlig anders: „I'm fighting cancer".

Nun werfen wir noch einen kurzen Blick in den asiatischen Raum. Es würde den Rahmen sprengen, alle asiatischen Länder zu betrachten; wir beschränken uns auf China. Leider gibt es hier noch keine Verteilungsdaten über die Limbic® Types. Trotzdem einige Hinweise. Aufgrund der großen kulturellen und religiösen Unterschiede erfolgt die Umsetzung der Emotionssysteme ins tägliche Leben anders. Kauft sich ein erfolgreicher Unternehmer in Deutschland einen Bentley (Dominanz-System) und stellt ihn über Nacht auf die Straße, dann ist die Wahrscheinlichkeit groß, dass er ihn am anderen Morgen zerkratzt vorfindet (Sozialneid). Diese wirtschaftliche Egalisierung ist Teil der christlichen Ethik. Völlig anders dagegen in China. Stellt ein Unternehmer zehn Rolls-Royce vor die Tür, wird er dafür bewundert. Der Grund liegt im Konfuzianismus, der Leistung und Fleiß betont und (sichtbaren) wirtschaftlichen Erfolg gutheißt. In Asien treffen wir auf die gleichen Emotionssysteme — die Dechiffrierung und Umsetzung ist aber völlig anders. Interessierten Lesern empfehle ich den Beitrag, den Dr. Hanne Seelmann in meinem Buch „Neuromarketing" geschrieben hat (Literaturliste im Anhang). Mehr erfahren Sie auch darüber unter www.seelmann-consultants.de .

Wir haben nun einen ersten Eindruck davon bekommen, dass man beim Emotional Boosting immer auch fragen muss: Wen möchte ich ansprechen und wen für meine Produkte oder Services gewinnen? Manchmal gibt es keine oder nur geringe Zielgruppen-Unterschiede, oft sind sie aber enorm und wichtig.

Nachdem wir jetzt wissen, wie unser emotionales Gehirn funktioniert, gehen wir im nächsten Kapitel in die Praxis und an die Umsetzung.

II. Wie man mit Emotional Boosting den entscheidenden Vorteil erreicht

3 Product Boosting

3.1 Wie man den inneren Wert von Produkten und Marken steigert

> **Was Sie in diesem Kapitel erwartet:**
> *Produkte und Marken haben eine innere Wert- und Motivstruktur. Diese setzt sich aus den funktionalen, distinktiven, mythischen und magischen Emotionsverstärkern zusammen. Auf allen diesen Ebenen kann man emotionalen Mehrwert schaffen, wenn man die Spielregeln des Unbewussten kennt.*

Nachdem wir in Kapitel 2 „Think Limbic!" einen ersten Einblick in die Struktur und Logik unseres emotionalen Oberstübchens bekommen haben, geht es jetzt um die Umsetzung in die Praxis. Doch vorher nehmen wir uns noch die Zeit für eine kurze Überlegung, die uns hilft, den Zusammenhang zwischen diesem und dem nächsten Kapitel besser zu verstehen. Angenommen Sie gehen ins Theater, um sich ein Schauspiel anzuschauen. Was erwartet Sie dort? Eine Aufführung, die im Prinzip aus zwei Ebenen besteht. Die Ebene 1 ist das Stück, so wie es der Autor geschrieben hat — die handelnden Personen, die Geschichte und der tiefere Sinn. Die Ebene 2, die Sie ebenfalls sehen, ist die individuelle Inszenierung des Regisseurs. Das gleiche Stück kann, wie Theatergänger wissen, höchst unterschiedlich inszeniert werden. Ähnlich wollen auch wir uns dem Thema annähern. In diesem Kapitel werden wir uns damit beschäftigen, wie wir die inneren emotionalen Qualitäten und Strukturen eines Produktes oder einer Marke durch Emotional Boosting verstärken.

Im nächsten Kapitel geht es dann um die Inszenierung, also um die Frage, was man in der Dramaturgie tun kann, damit das Produkt von seiner besten Seite gezeigt wird. Diese Unterscheidung findet man auch in der Kunsttheorie. Ein Kunstwerk besteht immer aus „Inventio" und „Disegno". Inventio ist die zentrale Bildidee, während Disegno die künstlerischgrafische Umsetzung bezeichnet. Uns geht es jetzt also um das Inventio eines Produktes oder einer Marke. Wie Sie schon bemerkt haben, verwende ich die Begriffe Produkt und Marke in einem Atemzug. Ohne Zweifel gibt es hier deutliche Unterschiede: Eine Produktmarke ist eine emotional-kognitive Struktur im Kopf des Konsumenten — sie ist das Endergebnis, das aus Produkterfahrung, Werbung usw. besteht. Eine Marke ist also weit mehr als ein Produkt. Außerdem können unter einer Marke auch mehrere Produkte angeboten

Product Boosting

werden. Trotzdem steht auch im Zentrum jeder Produktmarke das emotionale Produktversprechen und um das geht es in diesem Kapitel.

Functional Boosting: Auch der sichtbare Nutzen ist hochemotional

Warum kaufen wir bestimmte Produkte? Beispielsweise einen Fernsehsessel, eine Lebensversicherung, eine Bohrmaschine, ein Snowboard, eine Luxuslimousine oder einen MP3-Player. Die Antwort ist einfach: weil Produkte immer einen emotionalen Grundnutzen haben. Der Fernsehsessel sorgt für wohlige Bequemlichkeit, der MP3-Player ist zur (passiven) Unterhaltung da, mit dem Snowboard erleben wir Freiheit und Abenteuer, die Bohrmaschine erhöht unsere Selbsteffizienz und mit der Luxuslimousine demonstrieren wir Macht und Status. Wie in Abbildung 22 leicht zu erkennen ist, haben Produkte von ihrem generischen Grundnutzen deshalb eine feste emotionale Heimat auf der Limbic® Map.

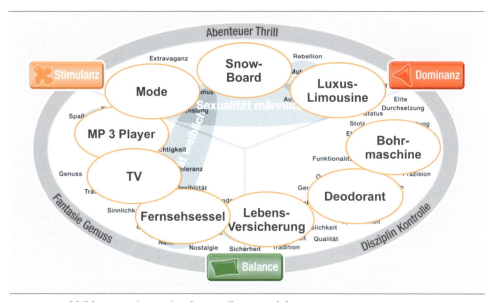

Abbildung 22: Die emotionale Generik von Produkten

Oft werden diese generischen Primärnutzen als „rationale" Nutzen beschrieben. Doch das ist falsch, weil auch der Primärnutzen eines Produktes immer einen emotionalen Urgrund hat. Zudem wissen wir ja, dass „Rationalität" nicht das Gegenteil von „Emotion" ist. Die einzige Rationalität, die unser Gehirn kennt, ist: „Maximiere deine positiven Emotionen; minimiere deine negativen Emotionen und versuche kurz-, mittel- und langfristig das beste emotionale Gesamtergebnis zu erreichen".

Wie man den inneren Wert von Produkten und Marken steigert

Trotzdem gibt es natürlich funktionale Zweck-Unterschiede: Ein Hammer und eine Säge sitzen beide im Effizenzfeld der Limbic® Map, weil sie die Selbsteffizienz erhöhen. Trotzdem funktionieren sie auf sehr verschiedene Weise und werden zudem in unterschiedlichen Anwendungssituationen benutzt. Es ist aber immer die Effizienzverstärkung, die sowohl einem Hammer wie einer Säge ihre Bedeutung und ihren Wert gibt. Uns interessiert nun die Frage, wie wir Emotional Boosting auf der funktionalen Ebene betreiben können?

Wie Motive und Emotionen zusammenhängen

Wir haben gerade gesehen, dass die meisten Produkte ein generisches Emotionsfeld besetzen; aber das reicht nicht aus, um Produkte vollständig zu verstehen. Viele Produkte aktivieren zeitgleich nämlich unterschiedlichste Emotionsfelder. Damit sind wir auf der Ebene der Motive angekommen. Was sind Motive? Motive beziehen ihren inneren Antrieb und ihre Ausrichtung stets aus den Emotionssystemen. Motive sind aber auf Produkte gerichtet, weil sie sich von diesen die Erfüllung der biologischen Ziele versprechen, welche von den großen Emotionssystemen vorgegeben werden. Motive sind also emotionale Erwartungshaltungen und Wünsche an ein Produkt, die aus den Emotionssystemen heraus entstehen.

Die Primärmotive eines Produktes

Um das zu verdeutlichen, nehmen wir eine scheinbar ganz profane Produktkategorie, nämlich Mineralwasser. Erinnern wir uns dabei an unser Wasserbeispiel im ersten Kapitel. Wir haben dort gesehen, dass es Bling H2O gelingt, eine zigtausendfache Wertsteigerung im Vergleich zu einem profanen, aber sehr guten Wasser zu erzielen. Warum kaufen und trinken wir Mineralwasser? Der Grund dafür ist ein physiologisches Grundbedürfnis: Durst. Und Durst bekommen wir, wenn das Flüssigkeits-/Salzgleichgewicht unseres Körpers nicht mehr stimmt. Aber alle Wasser löschen den Durst: Dies allein schafft noch keine wertsteigernde Differenz. Die Differenzierung erfolgt, wenn wir von der physiologischen auf die emotionale Motivebene wechseln. Hier erkennen wir eine ganze Reihe unterschiedlicher Primärmotive für Mineralwasser. Was sind Primärmotive? Das sind die Motive, die sich meist aus der direkten Funktion ergeben. Da Wasser ziemlich neutral schmeckt, ist der Genuss-Wunsch nur schwach ausgeprägt (Genussmotiv). Wir trinken Wasser, um Geist und Körper in Harmonie zu bringen und uns zu entspannen (Entspannungs- und Harmonisierungsmotiv), wir wollen uns erfrischen und vitalisieren (Vitalisierungsmotiv), wir wollen etwas für unsere Gesundheit tun (Gesundheitsmotiv) und wir wollen unseren Körper auf körperliche Hochleistung bringen („Doping"-Motiv). Wie Abbildung 23 zeigt, haben alle diese Primärmotive einen festen Platz auf der Limbic® Map.

Product Boosting

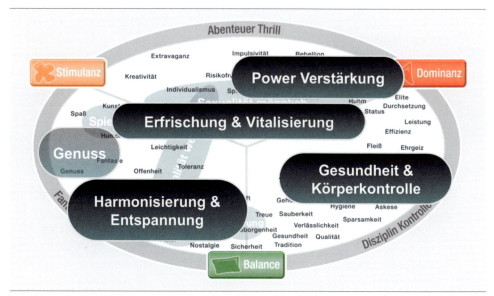

Abbildung 23: Primärmotive Mineralwasser

Im Prinzip erfüllt jedes Wasser alle diese Motive. Aber nun kommt die erste Stufe des Emotional Boosting: Ich nehme eines dieser Primärmotive heraus und verkünde, dass ich dieses besonders kompetent erfülle. Dabei kommt es mitunter gar nicht darauf an, dass ich diese Erfüllung wissenschaftlich nachweisen kann (wenn es möglich ist, ist es gut), es reicht oft, wenn ich diese Kompetenz deutlich für mich reklamiere. Diese Kompetenz-Reklamation ist gleichzeitig auch die Grundlage jeder Markenpositionierung. Genau das erkennen wir, wenn wir uns bekannte Wasser-Marken aus dieser Perspektive betrachten (siehe Abbildung 24). Obwohl sie alle nur aus „Wasser" bestehen, erfolgt ihr Emotional Boosting durch die Behauptung einer besonders guten Erfüllung eines dieser Primärmotive. Vio (Slogan: Belebende Stille) verspricht „Harmonie" und „sanfte Vitalisierung". Staatlich Fachingen steht für „Gesundheit". Vittel setzt auf „Belebung/Vitalisierung" und Active O2 baut als „Powerstoff" auf körperliche Höchstleistungen.

3 Wie man den inneren Wert von Produkten und Marken steigert

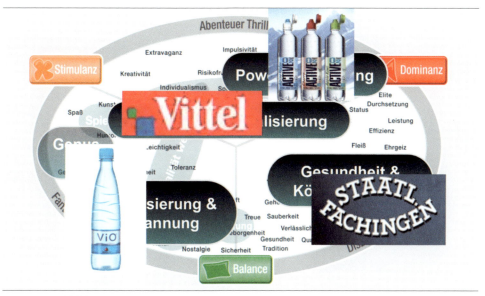

Abbildung 24: Wasser-Marken adressieren unterschiedliche Primärmotive

Wohlgemerkt: Alle sind Wasser und keines dieser Wasser hat irgendeinen zusätzlichen Inhaltsstoff. Active O2 hat zwar eine Spur mehr Sauerstoff — aber unterhalb jeder Wirkungsschwelle.

Von der Funktion zur Fiktion: Die unbewusste Wirkung von Placebos

Nun werden Sie vielleicht einwenden, es sei Betrug, etwas zu versprechen, was objektiv gar nicht der Fall ist. Wenn Sie nicht wissen, ob Sie gerade ein Staatlich Fachingen oder ein Vio trinken, dann können Sie hektoliterweise diese Wasser trinken, ohne einen Unterschied in ihrer Gesundheit oder in ihrem Entspannungszustand zu bemerken. Das ganze Bild verändert sich allerdings, wenn Sie die Wasser bewusst mit dem Markenversprechen trinken. Sie werden nämlich feststellen, wie es Ihnen mit Staatlich Fachingen gesundheitlich besser geht und bei Vio werden Sie alsbald die belebende Harmonisierung erleben.

Dieses Phänomen wird in der Medizin Placebowirkung genannt. Der Begriff Placebo kommt aus dem Griechischen und bedeutet in etwa: „Ich werde gefallen" oder „Ich werde gut tun". Placebos sind Medikamente, die keinerlei Wirkstoffe beinhalten, aber vom Arzt dem Patienten mit einem Heilungsversprechen verabreicht werden. Inzwischen gibt es unzählige Versuche über die erstaunliche Wirkung von Placebos. Das Faszinierende daran ist, dass diese Wirkung nicht nur im Bewusstsein des Patienten stattfindet, sondern sich objektiv in physiologisch messbaren

Product Boosting

Körperveränderungen nachweisen lässt. So hat man beispielsweise Lungenpatienten mit eingeschränktem Atemvolumen in zwei Gruppen aufgespalten. Der einen Gruppe hat man ein medizinisch erprobtes Medikament zur Erhöhung des Lungenvolumens gegeben, der anderen Gruppe aber nur ein unwirksames Placebo. Das Ergebnis war erstaunlich: Das Medikament steigerte das Lungenvolumen um 39 %, aber das scheinbar unwirksame Placebo kam immerhin auch auf messbare 16 %. Einen ähnlichen Versuch hatte man bei Herzpatienten mit hohem Blutdruck durchgeführt. Bei der Gruppe, die das blutdrucksenkende Medikament erhielt, fiel der Blutdruck um 8 %, bei der Placebo-Gruppe um 4 %. Inzwischen gibt es viele Studien, die zu ähnlichen Ergebnissen kommen. Aus diesem Grund gibt es in der medizinischen Ethik eine ausgeprägte Debatte, ob man den Patienten „belügen" dürfte. Aber ist es tatsächlich eine Lüge, wenn am Schluss das Placebo — wenn auch nur durch Suggestion — tatsächlich wirkt?

In der Praxis findet man oft Beispiele, wo es objektive Unterschiede in der Funktion gibt, diese aber durch zusätzliche Funktionsbehauptung eine emotionale Superverstärkung erfahren. Schauen wir uns ein Beispiel dafür an.

Funktionssuperverstärkung: Cor Soap

Wenn Sie in einem Drogeriemarkt ein Stück Seife kaufen, bekommen Sie für 2 Euro eine Markenseife und damit die Garantie für saubere Hände und ein sauberes Gesicht. Können Sie sich vorstellen, für ein Stück Seife in der gleichen Größe nicht 2, sondern ca. 90 Euro zu bezahlen? Für so ein profanes Stück Seife? Wenn Sie sich das nicht vorstellen können, kennen Sie das Cor Soap-Sortiment aus den USA noch nicht. Das Stück Cor-Seife auf unserem Bild (siehe Abbildung 25) kostet sage und schreibe 90 Euro.

Abbildung 25: Functional Super-Boosting: Cor Seife. Kleine Seife – riesiger Preis

Wie man den inneren Wert von Produkten und Marken steigert

Warum ist dieses Produkt in den USA der große Renner und warum wird so viel dafür bezahlt? Der Grund liegt in der Superverstärkung des funktionalen Grundmotivs „Reinigung". Zwar reinigen andere Seifen auch — aber Cor Soap reinigt noch viel, viel gründlicher. Warum? Weil Cor Soap keine normale Seife ist, sondern ein Hightechprodukt, das auf modernster Nanotechnologie basiert. Die Silber-Nanopartikel gehen wirklich in die Tiefen der Haut (so die Behauptung), reinigen sie und vernichten zudem alle Bakterien. Man sieht an diesem Beispiel, wie man auch ein ganz profanes Produkt, nämlich eine Seife, durch funktionale Superverstärkung des funktionalen Grundmotivs „Reinheit" in eine völlig andere Preis- und Wertdimension katapultieren kann. Damit das perfekt funktioniert, gilt es das Produkt natürlich durch Verpackung usw. noch richtig zu inszenieren — mit diesen Boostern werden wir uns im nächsten Kapitel beschäftigen. Übrigens: Weil die funktionalen Primärmotive für das Kundengehirn immer eine zentrale Bedeutung haben, funktionieren die funktionalen Verstärkungsstrategien beispielsweise vieler Waschmittelhersteller „XY wäscht so weiß, weißer geht's nicht" nach wie vor, auch wenn sie uns scheinbar langweilen. Gleich ob „Megaperls" oder andere Funktionsverstärker — wir sind noch längst nicht am Ende der Möglichkeiten angekommen.

Functional Boosting durch Zusatznutzen: Beispiel Nivea Deodorant

Bleiben wir noch eine Weile auf der Ebene funktionaler Motive. Eine weitere Strategie des Functional Boosting ist es, die funktionale Nutzenstruktur durch einen funktionalen Zusatznutzen zu erweitern. Nehmen wir als Beispiel dafür die Produktkategorie „Herren-Deodorant". Die funktionale Primärnutzen-Struktur von Herren-Deos ist der „Schutz vor unangenehmem Geruch" — dieses Motiv liegt im Balance-/Kontroll-Feld der Limbic® Map. Nun kann man das primäre Schutzversprechen verstärken, indem man beispielsweise einen 24-Stunden-Rundumschutz oder Schutz auch unter härtesten Lebenssituationen verspricht. Eine wichtige Möglichkeit aus dieser Immer-Mehr-Spirale herauszukommen, ist es nun, dem Primärnutzen einen funktionalen Zusatznutzen beizustellen, der ursprünglich gar nicht aus den Primärmotiven stammt. Die Nivea Herren-Deo-Serie ist beispielsweise deshalb so erfolgreich, weil sie nicht nur „Schutz vor unangenehmem Geruch" bietet, sondern für die sensible Haut unter den Achselhöhlen auch noch ein Pflege-/Care-Versprechen beinhaltet. Dieses Nutzenversprechen stammt aus dem Bereich der Hautpflege. Durch seine Übertragung in den Deo-Bereich hat Nivea einen deutlichen emotionalen Mehrwert geschaffen. Abbildung 26 zeigt die Motivstruktur von Nivea auf.

Product Boosting

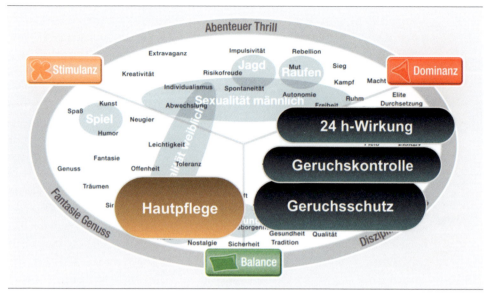

Abbildung 26: Nivea Deo: Mehrwert durch Zusatznutzen

Functional Boosting durch Zusatznutzen: Beispiel Geox-Schuhe

Verlassen wir (scheinbar) den Bereich Körperhygiene und werfen nun einen Blick in den Schuhmarkt. Auch dort stoßen wir auf eine Erfolgsstory, die auf innovativer Kategorieverknüpfung basiert: Geox-Schuhe. 1995 gegründet, macht das italienische Unternehmen heute mehr als 800 Mio. Euro Umsatz. Schuhe basieren im Wesentlichen auf zwei Motivstrukturen: einerseits auf den Motivstrukturen der Mode, die wir später in diesem Kapitel kennenlernen, und funktionalen Motiven wie Bequemlichkeit, Tragekomfort, Schutz und Effizienzverstärkung bei Sportschuhen.

Was hat Geox gemacht? Der Geox-Gründer Mario Moretti Polegato entdeckte zufällig, dass sich das Mikroklima in Schuhen durch Löcher in den Sohlen verbessern lässt. Nachdem er seine Idee mehreren Schuhherstellern erfolglos angeboten hatte, entschied er sich, es auf eigene Faust zu versuchen. Eine gewinnbringende Entscheidung, wenn man das Wachstum dieser Firma betrachtet. Eine klare funktionale Bildkommunikation — man sieht, wie „Dampf" aus der Sohle kommt — verbunden mit dem Slogan „Geox atmet" macht auf einen Blick den Zusatznutzen dieser Schuhe deutlich (siehe Abbildung 27).

3
Wie man den inneren Wert von Produkten und Marken steigert

Abbildung 27: Geox: Schuhe mit Zusatznutzen

Welche Motivstrukturen werden damit angesprochen? Zum einen ist es ein Frische- und Komfortversprechen, zum anderen aber auch ein Hygiene-Versprechen: „Mit Geox vermeidest du Schweißfüße" — das aber ist ein Kontroll- und Sicherheitsversprechen. So gesehen ist Geox also neben Mode zugleich auch ein Fußhygiene-Produkt. Das Beispiel von Geox zeigt, dass solche bahnbrechenden Zusatznutzen oft auch zufällig entstehen. Diesem Zufall kann man allerdings nachhelfen. In den von der Gruppe Nymphenburg begleiteten Produkt-Innovationsprozessen, verknüpfen wir ganz gezielt und systematisch unterschiedlichste Motivstrukturen unterschiedlichster Produktgruppen.

Der Erfolg des Handys: Ein Emotionstsunami an Zusatznutzen

Ähnlich wie bei der Superverstärkung des Grundnutzens, siehe Cor Soap, sind der Phantasie auch bei Zusatznutzen keine Grenzen gesetzt. Wohin ein Zusatznutzen-Tsunami führen kann, zeigt das Handy. Der primäre Grundnutzen des Handys war und ist die soziale Kommunikation und zwar an jedem Ort und wann immer wir wollen. Die dahinterliegenden Motive sind „Soziale Bindung und Fürsorge", „Autonomie" und „Lebenserleichterung". Schon allein die Kombination dieser beiden Motive sorgte für eine ungeheure Wertsteigerung. Wenn wir uns ein heutiges Handy mit all seinen Funktionen anschauen, erkennen wir, dass seine Nutzen inzwischen die gesamte Limbic® Map abdecken und zusätzlich überall eine Superverstärkung stattfindet.

Abbildung 28: Die Primärmotive eines Handy

Die Bildübertragungsraten werden immer schneller, die Spiele immer ausgefeilter, das Online-Programm immer vielfältiger. Inzwischen ist das Handy, dadurch, dass es Telefon, Fotoapparat, Spielkonsole, Mini-Laptop, Mini-Büro, TV-Gerät usw. in einem ist, ein motivational extrem aufgeladenes Objekt. Diese extrem hohe Aufladung erklärt auch die hohe Verbreitung und die fast süchtige Abhängigkeit vom Handy.

Functional Boosting durch Kontroll-Verstärkung

Viele Produkte, insbesondere Lebensmittel, werden nicht benutzt, sie werden in den Körper aufgenommen oder auf ihn aufgetragen. Es ist eine der wichtigsten Aufgaben des Balance-Systems, die Sicherheit und Gesundheit unseres Körpers zu erhalten. Die Kategorie Wasser ist eine Unterkategorie von Lebensmitteln. Deswegen spielen beim Wasserkauf auch Motive eine Rolle, die für die ganze Kategorie Lebensmittel, aber auch für Kosmetik- und Hautpflegeprodukte von enormer Bedeutung sind. Und eine besonders wichtige Motivstruktur bei Lebensmitteln, insbesondere Grundnahrungsmitteln, ist die Frage nach der Reinheit und der gesundheitlichen Sicherheit. Man möchte ja nichts Schädliches zu sich nehmen (Vermeidungs-Motiv) und man möchte sicher sein, wo das Lebensmittel herkommt. Dieses Motivbündel ist eng mit dem primären Gesundheitsmotiv verknüpft — aber im Vergleich zu diesem „Ich tue aktiv etwas für meine Gesundheit" geht es hier eher um „Ich möchte vermeiden, dass ich etwas Schädliches aufnehme" und „Ich möchte jede Unsicherheit vermeiden". Auch diese Kontroll- und Reinheitsmotive gibt es in vielfältiger Ausprägung wie Abbildung 29 zeigt.

3 Wie man den inneren Wert von Produkten und Marken steigert

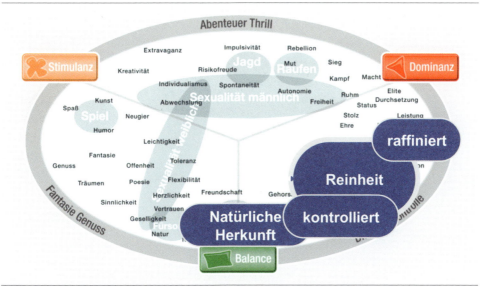

Abbildung 29: Kontroll-Motive. Der Wunsch nach Reinheit und Herkunft

Es gibt die „Natürliche Reinheit" — z. B. „Das Wasser kommt aus den Alpen und war über tausend Jahre im Untergrund geschützt". Es gibt die kontrollierte Reinheit: „Das Produkt wird regelmäßig vom Institut XY getestet" und es gibt die raffinierte Reinheit. Raffiniert hier im Sinne von „bearbeitet/künstlich verfeinert": „Das Wasser wird mit modernsten Verfahren aufbereitet, verfeinert und gereinigt". Auch hier gibt es in der Mineralwasser-Welt einige Protagonisten:

▶ Gerolsteiner kommt aus den Tiefen der Vulkan-Eiffel = Natürliche Reinheit

▶ Staatlich Fachingen wird laufend kontrolliert = Kontrollierte Reinheit

▶ Bonaqa von Coca-Cola, ein ganz normales Tafelwasser ohne Herkunft, wird besonders aufbereitet und behandelt = Raffinierte Reinheit

Wie man durch Verknüpfung dieser Reinheitswelten eine enorme zusätzliche emotionale Wertsteigerung erreichen kann, zeigt unser Bling H2O-Wasser. Es kommt nicht nur aus den Tiefen des Tennessee-Gebirges („Natürliche Reinheit"), zusätzlich wird es noch in einem 9-stufigen Prozess filtriert und dann auch noch mit Ozon und Ultraviolett behandelt. Abbildung 30 zeigt das Kontroll- und Reinheitsversprechen von Bling:

Abbildung 30: Das Kontroll- und Reinheitsversprechen von Bling H2O.

„Bio": Wolfsinstinkte im Schafsgewand

Motivationspsychologisch eng verwandt mit dem Reinheits- und Kontrollversprechen ist übrigens „Bio". „Bio" verknüpft nicht nur die beiden Reinheitsdimensionen „Natürliche Reinheit" mit „Kontrollierter Reinheit"; es sorgt für ein zusätzliches Boosting durch Ansprache des Fürsorge- und Balance-Motivs „Wunsch nach einer heilen und sicheren Welt". Dass sich „Bio" nicht nur für das Emotional Boosting von Lebensmitteln eignet, zeigt das Beispiel des „Probiotischen Tampons" in Abbildung 31. Hier findet durch „Bio und Kontrolle" eine deutliche Wertsteigerung statt.

Abbildung 31: Bio schafft Wert: Probiotische Tampons

Wer Bioprodukte kauft, kauft sich also einen ganz egoistischen Überlebensvorteil: „Ihr könnt euch vergiften — ich bleibe gesund". „Bio" hat aber auch noch eine altruistische Komponente. „Bio" schützt und erhält die Umwelt. Die sogenannten Lohas (Lifestyle of Health and Sustainability), die Hauptkäufer von Bioprodukten, sind in erster Linie Egoisten, die aber ihren Egoismus durch die Altruismus-Komponente von „Bio" bestens verstecken können.

Functional Boosting durch innovative Kategorie-Verknüpfung

Während bei unserem Deo-Beispiel weiter oben, der von Nivea addierte Zusatznutzen „Pflege" relativ nahe bei den Primärmotiven liegt, auch der Zusatznutzen „Fußhygiene" bei Geox folgt dieser Struktur, kann man erheblichen Mehrwert dadurch erzielen, dass man primär nicht zusammengehörende Kategorien zu einer völlig neuen Motivgestalt verknüpft. Der Übergang zwischen normalem Zusatznutzen und innovativer Kategorie-Verknüpfung ist natürlich fließend und subjektiv — insbesondere Geox hätte man auch in diesem Abschnitt erwähnen können.

Ein schönes Beispiel für innovative Kategorie-Verknüpfung ist eines der erfolgreichsten Milchprodukte der letzten Jahre, nämlich Actimel von Danone. Milchprodukte sind in der Regel Grundnahrungsmittel und neben der physiologischen Energiezufuhr spielt das Genuss-Motiv eine besondere Rolle. Was hat nun Danone getan? Das Unternehmen hat das Genuss-Motiv (inkl. Milch-Bedeutung) mit einer neuen Motiv-Kategorie, nämlich „Gesundheit" kombiniert. Allerdings aktiviert Actimel nur eines der Gesundheitsmotive — nämlich „Innere Stärkung". In Abbildung 32 sehen wir die Motivstruktur „Gesundheit" und deren Verknüpfung von Actimel.

Product Boosting

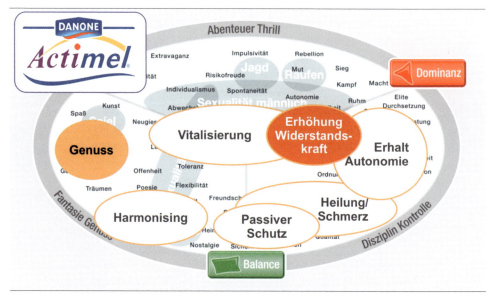

Abbildung 32: Motivstruktur Actimel: Die Kopplung des Genuss-Motivs mit einem Gesundheitsmotiv

Actimel aktiviert also nur eines der Gesundheitsmotive, nämlich die „Erhöhung der Widerstandskraft". Inzwischen sind aber durch innovative Kategorienverknüpfung völlig neue Produktkategorien entstanden. Eine dieser neuen Produktkategorien sind beispielsweise die „Nutricosmetics". Während klassische Schönheitsprodukte auf die Haut aufgetragen werden, werden Nutricosmetics oral aufgenommen. Ein Beispiel für Nutricosmetics ist das Nahrungsergänzungsmittel Oenobiol Body Shaper. Anstatt sich mühsam im Fitnessstudio den Speck abzutrainieren und den schlaffen Body so in einen Astral-Körper zu verwandeln, verspricht dieses Produkt einen ähnlichen Effekt — ganz ohne Anstrengung.

Mit Functional Boosting wird die emotionale Grundnutzenstruktur eines Produktes verstärkt oder erweitert und damit ein wichtiger emotionaler Mehrwert geschaffen. Aber Produkte werden nicht nur gekauft, um in der Verwendung oder im Genuss einen emotionalen Nutzen zu erleben. Viele Produkte sind gleichzeitig auch wichtige soziale Kommunikatoren. Die Nutzung eines Produktes ist nämlich zugleich sozialer Ausdruck, soziale Proklamation, sozialer Anspruch. Und diese soziale Symbolfunktion ist es, die ein Produkt sehr wertvoll machen kann. Wie das funktioniert, schauen wir uns in den nächsten Abschnitten näher an.

Wie man den inneren Wert von Produkten und Marken steigert

Distinctional Boosting: Der Wunsch nach Status und Individualität

Der Mensch ist ein Gemeinschaftstier — ohne Gemeinschaft können wir nicht leben. Unsere eigene Identität, das erlebte „Ich", bildet sich nur in Auseinandersetzung mit dem anderen. Wir suchen die Geborgenheit und Gemeinschaft in der Familie und in unseren sozialen Bezugsgruppen, indem wir uns sozialen Normen unterordnen und uns konform verhalten. Die Gemeinschaft ist also Schutzspender und damit sie dies leistet, müssen wir beweisen und signalisieren, einer der ihren zu sein. Die emotionalen Treiber im Gehirn sind das Bindungs- und Fürsorge-, aber auch das Balance-System. Aber soziale Gemeinschaften haben eine weitere biologisch begründete Dynamik — sie sind zugleich Macht- und Hierarchiesysteme. Je höher der Rang, desto höher der Zugang zu Sexualpartnern und desto höher die verfügbaren materiellen Ressourcen. Auch diese Dynamik ist in Form des Dominanz-Systems fest in unserem Gehirn installiert. Der dritte große soziale Treiber ist der Wunsch, anders zu sein, sich von der Masse abzugrenzen, aufzufallen und ein einzigartiges Individuum zu sein. Hier ist das Stimulanz-System der Treiber im Kopf — es sucht ja das Neue und Andere. Diese drei sozialen Ziele stehen deshalb in dem gleichen Spannungsverhältnis der Emotionssysteme, das wir schon im Kapitel 2 „Think Limbic!" kennengelernt haben: Wenn ich meinem Individualismus fröne, störe ich die Konformität der Gemeinschaft. Wenn ich meinem Ego freien Lauf lasse und Status und Macht demonstriere, geht das zu Lasten der sozialen Harmonie in der Gemeinschaft. Da Konsumprodukte ein zentraler Teil unserer Lebensführung sind, haben sie oft auch eine enorme soziale Botschafterfunktion: Sie setzen soziale Signale; signalisieren sozialen Anspruch und die (gewünschte oder reale) soziale Stellung.

Insbesondere Modeprodukte sind hier von besonderer Bedeutung. Denn gerade durch Kleidung drücken wir deutlich sichtbar unsere soziale Gruppenrolle aus. Und nirgendwo zeigt sich das Spannungsverhältnis zwischen „Konformität" und „Individualität/Status" deutlicher als in den Modestilen. Dieses Spannungsverhältnis in der Mode wurde übrigens schon vor mehr als hundert Jahren von dem Philosophen und Soziologen Georg Simmel in seinem Essay „Die Philosophie der Mode" sehr detailliert und geistreich beschrieben. Wir machen uns diese soziale Grunddynamik am Beispiel der Mode am besten einmal auf der Limbic® Map deutlich. Treiber für Mode ist im Kern die Sexualität. Schließlich wollen wir ja einen Sexualpartner in spe anlocken und sehr attraktiv für ihn sein. Abbildung 33 zeigt die Limbic® Map mit den wichtigsten Modestilen.

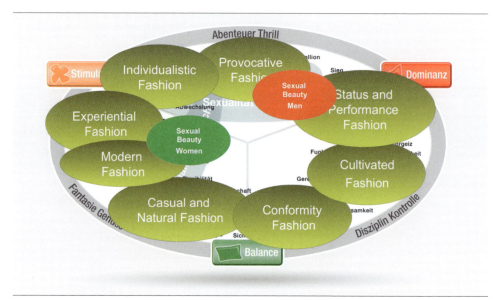

Abbildung 33: Mode als sozialer Ausdruck

Beginnen wir im Bereich des Balance-Systems: Hier treffen wir auf den Begriff „Conformity Fashion". Welcher Modestil verbirgt sich dahinter? Nun der, der bei Textil-Discountern in großen Mengen auf den Ständern hängt und den man in gleich großer Verbreitung auf den Straßen wiederfindet. Man möchte ordentlich angezogen sein, aber um keinen Preis auffallen. Wenn wir nun etwas weiter in Richtung Stimulanz-System gehen, kommen wir zu „Modern Fashion". Wie sieht dieser Modestil aus? Kurz beschrieben ist das der Modestil, der von den Laufstegen in Paris und London schon ein Stück Weg in den Alltag und in die Provinz hinter sich hat. Er ist noch neu, aber so neu auch nicht mehr. Man möchte sich abgrenzen und auffallen — aber bitte in einem kontrollierten und ungefährlichen Rahmen. Über dem Stimulanz-System treffen wir auf „Extravagant Beauty". Das ist der neueste Schrei, das ist hippste Mode. Hier geht es wirklich darum, Unikat zu sein, aufzufallen, die Blicke auf sich zu lenken. Hier braucht man aber auch schon eine große Portion Mut, weil man in der breiten Masse oft nur Kopfschütteln erntet. Es gibt noch eine Steigerung des modischen Auffallens — das ist die Provokation und damit „Provactive Fashion". Sie sitzt im Bereich Abenteuer. Werfen wir unseren Blick nun auf die Seite des Dominanz-Systems. Hier treffen wir auf „Performant & Status Beauty". Wie sieht diese Mode aus? Bei Herren ist es der teure Anzug und die teure Markenkrawatte, bei Damen das Kostüm im klassischen Schnitt, durch teure (goldene) Accessoires zusätzlich inszeniert. Der soziale Ausdruck und die damit verbundene Demonstration lautet hier: „Ich möchte als Mächtiger und Ranghoher wahrgenommen werden". Man demonstriert seinen Status, auch durch Kennerschaft und Perfektion. Bleibt noch der letzte Modestil „Cultivated Beauty". Bei diesem Modestil geht es darum, Status und Konformität gleichermaßen zu zeigen. Dieser Modestil findet sich vor allem bei gesellschaftlichen Anlässen wie Konfirmationen, Hochzeiten etc. Die Kleiderordnung ist ritualisiert und vorgeschrieben.

Da es die Konformität in der Regel umsonst gibt, ist es die mit dem Produktkauf versprochene Individualität und der Status, der ein Produkt teuer macht. Dabei gilt natürlich: Je höher die Status-Exklusivität und die Individualität — desto teurer das Produkt. Am Beispiel Mode haben wir die feine Differenzierung gesehen — wir können die Distinktionsmotive auf etwas größerer Ebene betrachten. Diese sehen wir in Abbildung 34. Hier wird auch ein weiteres wichtiges Sozial-Motiv deutlich, das auch schon in der Mode ein zentraler Treiber ist: der Wunsch nach sexueller Attraktivität.

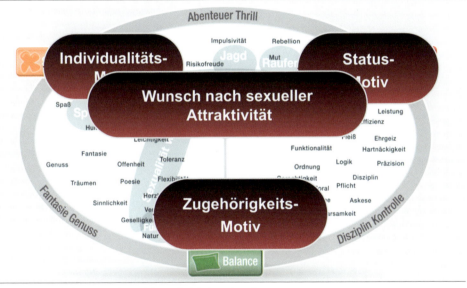

Abbildung 34: Die sozialen (Distinktions-)Motive

Das Status- und Exklusivitätsversprechen

Der Wunsch nach Status und Prestige entstammt also unserem Dominanz-System und wie bei allen Emotionssystemen kann man nie genug davon haben. Der für Status- und Prestige-Versprechen besonders anfällige Limbic® Typ ist natürlich der Performer. Kaum ist eine Hierarchiestufe erreicht, denkt man auch schon über die nächste Stufe nach. Und hat man sich an seine Boss-Anzüge gewöhnt, fällt alsbald der Blick auf Brioni und danach wird es Zeit für den exklusiven Maßschneider. Je höher man will, desto mehr Exklusivität also Ausschluss von anderen, verlangt man. Je mehr Exklusivität versprochen wird, umso mehr ist man auch bereit, dafür zu bezahlen wie die Beispiele in Abbildung 35 zeigen.

Ein schönes Beispiel ist der Uhrenmarkt. Eine normale und gute Armbanduhr mit allen Funktionen oder wie Uhrmacher sagen: mit allen Komplikationen (beim Uhrmacher bedeutet Komplikation nicht Schwierigkeit, sondern zusätzliche und wertsteigernde Funktion!), gibt es schon für 50 EUR. Die teuersten Uhren, die funktional das Gleiche leisten, kosten aber bis zu 800.000 EUR. Aber während die 50-Euro-Uhr in der Massenauslage des Kaufhauses zu sehen ist, verhält sich das mit der Nobeluhr ganz anders. Der Weg zu ihr ist nämlich lang und beschwerlich. Nur ausgewählte Juweliere dürfen die Nobelmarke überhaupt führen. Das ist die erste Exklusivitätshürde. Diese Juweliere erhalten ein streng beschränktes Kontingent der jeweiligen Uhrenmarke. Auch die „Einstiegspreislagen" von 20.000 EUR sind schon künstlich verknappt. Aber wie kommt man nun zu seiner 800.000-Euro-Uhr? Indem man diese Summe auf den Tisch legt und die Uhr mitnimmt? Mitnichten. Um diese teuren Super-Uhren muss man sich beim Inhaber der Uhrenmanufaktur persönlich bewerben. Der prüft, ob der zukünftige Träger auch standesgemäß ist. Der proletenhafte Metzgermeister, der zwar reich, aber ohne Stil ist, hat keine Chance. Wird die Bestellung angenommen, heißt es warten: Denn die Exklusivität wird auch in der Produktion zelebriert. Die Uhr wird nämlich nicht von Maschinen (= Masse), sondern von einem der besten Uhrmacher handgefertigt (= Exklusivität). Spielt das Functional Boosting bei solchen Luxusgütern keine Rolle? Das Gegenteil ist der Fall. Die verwendeten Materialen sind von bester Qualität und versprechen absolute Zuverlässigkeit und Haltbarkeit über Generationen hinweg (= Functional Super-Boosting). Die Präzision und das Zusammenspiel der Teile sind einzigartig und schließlich werden diese Teile von einem Uhrmacher in Handarbeit gefertigt, der seine ganze Passion und Erfahrung in die Uhr mit einbaut. Der Wert entsteht zwar durch das Status Boosting — er muss aber auf der funktionalen Ebene mitgetragen werden. Eng verbunden mit Status Boosting ist die Kennerschaft, die ein Besitzer für sich reklamiert und gerne demonstriert. Der teure und exklusive Wein, den man seinen Gästen auf den Tisch stellt, braucht genauso Inszenierung und Besprechung („Welcher Winzer, wie angebaut, welche Lage, welche Trauben") wie die teure Uhr („Welches mechanische Prinzip, welche Genauigkeit, welche Materialien usw."). Aus diesem Grunde müssen zur Funktion und zum Status auch die Story und der Mythos mitgeliefert werden — diese Prinzipien lernen wir weiter unten kennen. Natürlich kann man das Status Boosting in unterschiedlichen Stufen betreiben:

3 Wie man den inneren Wert von Produkten und Marken steigert

▶ Auf der untersten Stufe „Status für den kleinen Mann" sind es Konsumprodukte mit Statusanspruch. Beispiele dafür sind: Apollinaris, Perrier, San Pellegrino, Dallmayr Kaffee, Lindt Schokolade.

▶ Auf der mittleren Stufe treffen wir auf: Voss-Wasser, Boss, Audi, Mercedes

▶ Auf der oberen Stufe finden wir: Brioni, Porsche, Ferrari, Rolex

▶ In der Super-Premium-Klasse: Rolls Royce, Bentley, einen Lear-Jet oder eine 100-Meter-Yacht.

Abbildung 35: Distinctional Boosting: Status & Exklusivität

Das Individualitäts- & Nonkonformitätsversprechen

Der Mensch möchte zwar in der Gemeinschaft sein, aber gleichzeitig auch nicht darin untergehen. Während die Harmoniser, Traditionalisten und Disziplinierten einen hohen Konformitätswunsch haben, ist es insbesondere bei den Hedonisten und Abenteurern das genaue Gegenteil. Sie möchten nicht so sein wie alle anderen und vor allem nicht wie die breite Masse. Ihr Wunsch ist es, sich abzuheben, dem Despotismus des Gewohnten zu entfliehen, als erste neue Produkte zu entdecken und zu verwenden. Individualität und Non-Konformismus wird mit Produkten demonstriert, die neu, exotisch oder einfach anders sind. Während die breite Masse mit einem Windows-Laptop arbeitet, inszeniert eine Minderheit ihre Eigenständigkeit durch einen Apple-Computer. Während die breite Masse ein Gerolsteiner-Wasser trinkt, drängt der Wunsch nach Individualismus zum exotischen Fiji-Wasser. Es geht aber noch individualistischer und provokanter: Während die breite Masse einen Tchibo-Kaffee schlürft, inszenieren sich besonders experimentierfreudige Individualisten mit einem Kopi Luwak Kaffee (siehe Abbildung 36). Auch das hat seinen Preis — ein Pfund dieses exotischen Kaffees kostet 160 EUR.

Abbildung 36: Distinctional Boosting: Individualität und Non-Konformismus. Kopi Luwak Kaffee: Der Kaffee aus der Katze

Was genau ist Kopi Luwak Kaffee? Wikipedia weiß es: „‚Kopi' ist das indonesische Wort für Kaffee. ‚Musang luwak' (örtlich ‚Musang pandan') ist die indonesische Bezeichnung für den beteiligten wilden Fleckenmusang (Paradoxurus hermaphroditus, mit der Unterart P. hermaphroditus philippinensis in Südmindanao), aus der Gattung der Musangs stammend." (Quelle: Wikipedia)

Der Kaffee wird in einem äußerst appetitlichen Verfahren gewonnen. Diese Katze ist nämlich ein wahrer Kenner. Sie schleicht nachts durch die Kaffeeplantage und frisst nur die reifsten und besten Kaffeekirschen. Diese werden in ihrem Magendarmtrakt fermentiert und schließlich auf natürlichem Wege durch den Hinterausgang der Katze ausgeschieden. Das Ergebnis dieses natürlichen Produktionsprozesses wird dann gesammelt (was natürlich sehr aufwändig ist) und an Individualisten in aller Welt verkauft. Etwas Besonderes, Neues und Ungewöhnliches sichtbar zu konsumieren, hat für Individualisten eben einen hohen emotionalen Wert. Dafür sind sie bereit auch einen hohen Preis zu bezahlen.

Auch unser Bling H2O-Wasser verdankt den größeren Teil seines enormen Mehrwerts genau diesem Individualitätswunsch. Es wurde von einem Hollywood-Manager kreiert, dann über Hollywood-Stars in den Markt eingeführt (Schauspieler sind in der Regel große Individualisten) und wird nun von allen Möchtegern-Individualisten, die sich an ihren großen Vorbildern orientieren, mit Freude und sichtbar konsumiert. Wie bei den Statusprodukten, gibt es auch hier Abstufungen:

- Auf der untersten Stufe, auch für den kleinen Mann, sind es Konsumprodukte mit Individualitätsanspruch. Beispiele dafür sind: Afri-Cola, Bionade, Gauloises-Zigaretten, Lucky Strike, Ikea
- Auf der mittleren Stufe treffen wir auf: Alessi, Apple iPhone, Fiji Wasser, Moleskine
- Auf der oberen Stufe finden wir: Dolce & Gabbana, Versace, Mini
- Ganz oben dann: Bling H2O, Kopi Luwak Kaffee

Sie werden nun fragen, warum es beim Individualismus nicht ganz so extrem teure Produkte wie beim Status gibt. Der Grund ist einfach und liegt in der, dem Individualismus innewohnenden, Schnelllebigkeit. Während Statusprodukte lange halten und lange hoch im Kurs sind, verlieren Individualismus-Produkte schnell ihren Wert, weil sie nur eine sehr begrenzte Aktualitätszeit haben. Statusprodukte behalten lange ihren emotionalen Wert; Individualismus-Produkte haben dagegen nur eine sehr kurze Halbwertszeit.

Der Wunsch nach sexueller Attraktivität

Sowohl der Wunsch nach Individualität wie auch nach Status haben auch immer eine sexuelle Komponente. Männlicher Status erhöht die Attraktivität bei Frauen. Frauen, die als „Typ" auffallen, lenken die Aufmerksamkeit der Männer auf sich. Aus diesem Grund wird insbesondere bei Mode und Kosmetikprodukten immer ein Versprechen mitgegeben, sexuell attraktiv zu sein. Aber wie sieht es mit einem „Sex-Pur-Versprechen" aus. „Sex sells" sagen die einen, „Sex sells not" die anderen. Wer hat nun Recht? Ich würde sagen: beide. Denn es kommt darauf an, in welchen Produktbereichen man dieses Versprechen einsetzt und vor allem auch in welcher Zielgruppe. Wird ein Franzbranntwein zum Einreiben gegen Altersbeschwerden mit einem Sexualitätserfolgsversprechen ausgestattet, dürfte die Wirkung ziemlich gering sein. Packt man das gleiche Versprechen in ein Deodorant für junge Männer, sieht die Sache völlig anders aus, weil Sexualität durch den hohen Testosteron-Spiegel in dieser Altersstufe eine völlig andere Bedeutung hat. Wie Forschungen zeigen, denken junge Männer alle 52 Sekunden (!) an Sex. Bei ihnen funktioniert ein offenkundiges Sexualitätsversprechen besonders gut. Ein schönes Beispiel für die Wirksamkeit ist das Deodorant Axe. Auf der funktionalen Seite wird eine extrem hohe Wirksamkeit versprochen — es gibt aber noch einen emotionalen Zusatz-Booster in Form eines Sex-Erfolg-Versprechens. Was bei jüngeren Männern relativ einfach und gradlinig funktioniert, sieht bei jüngeren Frauen etwas anders aus.

Für sie ist Sexualität stärker mit Attraktivität, Partnerschaft und Geborgenheit verknüpft. Eine allzu direkte Ansprache wird eher abgelehnt, vielleicht mit Ausnahme der Abenteurerin, die es liebt, direkt zur Sache zu kommen. So gesehen verkauft Sex durchaus — aber mit der Einschränkung der Zielgruppe und des damit verbundenen Hormonspiegels. Die zweite Einschränkung sind die Produktkategorien: Bei Mode, dekorativer Kosmetik, Parfüms und härteren alkoholischen Getränken besteht eine relativ hohe sexuelle Passung. Bei Gesundheitsprodukten und Haushaltsprodukten ist die Passung sehr gering, weil es beim Spülen oder Streichen des Gartenzauns doch relativ selten zum Geschlechtsverkehr kommt.

Während die funktionalen Motivstrukturen oft noch sicht- und messbar sind, handelt es sich bei den distinktiven Motivstrukturen nur noch um immaterielle emotionale Wertsteigerer. Die Möglichkeiten der immateriellen Wertsteigerung sind aber damit noch längst nicht zu Ende. In einer zunehmend globalisierten Welt, die nur von Konkurrenz und der scheinbaren Rationalität der Zahlen beherrscht wird, sucht der Konsument verstärkt die Gegenwelt des Lebenssinns, der Phantasie und des schönen Scheins. In einer Welt, die mit ungeheurer Macht nach vorne in eine unberechenbare und oft Angst auslösende Zukunft rast, sucht der Konsument Halt und Geborgenheit in der Vergangenheit. In einer Welt, in der die Wissenschaft zwar alles berechnen kann, aber keine Auskunft gibt, was man tun soll, sucht der Konsument Sinngeber für den Alltag.

Mythical Boosting: Das Konsumentenhirn liebt Geschichten

Die wichtigsten Sinngeber des Lebens sind: Mythen und Geschichten. Religionen wären ohne Mythen und Geschichten blutlos und sinnleer. In unserer westlichen Konsumkultur suchen wir den Sinn aber nicht mehr nur in der Religion, sondern auch im Konsum. Der Konsum ist, um mit dem Philosophen Walter Benjamin zu sprechen, längst zur „Ersatz-Religion" geworden. Deswegen sind auch Produkte „Sinngeber" und „Sinnvermittler". Unser Gehirn, insbesondere unser emotionales Großhirn, versucht unsere eigenen individuellen Lebenserfahrungen, kulturell übernommene Bilder und Geschichten mit aktuellen Erfahrungen und Erlebnissen zu ganzheitlichen Sinnzusammenhängen zu verknüpfen. (Wer mehr über das Gehirn und seine Vorlieben für Geschichten erfahren möchte, findet im neuen Buch „Warum das Gehirn Geschichten liebt" von Dr. Werner Fuchs und auf seiner Website www.propeller.ch Informationen dazu.)

Durch unser hochentwickeltes Großhirn haben wir im Vergleich zu unseren Säugetier-Kollegen nicht nur die Möglichkeit, komplexer zu denken. Wir haben auch ein völlig anderes Zeiterleben. Wir schauen zurück in die Geschichte, das ist diese Zeit,

Wie man den inneren Wert von Produkten und Marken steigert

die wir noch einordnen und mit Jahreszahlen versehen können. Doch irgendwo endet die Geschichte, weil uns die Fakten fehlen. Hier beginnt dann der Mythos. Mythos ist immer eine Welterklärung, die noch einen Wahrheitscharakter haben kann, die aber auch immer zugleich Phantasie und Fiktion ist. Nach dem Mythos kommt schließlich das Märchen. Hier ahnen wir, dass es nicht wahr ist, aber wir hören gerne zu. Aber gleich ob Geschichte, Mythos oder Märchen — sie interessieren uns nur, wenn sie emotional sind! Gute Geschichten emotionalisieren und geben Sinn. Sie aktivieren archaische Bilder — denken wir nur an das Paradies, Himmel oder Hölle. Und oft sind ihre Protagonisten auch Archetypen, die eine besondere emotionale und prototypische Rolle verkörpern. Beispiele dafür sind: Der Böse, der gute Held, die fürsorgliche Urmutter, der Unterdrückte, der am Schluss zum strahlenden Sieger wird usw. Auch im Emotional Boosting spielen kleine und große Geschichten, die von und zu den Produkten und Marken erzählt werden, eine extrem wichtige Rolle. Geschichten geben Sinn und Sinn schafft Wert. Viele Untersuchungen zeigen, dass Produkte, die mit einer guten Geschichte versehen sind, den erzielten Verkaufspreis für ein Produkt um 30 bis 30.000 % steigern können. Oft sind sie wahr, manchmal werden sie „geschönt" und mitunter sind sie reine Lügen. Welche ungeheure Wertsteigerung eine Geschichte erzeugen kann, in diesem Fall eine Lüge, zeigt folgendes Beispiel.

Die Weine von Präsident Jefferson

Im Dezember 1985 wurden im Auktionshaus Christie's vier Flaschen alter Wein versteigert. Genauer: Château Lafitte (so die frühere Schreibweise), Château Branne-Mouton, Château Margaux und Château d'Yquem aus den Jahren 1784 bis 1787. Der erzielte Preis: fast 200.000 Dollar pro Flasche. Unter den Käufern war unter anderem auch der Verleger Malcom Forbes. Nun zur Geschichte. Der Weinverkäufer (in der Nobelwein-Szene bestens bekannt) erzählte, dass ihm diese Flaschen von einem absoluten Gewährsmann angeboten worden waren. Man hätte sie beim Mauerdurchbruch in einem uralten Pariser Keller gefunden. Schon allein ein Château Lafitte aus dieser Zeit hätte — obwohl heute ungenießbar — eine stolze Summe gebracht. Aber die Geschichte geht noch weiter. Alle vier Flaschen waren mit „Th. J" graviert. Abbildung 37 zeigt eine dieser „kostbaren" Flaschen.

Abbildung 37: Die enorme Wirkung von Geschichten: Der teuerste Wein der Welt

Man hätte, so der geschäftstüchtige Weinverkäufer, herausgefunden, dass diese vier Flaschen speziell für den damaligen Präsidenten Thomas Jefferson, einer der amerikanischen Gründerväter, abgefüllt wurden. Er hätte sie auf seiner Europareise geschenkt bekommen, sie aber aus irgendwelchen Gründen vergessen. Soweit die Geschichte. Die Käufer waren glücklich ob ihres ersteigerten Schatzes und sie wären auch bis heute glücklich geblieben, wäre nicht einer der Käufer, der amerikanische Milliardär William „Bill" Koch misstrauisch geworden. Er übergab seine Flasche dem FBI und ließ sie öffnen und analysieren. Das Ergebnis: eine dreiste Fälschung (genauso wie die anderen drei Flaschen auch). Die Frage, die sich nun stellt, ist: Warum haben die vier Käufer so viel ausgegeben? Die Antwort: Weil dieser Wein erstens an Exklusivität nicht zu überbieten war (Distinctional Boosting) und zweitens, weil diese Exklusivität durch die Geschichte von Jefferson noch zusätzlich emotional verstärkt wurde. Dieser Wunsch, etwas ganz einzigartig Exklusives zu besitzen, das auch von anderen mit Ehrfurcht betrachtet wird, ist übrigens auch der Grund, warum so viele Reiche Kunstwerke kaufen. Es ist der fiktionale Statuswert und die Geschichte, die sich um den Künstler rankt, die dem Werk seinen Wert verleiht. Schauen wir uns nun ein paar weitere Geschichten an.

Die Entstehungsgeschichte der La Mer-Kosmetikcreme

Vom Kosmetikkonzern Ester Lauder wird eine Hautcreme-Serie mit dem Namen La Mer vertrieben. Es handelt sich dabei um eine Antifaltencreme und ein kleines Tiegelchen kostet mehr als einen dreistelligen Eurobetrag. Was macht das Produkt so teuer? Ist es die versprochene Wirksamkeit?

Wie man den inneren Wert von Produkten und Marken steigert

Vielleicht. Aber allzu wirksam kann aber das Produkt, wie übrigens alle kosmetischen Faltencremes, nicht sein, weil es sonst ein Medizinprodukt wäre, das einer strengen Wirkungskontrolle unterliegt. Das wirklich wertsteigernde ist die Geschichte, wie dieses Produkt „erfunden" wurde. Der Schöpfungsmythos hört sich in etwa so an: Vor vielen Jahren wollte der amerikanische Chemiker Dr. Max Huber einen neuen Raketentreibstoff entwickeln. Leider ging die Sache daneben, das Gemisch explodierte und das Gesicht des unglücklichen Erfinders war nach der Heilung von tiefen Narben entstellt. Dr. Max Huber forschte nun in eigener Sache. Er suchte nach einem Wirkstoff, der alle seine Falten und Narben beseitigen sollte.

Abbildung 38: Die Geschichte von LA MER

Er hatte, so erzählt es die Geschichte, Glück: Vor der Küste von Kalifornien fand er eine bestimmte Algenart mit einem besonderen Wirkstoff. Er experimentierte und durch Zufall entdeckte er, dass man diesen Wirkstoff noch viel potenter machen kann, wenn man ihn mit sphärischen Unterwasserklängen längere Zeit bestrahlte. Selbstverständlich, wie für jeden Mythos wichtig, ist dieser Prozess streng geheim. Entscheidend war das Ergebnis. Dr. Max Hubers Narben verschwanden durch diese phantastische Creme. Ein richtiger Jungbrunnen also. Und weil diese Geschichte so schön ist, taucht sie auch immer im Bewusstsein einer Käuferin auf, wenn sie sich hingebungs- und erwartungsvoll mit dieser Creme einreibt. Gehen wir zur nächsten Geschichte.

Product Boosting

Moleskine — die Geschichte vom Buch der Dichter, Denker und Maler

Wenn Sie in ein Schreibwarengeschäft gehen und ein Notizbuch mit 200 leeren Seiten im Format DIN A5 kaufen, zahlen Sie dafür je nach Ausführung zwischen einem und zwei Euro. Wenn Sie aber ein paar Schritte weiter laufen, steht da möglicherweise ein Ständer mit Moleskine-Notizbüchern, und wenn Sie mit einem solchen zur Kasse gehen, kostet Sie das Buch etwa 10 Euro. Die gleiche Funktion — aber der fünffache Preis. Auch hier stellt sich wieder die Frage nach der (nicht vorhandenen) ökonomischen Vernunft und trotzdem trifft man überall auf stolze Besitzer eines Moleskine. Warum? Ganz einfach — weil das Moleskine-Buch eine Geschichte erzählt, das profane Notizbuch aber nicht. Die Geschichte geht so:

„Moleskine war das legendäre Notizbuch der europäischen Künstler und Intellektuellen der letzten zwei Jahrhunderte. Der englische Schriftsteller und ‚Welt-flaneur' Bruce Chatwin setzte diese Tradition fort: Er ging nie auf Reisen ohne ausreichende Mengen dieser kleinen Bücher. Die ersten Moleskines soll es bereits vor rund 200 Jahren gegeben haben. Nachdem sie in den 1960er bis 1980er Jahren nicht so gefragt waren, erfreuen sie sich heute wieder größerer Beliebtheit. Angeblich wurden sie von Berühmtheiten wie Ernest Hemingway, Louis-Ferdinand Céline, Pablo Picasso und Henri Matisse verwendet. Belegt ist jedoch, dass Luis Sepúlveda und vor allem Bruce Chatwin Moleskines verwendet und wegen ihrer schlichten Eleganz geschätzt haben." (Quelle: www.moleskines.de)

Während der Jefferson-Wein hohe Exklusivität versprochen hat, verleiht Moleskine seinen Besitzern den Nimbus der Individualität und Intellektualität. Vor einiger Zeit interviewte mich ein Redakteur einer großen Zeitschrift über die unbewussten Mechanismen des Kaufens. Er beendete das Interview mit dem Satz: „Dass Konsumenten so irrational einkaufen, hätte ich nicht gedacht, mir kann das, glaube ich, nicht passieren." Und wohin schrieb dieser Redakteur seine Notizen: in ein Moleskine-Buch!

Die Story des Bling-Wassers

Natürlich hat auch unser Bling-Wasser eine Story. Diese erzählt die Entstehungsgeschichte und unterstreicht gleichzeitig den distinktionalen Anspruch des Wassers.

Geschichten verleihen einem Produkt einen hohen zusätzlichen emotionalen Wert. Aber Produkte sind nicht nur passive Objekte. Sie wirken auch auf den Käufer und Konsumenten zurück. Damit kommen wir nun zum Magical Boosting.

Wie man den inneren Wert von Produkten und Marken steigert

Abbildung 39: Die Geschichte von Bling H2O

Magical Boosting: Die Zauberkraft der Dinge

Wir belächeln auf unseren Reisen in ferne Länder oft die Eingeborenen, die irgendwelchen Kultgegenständen magische Kräfte zuschreiben. Selbstblind wie wir sind, erkennen wir nicht, dass ein großer Teil der von uns gekauften Produkte den gleichen Fetischcharakter hat. Fetische sind Dinge, die wir mit Bedeutungen und Kräften verknüpfen, die das Produkt in seinen objektiven Eigenschaften nicht hat. Für diese geheimnisvollen Bedeutungen und Kräfte geben wir aber unendlich viel Geld aus. Produkte haben aber nicht nur eine Außenwirkung zu einem imaginären Publikum hin, sie wirken auch in den Käufer hinein und auf den Käufer zurück. Wer in ein Moleskine schreibt, signalisiert nicht nur seine intellektuelle Individualität nach außen, das Produkt verändert seine eigene Selbstwahrnehmung, seine Identität. Er selbst fühlt sich als kreativer Intellektueller. Wer eine Mercedes S-Klasse fährt, demonstriert nicht nur Status. Das Produkt verleiht ihm selbst Selbstbewusstsein und das Gefühl wichtig und erfolgreich zu sein. Wer sich ein paar teure Laufschuhe von Nike oder Adidas kauft, kauft die Überlegenheit eines Olympiasiegers oder Weltmeisters gleich für sich mit. Viele Produkte sind deshalb auch Fetische. Das Wort Fetisch kommt vom lateinischen „Factitius" = künstlich gemacht. Man bezeichnete damit zunächst sakrale Gegenstände wie das Goldene Kalb, welches von Menschenhand gemacht, an die Stelle Gottes gesetzt und angebetet wurde. Diese Gegenstände verliehen der Gläubigenschar wiederum Kraft und Zuversicht.

Product Boosting

Der Begriff wurde dann von portugiesischen Seefahrern als „feitico" übernommen. Sie berichteten lachend von ihren Fahrten an die westafrikanische Küste. Dort würden Eingeborene aus Holz, Stoff, Muscheln und altem Geschirr Gegenstände machen, die sie verehrten, bei sich trugen und die sie beschützen und ihnen magische Kräfte verleihen sollten. Kaum an Land, gingen die Seefahrer in die Kirche, nahmen eine Hostie mit dem Leib Christi zu sich und dankten vor den Reliquien ihrer Heiligen für ihre gesunde Rückkehr (!). Aus „feitico" wurde dann im Laufe der Zeit der Begriff des Fetischs. In unserer westlichen Kultur haben viele Konsumprodukte heute die Rolle des Fetischs übernommen. Man kauft nicht nur ein Produkt, man kauft auch die magischen Kräfte, die durch Werbung und Mythos mit dem Produkt verbunden werden. Diese magischen Kräfte können ewige Jugend, Schönheit, Status, Gesundheit, Glück usw. versprechen. Sie können vordergründig angesprochen werden wie bei „Red Bull verleiht Flügel" oder „Volvic — Die Kraft des Vulkans". Sie können aber auch hintergründig wie bei dem Moleskine- und dem Mercedes-Beispiel als implizites Produktversprechen mitlaufen. Gerade Produkte mit hohem Status- und Individualitäts-Boosting haben immer auch hohen Fetischcharakter und wirken auf ihre Käufer magisch zurück.

4 Presentational Boosting

4.1 Wie man sein Angebot mit kleinen Tricks groß herausbringt

> **Was Sie in diesem Kapitel erwartet:**
> *Nachdem wir im vorhergehenden Kapitel die immaterielle und innere Wertestruktur eines Produktes oder einer Marke gesteigert haben, geht es nun darum, die äußeren und sichtbaren Signale in Szene zu setzen. Hier gibt es viele kleine, aber enorm wirksame Tricks.*

Erinnern wir uns an das Theaterbeispiel und den Unterschied zwischen „Inventio", das ist die Idee und der Plot eines Stückes, und an „Disegno", dessen künstlerische Umsetzung. Im letzten Kapitel haben wir die innere Gestalt eines Produktes und einer Marke entwickelt, nun müssen wir dieses „Theaterstück" inszenieren. Auch hier ist hohe Professionalität gefragt. Damit wir keinen Fehler machen, ist es wichtig, sich darüber im Klaren zu sein, dass jedes Signal, das wir senden, eine Botschaft für das Kundengehirn ist. Auch wenn im Bewusstsein des Kunden nur ein Bruchteil davon erscheint — diese unbewussten Kaufknöpfchen wirken trotzdem und verändern das Kaufverhalten! Es gibt auch hier keinen „Big Button". Aber tausend Kaufknöpfchen konsequent gedrückt, bringen Wettbewerbsvorsprung, Kundenfaszination und damit Geld in die Kasse. Schauen wir uns die wichtigsten Mechanismen des Presentational Boosting nun gemeinsam an.

Multisensory Boosting: Die Macht der Sinne

Die Welt und damit auch Produkte werden über unsere Sinne wahrgenommen. Jeder Sinn bildet die Welt zwar in seiner eigenen Wahrnehmungsform ab, aber fast immer mit einer emotionalen Bedeutung. Wir wollen uns nun zunächst die wichtigsten Sinne auf ihre Boosting-Chancen anschauen.

Die emotionale Wirkung von Formen und Farben

Jede Form, jede Farbe ist für das Gehirn eine emotionale Botschaft. Abbildung 40 zeigt uns beispielsweise, wo Farben im emotionalen Raum zu Hause sind. Die Farbe

Blau steht für Kühle, aber auch für Sicherheit und Ordnung. Sie ist im Emotionsraum eher im Bereich Disziplin und Kontrolle verortet.

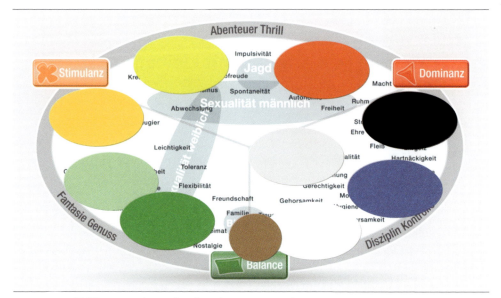

Abbildung 40: Die emotionale Bedeutung von Farben

Ganz anders dagegen ein frisches, leuchtendes Gelb: dieses aktiviert, vitalisiert und steht auch für Optimismus und Sonne. Gelb ist aus diesem Grund im Stimulanzbereich beheimatet. Schwarz und Rot sind die Farben der Macht und der Aggression. Es ist kein Wunder, warum zum Beispiel Media Markt sich genau dieses Farbcodes bedient. Denn die Kernzielgruppe von Media Markt sind Männer im Alter zwischen 18 und 40 Jahren, genauer unsere Abenteurer, Performer und Hedonisten, und in diesem Zeitraum ist das Gehirn noch voll mit dem Dominanz-Hormon Testosteron. Aber nicht nur für den Firmenauftritt ist die richtige Wahl der Farben und Symbolik wichtig, sondern zum Beispiel auch bei einer Verpackung. Nehmen wir ein ganz profanes Produkt. Eine Milchpackungbeispielsweise von „Berchtesgadener Land". Schauen wir uns die Verpackung und ihre Verortung auf der Limbic® Map in Abbildung 41 an.

4 Wie man sein Angebot mit kleinen Tricks groß herausbringt

Abbildung 41: Wo Verpackung im Gehirn sitzt. Jedes Detail hat eine emotionale Bedeutung

Der Senner und die Kuh signalisieren unverfälschte Heimat und frische Ursprünglichkeit der Alpen. Dieses wird durch „Berchtesgadener Land" unterstrichen. Die frische Unverfälschtheit kommt nochmals in der Produktbezeichnung „Frische Bergbauernmilch" zum Ausdruck. Zudem ist die Farbe Grün eine klassische „Balance"-Farbe. Sie steht für Geborgenheit und Sicherheit. Auch das DLG-Siegel punktet emotional: Die emotionale Wirkung dieses Siegels werden wir weiter unten in diesem Kapitel im Abschnitt „Trust Boosting" behandeln. Selbst die Fettangabe von 3,5 % gibt dem Gehirn ein Kontroll-Versprechen. Das ist übrigens auch der Grund, warum Manager so zahlenverliebt sind – Zahlen suggerieren immer, dass man die Welt unter Kontrolle hätte. Nachdem wir uns jetzt mit der Detail-Bedeutung auseinandergesetzt haben, schauen wir uns das etwas größere emotionale Muster an. Fast alle Packungssignale und Packungsbotschaften der Marke Berchtesgadener Land liegen im Balance-Bereich. Der Konsument erhält so alleine durch die Gestaltung unbewusst ein sehr starkes Ursprünglichkeits- und Unverfälschtheitsversprechen mitgeliefert. Wir haben ja im dritten Kapitel „Product Boosting" die Bedeutung dieser Motive für Grundnahrungsmittel bereits angesprochen.

Bei der Farb- und Formgestaltung sollte man allerdings immer auch auf Zielgruppen achten. Die emotionale Persönlichkeitsstruktur des Kunden entscheidet wesentlich mit, welche Verpackung als attraktiv oder weniger attraktiv gesehen wird. 2007 führte die Gruppe Nymphenburg gemeinsam mit dem Verpackungsverband ProCarton eine Studie durch. In der Studie wurden Verpackungsentwürfe bei über

Presentational Boosting

700 Versuchspersonen in puncto Gefallen getestet. Vorher machten die Versuchspersonen einen Limbic® Types-Test, so dass wir Gestaltungspräferenzen nach ihrer Persönlichkeitsstruktur auswerten konnten. Unsere Vermutung wurde eindrucksvoll bestätigt: Es gab deutliche Unterschiede in der Bewertung zwischen den Limbic® Types. Insbesondere Harmoniser, Performer und Traditionalisten zeigten klare Design-Präferenzen. Die Abbildungen 42 a und b zeigen die Ergebnisse auf.

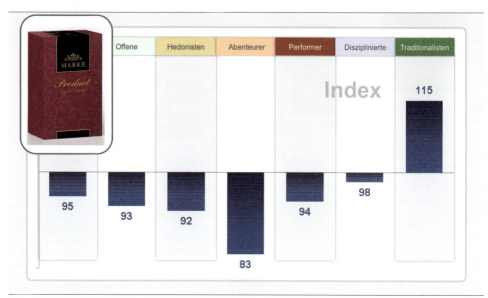

Abbildung 42 a: Traditionalisten-Packung: Diese Packung punktet bei Traditionalisten; die anderen Limbic-Types – insbesondere Abenteurer – lehnen sie ab.

Aber nicht nur die grafische Gestaltung einer Verpackung aktiviert meist unbewusst unsere Emotionssysteme. Auch die Formensprache — das Design — sendet klare emotionale Signale aus. Nehmen wir als Beispiel vier Espressomaschinen. In Abbildung 43 sehen wir, wo diese auf der Limbic® Map ihre emotionale Heimat haben.

4 Wie man sein Angebot mit kleinen Tricks groß herausbringt

Abbildung 42 b: Performer-Packung: Diese Packung gefällt Performern; Harmoniser lehnen sie ab

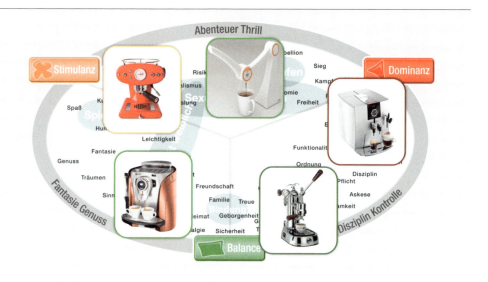

Abbildung 43: Design hat eine klare emotionale Logik

Formen transportieren aber nicht nur Emotionen, oft aktivieren sie unbewusst komplexere kognitiv-emotionale Strukturen. Das folgende Beispiel und den Hinweis für Emotional Boosting durch Formensprache verdanke ich Dr. Christian Scheier von der Decode Markenberatung. Er hatte es auf dem von der Gruppe

Presentational Boosting

Nymphenburg und der Haufe-Mediengruppe veranstalteten „Neuromarketing Kongress 2009" vorgestellt. Die mit erfolgreichste Produkteinführung der letzten Jahre gelang dem Kaugummihersteller Wrigley mit seinen runden Kaugummi-Boxen. Diese Kaugummis kombinieren frischen Geschmack mit medizinischem Zusatznutzen, nämlich sauberen und gesunden Zähnen. Genau dieser medizinische Anspruch wird unbewusst durch die Packungsform signalisiert. Sie sieht nämlich aus wie eine medizinische Pillenflasche.

Abbildung 44: Die Wrigley-Packung weckt unbewusste Medizin-Assoziation und verstärkt so das Wirkungsversprechen

Unser Gehirn nimmt die Welt nicht nur durch die Augen, sondern über alle Sinne wahr. In der Umgangsliteratur wird meist nur von 5 Sinnen gesprochen nämlich: Schmecken, Riechen, Sehen, Hören und Tasten. Doch dies ist eine Vereinfachung, weil wir weit mehr Sinne haben. Denken wir nur an die Temperatur, die wir spüren, an die vielen Botschaften, die wir aus dem Körperinneren bekommen, unseren Gleichgewichtssinn usw. Wir haben zu Beginn dieses Kapitels den visuellen Sinn in Form von Farben und Design schon kennengelernt — es wird also Zeit, dass wir uns mit den anderen Sinnen noch etwas beschäftigen. Beginnen wir mit dem Hören.

4 Wie man sein Angebot mit kleinen Tricks groß herausbringt

Wie man eine Miele-Waschmaschine an die Ohren verkauft

Angenommen Sie gehen in einen Elektrofachmarkt, um sich eine neue Waschmaschine zu kaufen. Von den unzähligen Informationen sind sie fast erschlagen, alle Waschmaschinen können fast alles. Nur die Preise sind extrem unterschiedlich. Am unteren Ende der Preisstaffel sind es Marken, die man kaum kennt; am oberen Ende findet man die Miele-Maschinen. Da ich gerne und immer wieder Testkäufe mache, habe ich das Ganze auch bei Waschmaschinen ausprobiert und den Verkäufer gefragt, warum die Miele-Waschmaschine so viel teurer ist. Die Antwort war kurz: Weil die Qualität und Lebensdauer viel besser und höher ist. „Kommen Sie mal mit", sagte er und ging zuerst zur Billig-Maschine. Dann schlug er deren offene Tür zu. Das Geräusch war ein eher helleres „Klack". „Nun kommen Sie mit", forderte er mich auf und wir gingen zur Miele-Maschine. Auch hier wieder das gleiche Spiel. Die Tür wurde zugeschlagen. Das Geräusch war allerdings anders: Ein sattes „Plumpf". Dann schaltete er die Miele-Vorführmaschine an — man hörte fast nichts. Ich offenbarte ihm nun, dass ich eigentlich keine Maschine kaufen wollte und fragte ihn nach seinen Erfahrungen im Verkaufsgespräch. Die Antwort: „Früher habe ich immer mit langen Argumenten versucht zu verkaufen. Heute mache ich es wie bei Ihnen — nur mit dem Geräusch — das ist viel erfolgreicher."

Das „Klack" des Deckels vom Hundefutter Cesar

Geräusche können zu kleinen, aber wichtigen Produktvorteilen führen. Bei diesem Beispiel mache ich es mir einfach und zitiere einen Bericht aus der Financial Times vom 31.05.2009:

„Die Marke hatte jahrelang mit einem Problem zu kämpfen: Das Cesar-Nassfutter vernaschen nur kleine Vierbeiner, für die 300-Gramm-Packungen zu groß sind. In den Kühlschrank konnte Herrchen eine angebrochene Packung aber nicht mehr zurückstellen – jeder Hundebesitzer weiß um den Gestank einmal geöffneter Nassfutterdosen.

Um dem Problem Herr zu werden, beauftragte Cesar die Agentur Acoustic Consult in Berlin mit dem Entwurf einer wiederverschließbaren Verpackung für ihr Hundefutter. Wert legte Cesar dabei auf das Geräusch beim Zuklappen des Deckels: ‚Klack' sollte er machen – damit der Kunde sofort versteht, dass die Dose jetzt geschlossen ist und nicht mehr riechen kann", so Angelo d'Angelico von Acoustic Consult.

Die emotionale Bedeutung von Geräuschen

Während das Miele-"Plumpf" emotional das Balance-System aktivierte, weil es ihm ein auditives Sicherheits- und Qualitätssignal gibt, zielt das „Klack" des Cesar-

Deckels eher auf den Emotions-Bereich „Kontrolle". Daraus sehen wir, dass auch auditive Signale immer eine emotionale Bedeutung haben. Durch das Geräusch eines Produktes oder einer Verpackung kann man also emotionale Botschaften übermitteln und damit die bekannten Emotionssysteme aktivieren, ohne dass dies dem Kunden in der Regel bewusst wird. Beschäftigen wir uns noch mit zwei weiteren Geräuschen (wir können sie leider nicht hören), um prototypisch zu zeigen, wie der ganze Emotionsraum auditiv bespielt werden kann. Nehmen wir das laute Röhren eines Ferrari-Motors bei der Beschleunigung. Wo sitzt dieses Geräusch? Im Dominanzbereich. Auf ein anderes viel subtileres Geräusch treffen wir, wenn wir eine Ricola-Bonbon-Schachtel öffnen. Hier hören wir ein kurzes „Klick". So wird die kommende Belohnung signalisiert und damit das Stimulanz-System angesprochen.

Geruch: Kaufen geht durch die Nase

Über Gerüche ist schon sehr viel geschrieben worden, deswegen kann ich mich hier kurz fassen. Auch Gerüche sind emotionale Botschaften, die im Unterschied zum Hören und Sehen direkt und meist unbewusst auf das limbische System einwirken. Längst bekannt sind die Beispiele des Bäckers, der den frischen Backwarenduft auf die Strasse geleitet hat und seinen Umsatz um 25 % steigerte. Auch gut kontrollierte Untersuchungen im Handel zeigten, dass die Beduftung einer Handelsfläche mit einem frischen, vitalisierenden Duft zu einer Umsatzsteigerung von bis zu 3 % führt. In Haushaltsreinigern signalisiert der eine Duft „Frische" und „Reinigungskraft", in einem Familienshampoo dagegen ein anderer „Sanfte Pflege". Alles ist eine emotionale Botschaft und unterstützt unbewusst das Produkt- und Markenversprechen. In manchen Produkten, wie Parfüms, Kosmetik- oder Körperpflegeprodukten ist der Duft nicht nur Neben-, sondern Hauptdarsteller. In anderen Bereichen, z. B. bei Schuhen, Autos usw. hilft die Duftbehandlung störende Düfte zu beseitigen und gleichzeitig das Produkt olfaktorisch aufzuwerten. Die Fluggesellschaft Singapur Airlines hat sich sogar einen eigenen Duft kreieren lassen. Man steigt ein, fühlt sich entspannt und weiß nicht warum.

Alles eine Frage des Geschmacks

Im Gehirn eng mit dem Geruchssinn gekoppelt ist der Geschmackssinn. Welche Bedeutung jeder dieser Sinne allein und diese vor allem zusammen haben, erkennt man an den Milliardenumsätzen der Aromen-Industrie. In fast 80 % aller Lebensmittel (ohne Basisnahrungsmittel wie Obst, Gemüse, Salz, Mehl usw.) sind heute künstliche Aromen enthalten. Ohne diese Geschmacksillusionisten wären sie nicht verkäuflich. Dabei spielt es nur eine geringe Rolle, ob es sich um natürliche Aromastoffe (die können aus Holzspänen gewonnen sein), um naturidentische Aromastoffe (die chemische Struktur muss gleich der natürlichen sein) oder um synthe-

4 Wie man sein Angebot mit kleinen Tricks groß herausbringt

tische Aromastoffe handelt — das Ziel ist immer das gleiche: Emotional Boosting durch mehr oder besseren Geschmack.

Haptik: Die Finger und Hände umschmeicheln

Wenn Sie einmal in einem Automobil-Museum sind und sich beispielsweise mit einem alten VW-Käfer beschäftigen, dann werden sie feststellen, dass das Lenkrad aus einem relativ dünnen und harten Rohr besteht. Ein kühles und „billiges" Griffgefühl. Nun machen sie das gleiche Experiment mit einem modernen VW Golf: Das Lenkrad ist umschäumt und mit Leder oder einem Lederimitat bezogen. Umfasst man ein solches Lenkrad, hat man das Gefühl, ein solides und wertvolles Auto zu besitzen. Auch der Tastsinn vermittelt wichtige emotionale Botschaften und Bedeutungen. Eine sanfte weiche Oberfläche signalisiert Geborgenheit, eine harte Oberfläche Solidität und aufgerautes Metall Exklusivität.

Wenn der Tastsinn dann noch mit dem Gewichts- und Wärmesinn kombiniert wird, können viele emotionale Gestalten erzeugt werden, die einer sprachlichen Beschreibung nicht zugänglich sind, aber trotzdem eine enorme unbewusste Wirkung haben.

Multisensory Enhancement: Die emotionale Wirkungsexplosion

Von herausragender Bedeutung für multisensorisches Marketing und Branding ist ein Phänomen, das man Multisensory Enhancement oder multisensorische Verstärkung nennt. Was ist darunter zu verstehen und was ist die Ursache für dieses Phänomen? Wenn zeitgleich über unsere unterschiedlichen Wahrnehmungskanäle die gleiche Botschaft in unser Gehirn dringt, gibt es einen neuronalen Verstärker-Mechanismus. Dieser Mechanismus führt dazu, dass wir in unserem Bewusstsein das Ereignis bis zu 10-mal stärker erleben, als man dies aus der summierten Stärke der einzelnen Sinneseindrücke erwarten könnte. Die Verstärkerzentren in unserem Gehirn addieren die Sinnesstärken also nicht nur, sondern verstärken sie um ein Vielfaches. Dieses Phänomen nennt man „Superadditivität". Aus den tausenden Eindrücken, die in jeder Sekunde auf uns eindringen, ohne dass wir das in unser Bewusstsein bekommen, versucht unser Gehirn nur das Überlebenswichtige herauszufiltern. In vielen Millionen Jahren hat unser Gehirn gelernt, dass eine hohe und zeitgleiche Sinneskongruenz von Ereignissen von extremer Bedeutung ist und deswegen werden solche Ereignisse extrem verstärkt. Anders herum funktioniert das allerdings auch: Wenn eine hohe Inkongruenz zwischen den Sinneseindrücken vorliegt, werden diese Ereignisse unterdrückt.

Presentational Boosting

Social Boosting: Die unbewusste Macht sozialer Mechanismen

Der Mensch ist ein Sozialwesen und auf die Gemeinschaft angewiesen. Im Laufe der Evolution haben sich einige unbewusste Mechanismen entwickelt, die erheblichen emotionalen Einfluss auf das Kaufverhalten haben.

Die emotionale Wirkung von Gesichtern und Gesichtssignalen

Für unser Gehirn ist es eine der zentralsten Aufgaben, Objekte in der Welt zu erkennen und emotional zu bewerten. Dazu werden, wie wir oben gesehen haben, alle Sinne eingesetzt. Die Frage, die sich nun stellt ist die, ob es Objekte gibt, die für unser Gehirn so etwas wie eine Superbedeutung haben? Die gibt es. Betrachten Sie einmal die beiden Kaffeemaschinen in Abbildung 45. Was fällt Ihnen auf?

Quelle: Prof. Dr. Andreas Herrmann, Marketing Review 2/07

Abbildung 45: Die Macht des Gesichtes. Die linke Maschine lacht – die rechte schaut traurig aus. Das Ergebnis – die Kaufbereitschaft für die linke ist deutlich höher als für die rechte.

Viele werden sagen, das Firmenzeichen sitzt an anderer Stelle. Der hauptsächliche Unterschied liegt aber in den eingebauten Gesichtszügen der beiden Maschinen. Die St. Gallener Forscher Professor Andreas Herrmann und Rene Berfurt konnten in ihren Studien zeigen, dass die Kaufbereitschaft für die fröhliche Maschine signifikant größer war als für den Kaffee-Trauerklos. Woher kommt das? Es gibt für den Menschen kein so ein wichtiges Zeichen wie das menschliche Gesicht. Schon Neugeborene schauen auf Zeichnungen mit Gesichtszügen. Zudem betrachten sie lächelnde Gesichter viel länger als traurige. Auch das Gesicht der eigenen Mutter wird schon nach 48 Stunden erkannt. Für einen Menschen, der ohne Sozialgemeinschaft nicht überlebensfähig wäre, ist das Erkennen von Freund und Feind mit das Wichtigste zum Überleben überhaupt. Diese Vermenschlichung von Produkten finden wir auch im Automobil-Design. Weil Frauen ihre Autos als Partner begreifen, werden Autos, die sich verstärkt an Frauen richten, mit einem freundlichen Gesicht versehen. Sportwagen — die Lieblinge der Männer — werden von diesen stärker als Status-Demonstration und als Waffe gesehen. Darum blickt man auch bei vielen Sportwagen ins Gesicht eines Haifisches.

Die sanfte Macht der Berührung

„Der Mensch ist des Menschen Wolf". Das erkannte schon der griechische Philosoph Plautus und dieser Satz wurde später vom englischen Philosophen Thomas Hobbes weltberühmt gemacht. Weil der andere ein potentieller Feind ist, haben wir ein natürliches Misstrauen gegenüber anderen und bewahren im wörtlichen Sinne Distanz. Von einer amerikanischen Universität wurde folgender Versuch gemacht: Die Bedienungen in verschiedenen Cafés wurden an Tagen mit ungeradem Datum angehalten, den Gast bei der Rechnungsübergabe ganz beiläufig am Arm oder der Schulter zu berühren. Gleichzeitig wurde die Höhe des Trinkgelds gemessen. An den ungeraden „Berührtagen" war das Trinkgeld ca. 20 % höher als an den anderen Tagen. Eine kleine Berührung hatte ausgereicht, dem Kundengehirn unbewusst zu signalisieren: Das ist ein lieber Freund von dir — und so den Trinkgeld-Beutel zu öffnen. Aus dem gleichen Grund erfahren Friseure, Ärzte und Masseure von ihren Kunden die intimsten Geheimnisse — es sind die Berufsgruppen, die ihre Kunden berühren. Allerdings muss man in der Praxis etwas vorsichtig mit der Anwendung sein. Ein Gastronom berichtete mir, er und seine Mitarbeiter hätten diesen Mechanismus in der Praxis umgesetzt. Die Trinkgeld-Wirkung wäre zunächst sogar weit höher ausgefallen wie im amerikanischen Versuch. Mit der Zeit hätte es allerdings ein Problem gegeben: Während Mitarbeiter mit Einfühlungsvermögen die Gäste sanft berührten und auch spürten, welcher Gast „berührungsgeeignet" war, dachten die etwas robusteren Naturen: Je stärker, desto besser. Die Folge: Gäste fühlten sich teilweise belästigt.

Das Vorbild der Stars

Affen essen wie wir gerne Bonbons. Nun hatte man in einem Zoo folgenden Versuch gemacht. Man hatte einen Eimer voller verpackter Bonbons (verpackte Bonbons waren für die Affen neu) zwei Gruppen von Affen gegeben. Mit einem Unterschied: In Gruppe 1 wurde der Eimer vor einen rangniedrigen Affen gestellt, in Gruppe 2 dagegen vor den Chef der Gruppe. Der Unterschied in der Akzeptanz war gewaltig. Während sich die Mitglieder der Gruppe „Chefaffe", nachdem dieser sich satt gegessen hatte, nach einer halben Stunde an den Bonbons labten, dauerte es bei der anderen Gruppe ein Vielfaches an Zeit. Erst dadurch dass der Chef die Bonbons aß, wurden sie interessant und wertvoll. An diesem Mechanismus hat sich in der Evolution nichts verändert: Auch wir Menschen orientieren uns unbewusst an Vorbildern und vermeintlich Ranghöheren. Für viele Konsumenten sind Stars und Royals die wichtigen Leit- und Identifikationsfiguren. Was von ihnen gekauft und konsumiert wird, gewinnt gewaltig an Attraktivität und Akzeptanz. Viele Produkte und Trends gäbe es ohne diesen Markteinführungsmechanismus nicht. Schon im 16. Jahrhundert konnte dieser Mechanismus beobachtet werden. Die englische Königin Elisabeth I. inszenierte ihre Regentschaft mit dem demonstrativen Konsum von Luxusprodukten. Es dauerte nicht sehr lange, bis auch der englische Landadel und nach einiger Zeit auch das Bürgertum die königlichen Konsumvorlieben kopierten und verbreiteten. Ein schönes Beispiel für die Wirkung dieses StarBoosting ist der Hit „Ein Stern, der deinen Namen trägt". Geschrieben wurde das Lied von Nick P. Als er es zunächst selbst sang — war es ein Flop. Niemand kannte Nick P. Dann entdeckte DJ Ötzi das Lied und sang es. Über Nacht wurde es durch ihn — den Star — zu einem Mega-Hit. Jetzt singen es beide und auf diesem Weg — durch DJ Ötzi — wurde auch Nick P. bekannt.

Partizipation: Die Einladung zum Mitmachen

Menschen suchen Heimat und identifizieren sich gerne mit Marken und Unternehmen. Sie sehen sich dabei oft nicht als passive Konsumenten, sondern als Mitglieder einer Community. Sie möchten als Teil einer Gemeinschaft wahrgenommen und angesprochen werden, sie möchten mit Gleichgesinnten kommunizieren und sie möchten an der Weiterentwicklung der Marke partizipieren. Durch das Internet ist hier eine völlig neue Möglichkeit der Emotionalisierung entstanden — man kann den Kunden aktiv in Entwicklungs- und Entscheidungsprozesse einbinden und in direkten Dialog zu ihm treten. Dieser Dialog läuft nicht nur zwischen den Kunden und dem Unternehmen, sondern auch zwischen den Kunden selbst. Der Kunde hat das Gefühl wichtig zu sein, dass seine Ideen und Gedanken gehört und gelesen werden und vor allem: Er erhält schnell Rückmeldung. Er wird aktiviert — und jeder Lernforscher weiß: Wenn man etwas selbst tut, hat es eine wesentlich höhere emotionale Lernwirkung, als wenn man passiv „konsumiert".

Herdentrieb: Die Orientierung an der Masse

Ein weiterer wichtiger unbewusster Mechanismus, um Unsicherheit abzubauen, ist der Herdentrieb. Wie funktioniert er? Angenommen Sie laufen hungrig durch eine Stadt auf der Suche nach einem Restaurant. Auf der Hauptstrasse kommen

Sie an zweien vorbei. Eines ist mit Gästen gut gefüllt, das andere gähnend leer. In welches werden Sie gehen? Mit großer Wahrscheinlichkeit in das gut besuchte. Ihr Unbewusstes hat nämlich einfach geschlossen: Wo so viele sind, kann es nicht schlecht sein. Gerade bei Geschäftseröffnungen oder Produktneueinführungen ist es wichtig, am Anfang für sichtbar viele Kunden zu sorgen (auch wenn's etwas kostet). Diese (gekauften) Kunden ziehen dann viele (zahlende) Kunden an.

Kleine Geschenke erhalten die Freundschaft

Gewiefte Spendensammler wissen: Wenn man dem Angebettelten zuerst ein kleines Geschenk überreicht, steigt die erbettelte Summe um ein Vielfaches an. Diesen Mechanismus erlebte man früher auch in den inhabergeführten Metzgereien, wo die Kinder noch ein Rädchen Wurst geschenkt bekamen, was den Geldbeutel der Mutter ein Stückchen weiter öffnete. Viele Apotheker, die ja auf Medikamente keine Rabatte gewähren dürfen, nutzen diesen unbewussten Mechanismus der kleinen Zugaben und Geschenke zur Kundenbindung. Und auch der Lieblingsitaliener um die Ecke, der bei der Rechnungsübergabe noch gratis einen Grappa oder Amaretto offeriert, weiß, dass der Grappa mit dem Trinkgeld-Plus mehr als bezahlt wird. Warum ist das so? Offensichtlich gibt es in unserem Sozial-Gehirn einen Reziprozitätsmechanismus, der nach dem Prinzip „Wie du mir, so ich dir" funktioniert. Gerade in sozialen Verbänden ist der innere Zusammenhalt der Mitglieder von entscheidender Bedeutung und der Geschenk-Mechanismus hilft diesen Zusammenhalt über die Zeit zu festigen, weil der Schenker etwas gut hat und der Beschenkte diese unbewusste Schuld abtragen will. In China beispielsweise gehören Geschenke zu einem der wichtigsten sozialen Bindemittel überhaupt. Es kommt gar nicht so sehr darauf an, was in der Geschenk-Packung drin ist — es muss nur toll aussehen.

Die hohe Wirksamkeit von Geschenken zeigt ein aktueller Versuch, der 2009 in *Archives of Internal Medicine* veröffentlicht wurde. Medizinstudenten der einen Gruppe erhielten Geschenke in Form von Schreibgeräten, Schreibunterlagen und Schreibblocks bedruckt mit dem Namen eines Cholesterinsenkers. Die andere Gruppe erhielt nichts. Etwas später wurden alle Probanden nach ihrer Einstellung zu dem Medikament befragt und sollten es mit einem deutlich billigeren, aber gleich wirksamen Medikament vergleichen. Die beschenkte Gruppe bevorzugte den Hersteller, von dem sie die Geschenke bekommen hatte viel stärker und attestierte auch dessen Medikament eine weit höhere Wirksamkeit. Ein besonders schönes Praxisbeispiel für die hohe emotionale Wirksamkeit des Geschenks liefert der italienische Wein- und Öl-Versender Fattoria La Vialla. Wer dort regelmäßig bestellt, wird von Zeit zu Zeit mit ganz besonderen und ausgefallenen Geschenken überrascht (siehe Abbildung 46). Mal gibt es einen köstlichen Wein, mal ein ausgewähltes Öl oder

Presentational Boosting

sogar einen kleinen echten Olivenbaum. Immer mit einem Schreiben in scheinbar originaler Handschrift. All das zusammen gibt dem Kunden das Gefühl, von einem Freund etwas bekommen zu haben — das unbewusst wieder gutgemacht werden muss: in Form einer großen Bestellung.

Abbildung 46: La Vialla: Geschenke erhalten die Freundschaft des Kunden

Reward Boosting: Der direkte Weg ins Belohnungssystem

Neben dem sozialen Reziprozitätsmechanismus haben Geschenke noch eine besondere Wirkung im Gehirn. Da sie unerwartete Belohnungen und Überraschungen darstellen, wirken sie als Volltreffer auf das Belohnungssystem. Das reagiert ja, wie wir in Kapitel 2 „Think Limbic!" gesehen haben, ganz besonders auf Belohnungen, die die Erwartung übertreffen. Die Attraktivität von Rabatten, Bonuspunkten, Meilen und Zugaben verdankt sich ebenfalls diesem Mechanismus. In meinem Buch „Neuromarketing" findet sich auch ein Beitrag des Bonner Forschers Bernd Weber, der mit seinem Team im Hirnscanner nachgewiesen hat, dass Rabatte den Nucleus Accumbens — das ist ein zentraler Kern im Belohnungssystem — aktivieren und gleichzeitig Hirnzentren deaktivieren, die fürs Nachdenken und Nachrechnen zuständig sind. Dieses Belohnungszentrum springt also auf „Mehr als erwartet" an. Ein besonders eindrucksvolles Beispiel ist die „Umgestaltung" des Ariel-Flüssigwaschmittels (siehe Abbildung 47). Während das alte Design die Information „20" Anwendungen lieferte, wurde beim neuen Design auf der Flasche prominent angekündigt, dass 10 % mehr in der Flasche seien und die Zahl der Anwendungen wurde jetzt mit „18 + 2" angegeben.

Abbildung 47: Beispiel Ariel: Die Aktivierung des Belohnungssystems: Für das Gehirn sind 18 +2 Gratis-Wäschen wertvoller als 20!

Dem Konsumenten wird so signalisiert, dass er mit der neuen Flasche zwei Anwendungen zusätzlich und „umsonst" bekommt. Das ist natürlich nicht der Fall, denn vorher bekam er ja auch schon 20. Aber durch diese „Umgestaltung" wird der unbewusste Rabatt- und Belohnungsmechanismus aktiviert. 18 plus 2 „geschenkt" hat für das Gehirn eine größere Attraktivität als 20 Anwendungen regulär.

Language Boosting: Die Emotionalisierung der Sprache

Die menschliche Sprache ist entwicklungsgeschichtlich eine sehr späte Erfindung. Man geht davon aus, dass sie sich erst vor rund 200.000 Jahren entwickelt hat. Es ist nun aber nicht so, dass die Sprache nach dem Motto „Hier bin ich" mit einem Tusch auf die Bühne des Lebens trat und dass dann unser Gehirn völlig umgebaut und der Sprache angepasst wurde. Das Gegenteil ist der Fall: Die Sprache hat sich in bestehende Gehirnstrukturen und Grundfunktionen integriert. Um das Überleben eines Organismus zu sichern, muss das Gehirn nun drei zentrale Grundfunktionen leisten.

Erstens, ein Objekt erkennen (= die Bilderkennung). Bei tagaktiven Wesen wie dem Menschen kommt unserem visuellen Sinn eine besondere Bedeutung zu. Tiere, die im Dunkeln leben, wie Ratten, erkennen die Welt mehr mit den Barthaaren und dem Geruch oder wie Fledermäuse mit Ultraschall.

Zweitens, ein Objekt bewerten (= die Emotion): Die Frage, die im Gehirn gestellt wird, ist relativ einfach: Ist das Objekt gut (= nützlich = Belohnung) oder ist das Objekt schlecht (= gefährlich = Strafe und Schmerz)?

Drittens, handeln (= die Handlung): Nämlich sich auf das Objekt hinzubewegen oder zu flüchten.

Deshalb wird Sprache, die bildhaft, emotional und aktiv zugleich ist, um ein Vielfaches schneller verarbeitet und erzielt auch eine vielfach höhere emotionale Wirkung. Aus diesem Grund ist unsere ganze Alltagssprache, ohne dass wir das merken, voll mit Bildern und Metaphern wie zum Beispiel „Sie hat Nerven wie Drahtseile" oder „Er ist stark wie ein Bär". Wenn wir also über Sprache verkaufen, sei es in Werbetexten oder in Verkaufsgesprächen, sollten wir uns diese Eigenschaft unseres Gehirns zu Nutze machen. Ein kleines Beispiel soll den Unterschied verdeutlichen:

Text 1: Das Besondere am Produkt Y ist der Wirkstoff XY. Chemische Reaktionen verändern die Zusammensetzung der tieferen Hautschichten. Dadurch wird Hautspannung abgebaut und die Haut glättet sich.

Text 2: Das Produkt Y wirkt auf Ihre Haut wie ein frischer Mairegen. Der Wirkstoff XY dringt tief in Ihre Haut ein, belebt sie und macht sie sanft und geschmeidig wie ein Rosenblatt.

Ohne dass Ihnen das selbst bewusst wird, entstehen im Unbewussten durch Text 2 starke innere emotionale Bilder, die nachhaltig wirken. Wo immer es geht, sollte man eine abstrakte Sprache vermeiden, weil das Kundengehirn — mit Ausnahme von einigen Philosophen-Gehirnen — dafür nicht geschaffen ist.

Trust Boosting: Futter für die Kontroll-Motive

Emotionale Bilder und emotionale Sprache wirken. Wir dürfen dabei allerdings nicht vernachlässigen, dass unser Bewusstsein und unser emotionales Großhirn immer einen Beweis und einen Grund brauchen. Zunächst sucht unser Gehirn nach einer emotionalen Belohnung — dann aber kommt in der Regel die Vergleichs- und die Rechtfertigungsphase. Was viele Unternehmen vergessen, ist, dass sich der Konsument zu Hause oft die Zeit nimmt, sein gekauftes Produkt etwas stärker unter die Lupe zu nehmen. Unsere Vernunft, die ja für die emotionale Optimierung zuständig ist, will sich absichern und möchte Gründe haben. Aber auch Gründe sind emotional (Kontroll-Motiv), allerdings auf einer komplexeren Ebene. Aus diesem Grund sind Gütesiegel oder deutlich sichtbare Stiftung-Warentest-Ergebnisse (siehe Abbildung 48) hochemotionale Verstärker, weil sie direkt auf das Kontroll-Motiv ausgerichtet sind und damit für Produkt- und Markenvertrauen sorgen.

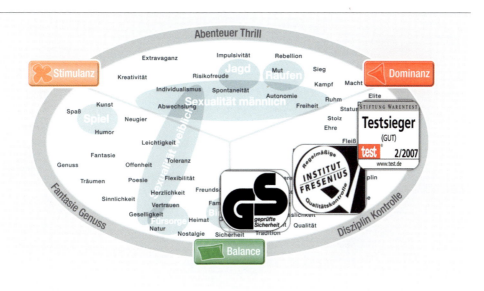

Abbildung 48: Test- und Gütesiegel: Futter für die Kontrollmotive

Es gibt aber noch weitere Wege, Vertrauen aufzubauen und Kaufzweifel zu reduzieren. Der erfolgreichste Buchhändler der Welt, Amazon, verdankt einen Teil seines Erfolges genau der Erfüllung dieses Bedürfnisses. In einem Buchmarkt mit Millionen von Büchern verzweifelt der Konsument, wenn er nicht Orientierung und damit Kontrolle gewinnt. Durch die von den Lesern selbst verfassten und damit besonders glaubwürdigen Rezensionen, wird kognitiv-emotionale Unsicherheit abgebaut.

Ein weiteres Beispiel kommt aus dem Pharmamarkt. Die eigene Gesundheit ist für den Menschen mit das Wichtigste überhaupt (Balance). Viele Pharmahersteller, oft sind die Produktmanager „rationale Naturwissenschaftler", haben nicht erkannt, dass deshalb die Rückversicherung und Absicherung für den Patienten bei der Einnahme eines Medikaments von großer emotionaler Bedeutung ist. Eine sehr gute

Presentational Boosting

Möglichkeit dieses Bedürfnis zu bedienen, bietet beispielsweise der Beipackzettel. Viele Pharmahersteller klatschen aber nur lieblos die gesetzlich vorgeschriebene Information auf ihre Zettel. Andere dagegen nutzen die Chance und bieten leicht verständlich eine vertiefende und damit absichernde Produktinformation. Schauen wir uns die Beipackzettel zweier medizinischer Hautcremes in Abbildung 49 an: Während Hersteller A den Beipackzettel als lästige Pflicht sieht und zur visuellen Mülldhalde verkommen lässt, nutzt Bayer bei Bepanthol den Beipackzettel als verlängertes Marketinginstrument.

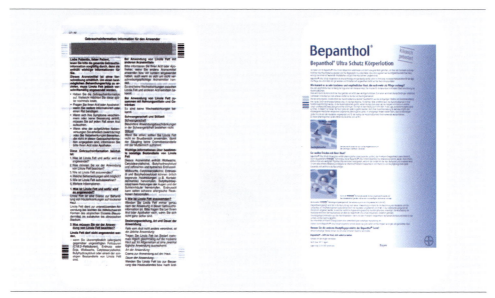

Abbildung 49: Während der rechte Beipackzettel für emotionalen Mehrwert durch vertiefende Information sorgt, vergibt sich der linke diese preiswerten Chancen

Recognition Boosting: Bekannte Markenzeichen schaffen Sympathie und Nähe

Eng verwandt mit dem Trust Boosting ist das Recognition Boosting. Was ist Recognition Boosting? Ganz einfach: Die Wiedererkennung meist unbewusst gelernter Zeichen und Muster. Das unterscheidet es auch vom Trust Boosting. Während das Trust Boosting mehr auf das bewusste Nachdenken zielt, ist das Recognition Boosting ein weitgehend unbewusster Mechanismus. Wie funktioniert er? Der amerikanische Psychologe Robert Zajonc hat in den 90er Jahren viele Versuche zur unbewussten Wahrnehmung gemacht. Beispielsweise präsentierte er Versuchspersonen an einem Bildschirm verschiedene chinesische Sprachzeichen. Ohne dass es die Probanden bemerkten, hatte er ihnen am Bildschirm, unterhalb der Wahrneh-

Wie man sein Angebot mit kleinen Tricks groß herausbringt

mungsschwelle (die liegt zwischen 30 und 60 Millisekunden), immer wieder eines der Sprachzeichen eingespielt. Am Ende des Versuchs wurden die Teilnehmer befragt, welches der Sprachzeichen sie spontan als Glückszeichen für ein Amulett wählen würden. Das Ergebnis: Das unbewusst eingespielte Zeichen war der klare Favorit. Für das Marketing hat dieses Ergebnis bedeutende Konsequenzen: Je öfter ein Markenzeichen ins Alltagsleben des Konsumenten „eingespielt" wird, desto höher das Vertrauen und die Nähe zur Marke. Dieses Einspielen des Markenzeichens kann auf sehr unterschiedliche Weise erfolgen: auf der Bandenwerbung während eines Bundesligaspiels, auf dem Sonnenschirm einer Ausflugsgaststätte, in der Handzettel-Werbung einer Lebensmittelkette, als Einspielung in eine Internetseite oder auf einem Spielzeugauto. Hier sind der Phantasie keine Grenzen gesetzt. Wichtig dabei ist, dass das Markenzeichen über viele Jahre unverändert bleibt, denn das Recognition Boosting braucht einige Zeit bis es wirkt.

Handling Boosting: Make it simple and easy

Produkte und das Produktdesign selbst bieten viele Möglichkeiten dem Kunden das Leben entweder zu erschweren (Frust) oder ganz einfach zu machen. Schauen wir uns ein kleines Beispiel aus dem Alltag an, nämlich das Bedienungspanel eines Fahrstuhls in einem Hotel. (siehe Abbildung 50) Welcher Knopf ist in einem Hotelfahrstuhl der Wichtigste? Natürlich das Erdgeschoss, weil dort in der Regel die Rezeption, oft die Restaurants und der Ausgang liegen. Die Entwickler dieses Panels haben mitgedacht und genau den Erdgeschoss-Drückknopf besonders hervorgehoben. Ganz einfach — aber wirksam.

Abbildung 50: Durchdachte Benutzerführung hilft Frust zu vermeiden

Presentational Boosting

Ein schönes Beispiel für gutes Handling Boosting und Informational Boosting ist Uncle Ben's Reis. Auf der Rückseite der Verpackung ist einfach und klar aufgezeigt, wie man's macht. Und der Kochbeutel des Reises ist einfach — und bei mir wichtig — idioten- und gelingsicher anzuwenden. Ein weiteres Beispiel: Für Katzenhalter ist das Leeren der Katzentoilette immer die unangenehmste Seite der Katzenliebe. Es stinkt, der Streusand klebt an der Toilette fest — im Kundengehirn läuft das Ekelmodul auf Hochtouren. Ein schönes Beispiel für Handling Boosting stellt die Katzenstreu Catsan Smart Packs® dar. Die Streu wird ähnlich einer Windel in die Katzentoilette eingelegt und dann nach Gebrauch mit einem Handgriff entsorgt. Der Ekelfaktor entfällt. An diesem Beispiel kann man auch gut erkennen, dass Emotional Boosting nicht nur bedeutet, die positiven Emotionen zu steigern, sondern auch die negativen Emotionen zu vermeiden! Apropos negative Emotionen: Zum Handling Boosting gehört auch das Handling einer Verpackung. Mit Sicherheit ist Ihnen das auch schon oft passiert. Sie haben ein Produkt gekauft und wollten die Verpackung öffnen. Doch plötzlich riss die Packung und der ganze Inhalt lag am Boden (siehe Abbildung 51). Die Packung war zu freigiebig. Anders herum passiert es genauso häufig. Sie versuchen verzweifelt die Packung zu öffnen, aber die Packung denkt nicht daran, Ihnen ihren Inhalt zu überlassen. In beiden Fällen ärgern Sie sich maßlos. Warum? Weil sich die Packung Ihrem Willen (Autonomie-/Dominanz-Kraft) entgegenstellt. Dieser Frust wird unbewusst auf Produkt und Marke übertragen.

Abbildung 51: Verpackungen, die sich nicht öffnen lassen oder zerreißen, sorgen für erheblichen Frust

4 Wie man sein Angebot mit kleinen Tricks groß herausbringt

Ritual Boosting: Die Verankerung im Tagesablauf

Der Mensch, so heißt es, ist ein Gewohnheitstier (Balance) und wenn wir unseren Tagesablauf einmal genau und kritisch betrachten, dann stellen wir fest, dass dieser aus vielen kleinen und größeren ritualisierten Abläufen besteht, die wir selbst gar nicht bemerken. Alltagsrituale geben unbewusst Sicherheit und schaffen Ordnung. Wir haben unseren eigenen festen Ablauf bei der Morgenhygiene im Bad, bei der Frühstückszubereitung, beim abendlichen Nachhausekommen usw. Wird dieser Ablauf gestört, fühlen wir uns sofort unwohl. Gelingt es einem Hersteller, sich mit seinem Produkt untrennbar in ein solches Ritual einzubauen oder ein neues Ritual zu etablieren, sichert das für Jahre die Kundenbindung und den Produkt-Nachkauf. Die Zigarettenindustrie ist trotz Anti-Raucherkampagnen so erfolgreich, weil Zigaretten neben der physiologischen Sucht eine extrem hohe Ritualisierungskomponente haben. Die obligatorische Frühstücks-, Mittags- und Pausenzigarette sind dafür Beispiele. Ein schönes Beispiel für erfolgreiche Ritualisierung bietet Actimel von Danone. In der Werbung wurde immer darauf Wert gelegt, dass das Produkt jeden Morgen zu einem wichtigen Teil des Frühstücks wird und damit die Abwehrkräfte für den Tag und die Nacht aktiviert werden. Gleich der Frühstückszigarette ist der probiotische Joghurtdrink bei den meisten Actimel-Benutzern inzwischen ein fester Teil des Morgenrituals. Rituale schaffen aber nicht nur individuelle Sicherheit. Viele Rituale haben auch eine hohe soziale Komponente. In Gruppen sorgen sie nämlich für Konformität. Denken wir dabei nur an eine christliche Messe, an den Ablauf eines jüdischen Pessachfestes oder eine islamische Mekka-Wallfahrt. Der gesamte Ablauf ist streng vorgegeben. Es gibt aber nicht nur Rituale religiöser Gruppen, auch jeder Sportverein, jeder Golf- oder Reitclub hat seine Rituale. Auch Szenen und Peer-Groups entwickeln eigene Rituale, um Zugehörigkeit zu demonstrieren und sich außerdem gegenüber anderen abzugrenzen. In der Wiener Schickeria-Szene ist es üblich, dass man sich am späteren Nachmittag zum „Aperol-Spritz" trifft, um so sein „In sein" gemeinsam zu demonstrieren. Die Münchner Schickeria-Jugend hat ähnliche Rituale. Auf dem Oktoberfest trifft man sich nach jeder Maß Bier beim Schnapsstand, um einen Jägermeister zu trinken. Sowohl Aperol wie auch Jägermeister sind Beispiele für ein erfolgreiches soziales Ritual Boosting.

Referential Boosting: Das Geheimnis der Mogelpackungen

Schauen Sie auf Abbildung 52 die beiden Zeichnungen mit den Kreisen an. Die Frage lautet: Sind die beiden Innenkreise gleich groß oder ist einer größer als der andere. Wenn wir die Zeichnung nicht kennen und einfach spontan antworten,

Presentational Boosting

würden wir den Innenkreis der linken Figur als größer einschätzen. Tatsächlich sind sie jedoch gleich groß.

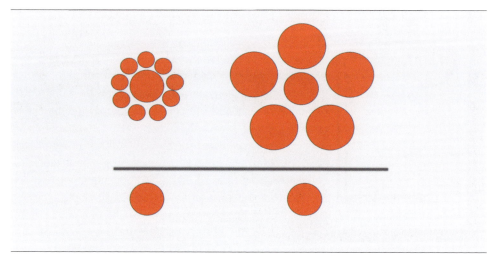

Abbildung 52: Unser Gehirn bewertet anhand von Referenzreizen. Obwohl die Mittelkreise der beiden Figuren gleich groß sind, erscheint der linke Mittelkreis größer.

Was passiert da in unserem Gehirn? Unser Gehirn ist kein Messcomputer, der die beiden Figuren minutiös abscannt, sondern ein hocheffizientes und energiesparendes Entscheidungs-Optimierungs-Zentrum. Genauigkeit kostet das Gehirn viel Energie (es muss denken) und vor allem viel Zeit. Zuviel Zeitverbrauch in einer kritischen Entscheidungssituation kann aber tödlich sein. Wer mit einer differenzierten zoologischen Artenbestimmung beginnt, während ein Bär oder Tiger auf ihn zu kommt, kann sich nur kurz über seine wissenschaftliche Genauigkeit freuen. Deshalb reicht dem Gehirn ein schnelles Ungefähr aus. Um zu diesem Ungefähr zu kommen, nutzt das Gehirn Hinweissignale aus dem Umfeld und überträgt diese auf den zu bewertenden Gegenstand. Es nutzt die Umfeldsignale als Referenz, obwohl sie objektiv nichts mit dem zu beurteilenden Gegenstand zu tun haben. Von besonderer Bedeutung für die Emotionalisierung von Produkten oder Dienstleistungen ist deshalb die Gestaltung des Produktumfelds. Warum? Weil unser Gehirn in der Regel den Wert des Produktes nicht kennt und unbewusst nach Hinweisreizen für dessen Bewertung sucht. Dabei ist alles willkommen, was hilft, die Unsicherheit abzubauen. Was damit gemeint ist, zeigen Abbildung 53 a und b.

4 Wie man sein Angebot mit kleinen Tricks groß herausbringt

Abbildung 53 a: Durch das exklusive Umfeld wird unbewusst der Wert des Parfüms gesteigert

Abbildung 53 b: Ein „billiges" Umfeld wertet das Produkt ab

Wir haben folgenden kleinen Test gemacht: Wir haben zwei Gruppen getrennt diese beiden Bilder gezeigt und sie den Verkaufspreis des Produktes einschätzen lassen. Das Ergebnis war eindeutig. Der geschätzte Durchschnittspreis bei Abbildung 53 a lag bei 57 EUR, bei Abbildung 53 b bei 25 EUR. Obwohl es sich um das gleiche Produkt handelte, steigerte das wertige Umfeld in Abbildung 53 a den Wert unbewusst um mehr als das Doppelte. Unser Gehirn generalisiert vom einen auf das andere — obwohl es nichts miteinander zu tun hat. Gerade bei Mogelpackungen läuft dieser unbewusste Mechanismus zu Höchstform auf. Da die Inhalte einer Verpackung nicht sichtbar sind und auch Zahlenangaben für das Gehirn sehr abstrakt sind, verlässt sich dieses lieber auf den schnell verarbeitbaren visuellen Eindruck und schließt unbewusst: Große Packung — viel drin!

Einige weitere Beispiele verdeutlichen, wie wirksam dieser Mechanismus ist. Versuchspersonen wurde Kaffee in Tassen serviert. Ein Teil der Gruppe erhielt den Kaffee lauwarm, der andere Teil frisch und heiß. Nun sollten die Versuchspersonen fremde Menschen einschätzen. Die mit dem heißen Kaffee schätzten die Fremden signifikant positiver ein, als die mit dem kalten Kaffee. Der gleiche Effekt zeigte sich auch mit Geruch. Wurde in den Raum ein negativer Geruch eingeblasen, wurden die Fremden gleich negativer beurteilt. Selbst der Zustand der Beurteilungsbögen und der zugehörige Schreibstift hatten noch einen starken unbewussten Einfluss. Sahen die beiden Utensilien schon etwas ramponiert und mitgenommen aus, kam der zu Beurteilende gleich viel schlechter weg. Beim Emotional Boosting ist es deshalb ganz wichtig, auch das Umfeld, in dem das Produkt verkauft wird, nicht dem Zufall zu überlassen.

Gerade die negative Seite ist oft das größte Problem im Verkaufsalltag, weil wir den langsamen negativen Verfall unseres Umfelds nicht bemerken. Ich nenne dieses Phänomen die „Wohnzimmer-Degeneration". Ein kleines fiktives Beispiel soll das Phänomen deutlich machen: Sie beziehen eine neue frisch renovierte Wohnung, richten sie ein und hängen Ihre Bilder auf. Und dann wohnen und wohnen Sie. Nach einigen Jahren passiert ein kleines Unglück: Einer Ihrer Gäste streift ein Bild und wirft es hinunter. Was sehen Sie? Dort wo das Bild hing, strahlt die Wand im hellen Weiß, doch rundherum hat sich ein gelblicher Farbton der Wand bemächtigt. Sie selbst haben diesen Niedergang, diesen Verfall aber überhaupt nicht bemerkt. Und dann schauen Sie entsetzt herum: Auch der Vorhang ist unten aufgerissen und vom Teppichboden springen Ihnen Flecken ins Auge, die Sie lange Zeit nicht wahrgenommen haben. Auf diesen für Eigentümer und Mitarbeiter unbemerkten Verfall treffen wir überall. In Arztpraxen, in Hotels, in Ausstellungsräumen, in Läden, in Schalterhallen von Banken, in Restaurants usw. Die „Insassen" klagen laut, dass immer mehr Kunden ausbleiben und können sich die Ursache nicht erklären. Das Kundengehirn aber, das zum ersten Mal mit dem Unternehmen oder der Praxis in Berührung kommt, zieht unbewusst von den vielen Verfallszeichen auf die Unternehmensleistung und Produktqualität Rückschlüsse.

4 Wie man sein Angebot mit kleinen Tricks groß herausbringt

Von den verstaubten Strohblumen im Restaurant oder den Gebrauchsspuren in der Toilette schließt das Gehirn auf den Zustand der Küche und auf das Hygieneverhalten des Kochs. Ist man diesem Verfall ausgeliefert? Mitnichten. Der Hotelier Bernd Reutemann, wir werden ihn im Kapitel 7 „Service Boosting" näher kennenlernen, hat ein sehr probates Mittel gegen die „Wohnzimmer-Degeneration" entwickelt. Er nennt das Verfahren „Post-it-Day". Sie kennen sicher die selbstklebenden Post-it-Zettel von 3M, die überall haften und leicht wieder abnehmbar sind. Einmal im Vierteljahr verteilt er an seine Mitarbeiter und gute Freunde die Post-it-Blöckchen und bittet sie, mit offenen Augen durch sein Hotel zu laufen und überall, wo ein Verfallszeichen sichtbar wird, ein Post-it drauf zu kleben. Die Wirkung ist enorm. Plötzlich springen nämlich die vielen kleinen Problemzonen ins Auge. Ist die Gefahr erkannt, ist sie auch schnell gebannt.

Price Boosting: Die Belohnungs-Illusion des Preises

Psychologisch eng verwandt mit dem Referential Boosting ist das Price Boosting, das wir nun kennenlernen. Bei unseren bisherigen Überlegungen gingen wir im Prinzip immer von folgender Grundannahme aus: Mehr Emotion = höherer Preis. Interessanterweise funktioniert aber auch manchmal die Umkehrung: höherer Preis = mehr Emotion. Dieses Phänomen wurde in einer Gemeinschaftsuntersuchung der beiden amerikanischen Universitäten Caltech und Standford im Hirnscanner entdeckt. Man steckte Versuchspersonen in den Hirnscanner, zeigte ihnen eine Weinflasche (einen Billig-Wein), den Preis des Weines (2.45 Dollar) und gab ihnen diesen Wein zum Verkosten. Das Ergebnis: eine leichte Aktivierung des Nucleus Accumbens, einem wichtigen Kern im Belohnungszentrum. Nun kam der zweite Teil des Versuches. Man füllte den Billig-Wein in eine Edel-Weinflasche um, zeigte den Preis dieses Edelweins (65 Dollar), servierte den Probanden aber weiterhin den Billig-Wein. Das Ergebnis: Beim Trinken dieses Weines strahlte der Nucleus Accumbens vor Freude hell auf. Das Gefühl, oder genauer, die Illusion einen teuren Wein zu trinken, hat für unser Gehirn einen enormen Belohnungswert. Das Kundengehirn orientiert sich meist nicht an Tatsachen, sondern an Illusion und Glauben.

Ein abschließender Blick auf Bling H2O

Wir haben ja in Kapitel 1 „No emotions — no money" am Beispiel des Bling-Wassers gesehen, wie man aus Wasser Gold machen kann und den tatsächlichen Wert um ein Zigtausendfaches durch Emotional Boosting steigern kann. In den beiden vorhergehenden Kapiteln haben wir die wichtigsten Emotional-Boosting-Mechanis-

Presentational Boosting

men für Produkte kennengelernt. Schauen wir uns nun zum Abschluss des Kapitels Bling H2O in der Gesamtschau an.

▶ Im Functional Boosting propagiert Bling maximale Reinheit durch eine einzigartige Mischung aus natürlicher und raffinierter Reinheit.

▶ Im Distinctional Boosting besetzt Bling den Bereich Individualität, aber auch Status.

▶ Im Mythical Boosting erzählt Bling seine Hollywood-Entstehungsgeschichte.

▶ Auch im Presentational Boosting zieht Bling alle Register:
- Die Flasche mit Swarovski-Steinen ist ein multisensuales Kunstwerk.
- Der Korkverschluss des Wassers ist perfektes Referential Boosting. Der Verschluss signalisiert „teures Produkt/teurer Wein". Auch die teure Aufmachung der Flasche strahlt auf das Produkt zurück.
- Das Wasser wird nur an ganz ausgewählten und exklusiven Orten ausgeschenkt. Die Exklusivität des Ortes wird auf das Produkt übertragen (Referential Boosting).
- Im Bereich Social Boosting nutzt Bling den Vorbild-/Star-Mechanismus. Das Produkt wurde am Anfang nur ganz exklusiv an Hollywood-Größen gegeben.
- Durch seinen abnormalen Verkaufspreis werden auch die Price-Boosting-Mechanismen aktiviert.

Wir erkennen, dass sich das Geheimnis der wunderbaren Verwandlung „Aus Wasser wird Gold" bei Bling H2O auf vielen kleinen und größeren emotionalen Verstärkern gründet, die sich ganz systematisch und sehr gekonnt zu einer hochemotionalen Gesamtgestalt zusammenfügen. Bling H2O ist ein gutes Beispiel dafür, wie konsequent jedes Produktdetail zum Emotional Boosting genutzt wird.

5 Retail Boosting

5.1 Wie man mit Emotionen clever handelt

> **Was Sie in diesem Kapitel erwartet:**
> *Wer im Handel erfolgreich sein will, kennt die emotionalen Bedürfnisse beim Einkaufen. Insgesamt gibt es 5 große emotionale Shopping-Welten. Erfolgreiche Handelsunternehmen besetzen einen festen Platz in einer dieser Welten. Zudem gibt es viele weitere Möglichkeiten den sogenannten Point of Sale (POS), also die Verkaufsfläche, zu emotionalisieren.*

Beginnen wir mit einer einfachen Frage: Welche Erwartungen haben Kunden, wenn sie einkaufen? Meist erhalten wir zur Antwort: Preis, Auswahl, Erlebnis und Beratung. Doch diese Aspekte greifen viel zu kurz. Warum? Weil wichtige emotionale Zusammenhänge nicht gesehen und verdeckt werden. Nehmen wir einen Discounter wie Aldi — null Beratung, null Auswahl, null Erlebnis — aber höchst erfolgreich. In völligem Kontrast dazu steht ein Feinkostgeschäft wie zum Beispiel Dallmayr in München, das viel Erlebnis, gute Beratung, aber null Preisvorteile bietet — auch höchst erfolgreich. Dann gibt es einen neuen Trend namens Consumer Confusion, der proklamiert, Konsumenten wären von einer zu großen Auswahl überfordert und würden lieber Geschäfte mit kleinerer Auswahl vorziehen. Zu gleicher Zeit werden Möbelhäuser, Bau-, Elektro- und Verbrauchermärkte und die damit verbundene Auswahl aber immer noch größer und gigantischer. Wie passen diese Widersprüche zusammen? Ist der Verbraucher vielleicht schizophren?

Die Widersprüche lösen sich schnell auf, wenn wir von unseren Emotionssystemen im Gehirn ausgehen und uns einfach fragen, welche Erwartungen sie beim Einkaufen haben. Wenn wir uns zudem noch daran erinnern, dass das Stimulanz- und Dominanz-System die expansiven Gegenkräfte des Balance-Systems sind, ahnen wir, dass diese Dynamik möglicherweise einen Einfluss auf den Wunsch nach Auswahl hat. Während nämlich das Balance-System jede Unsicherheit vermeiden will — eine zu große Auswahl schafft Unsicherheit —, kann dem Stimulanz- und dem Dominanz-System die Auswahl gar nicht groß genug sein. Wir werden uns mit diesem Phänomen gleich noch etwas beschäftigen. Aber schon bei diesem kurzen Blick wird deutlich, dass wir genauer hinschauen müssen und dass die Limbic® Map uns vielleicht den Schlüssel zu diesem Geheimnis gibt. Werfen wir einen Blick auf die Limbic® Map in Abbildung 54.

Retail Boosting

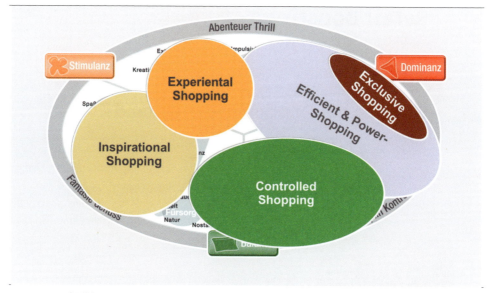

Abbildung 54: Die fünf emotionalen Shopper-Welten

Auf der Limbic® Map erkennen wir 5 größere emotionale Shopping-Welten. Was hat es mit diesen Welten auf sich? Ganz einfach, sie repräsentieren weitgehend unabhängig von der Branche, emotional konsistente Handelsstrategien. Besonders erfolgreiche Handelsunternehmen inszenieren sich konsequent in einer dieser Welten. Lernen wir also den Handel und die 5 Shopping-Welten aus Sicht des emotionalen Gehirns kennen. Zur Veranschaulichung betrachten wir immer beispielhaft jeweils ein Handelsunternehmen, das diese Shopping-Welt prototypisch besetzt. Wir beginnen mit dem Balance-System und dem davon ausgehenden Controlled Shopping.

Controlled Shopping: Aldi — perfektes Balance Boosting

Warum ist Aldi so erfolgreich? Der Grund liegt darin, dass es Aldi wie keinem anderen Handelsunternehmen gelingt, das Balance-System in 1000 Details konsequent anzusprechen und zu aktivieren. Aldi betreibt konsequentes Balance Boosting. Eine Erhebung der Gruppe Nymphenburg und ihrer Kooperationspartner in 25 Ländern zeigt, dass Aldi in puncto Vertrauenswert im internationalen Vergleich eines der Handelsunternehmen mit dem größten Vertrauenswert überhaupt ist. Schauen wir uns nun die Wünsche des Balance-Systems beim Einkaufen etwas genauer an: Es möchte Sicherheit haben und Stress und Unsicherheit vermeiden. Es sucht ein Maximum an Konstanz und kognitiver Einfachheit. Jede Veränderung des Gewohn-

Wie man mit Emotionen clever handelt

ten und Erwarteten erzeugt Stress. Machen wir einmal einen Rundgang durch Aldi aus Sicht des emotionalen Gehirns.

Architektur & Ladenlayout

Wer sich einem Aldi nähert, erlebt saubere Einfachheit pur. Der Baukörper ist funktional und ohne Schnörkel. Nun betreten wir das Geschäft. Der Raum macht einen geordneten, fast sterilen Eindruck. Die Regale sind rechtwinklig angeordnet. Alles ist auf einen Blick überschaubar. Der Raum ist funktional und hell beleuchtet, keinerlei Lichtakzentuierung – alles ganz pur. Auch die Wegeführung ist extrem einfach.

Abbildung 55: Controlled Shopping: Beispiel ALDI

Sortiment

Das Balance-System hasst eine zu große Auswahl. Stellen Sie sich vor, Sie stehen vor einem Regal und müssen sich zwischen 10 verschiedenen Erdbeermarmeladen entscheiden, die im Prinzip alle gleich aussehen. Was passiert in Ihrem Gehirn? Es wird unsicher, weil es keinerlei Anhaltspunkte und Differenzierungen findet, die eine sichere Entscheidung ermöglichen. In einer Feldstudie wurden in einem Supermarkt einmal 6 und dann 24 Sorten Marmelade zum Probieren angeboten. Zwar blieben bei der Präsentation der 24 Sorten wesentlich mehr Kunden stehen als bei der kleineren Auswahl (60 % zu 40 %). Doch spannend wurde es, als die Kunden einen Gutschein bekamen, mit dem sie eine der Marmeladen um 1 Dollar günstiger einkaufen konnten. Bei der kleinen Auswahl nahmen 30 % der Kunden das Angebot an, bei der großen nur 3 %. Bei Aldi gibt es deshalb keine 10 Sorten Erdbeermarmelade, sondern nur eine. Und während das gesamte Sortiment eines Supermarktes ca. 10.000 Artikel umfasst, sind es bei Aldi gerade mal 800.

Produktqualität

Insbesondere bei Lebensmitteln ist eine verlässliche Produktqualität von entscheidender Bedeutung. In Kapitel 3 „Product Boosting" haben wir ja den Wunsch nach „Reinheit" schon kennengelernt. Seit mehr als 40 Jahren verfolgt Aldi eine klare Qualitätsstrategie. Man gibt den Lieferanten klare Qualitätsvorgaben und diese werden auch konsequent kontrolliert. Gleichzeitig arbeitet Aldi aber sehr langfristig mit Lieferanten zusammen. Nur bei längerfristigen Geschäftsbeziehungen ist eine gleichbleibende konstante Qualität über die Zeit hinweg möglich. Aus diesem Grund erreichen Aldi-Produkte auch bei den wichtigen Tests der Stiftung Warentest immer gute und sehr gute Plätze.

Produktinformation

Insbesondere bei Lebensmitteln spielt die Information auf der Packungsrückseite eine besondere Rolle. In Kapitel 4 haben wir uns ja mit Informational Boosting schon ausführlich beschäftigt. Der Konsument will sich nicht nur über die optimale Zubereitung informieren, er sucht auch eine Bestätigung, ob er das richtige, gute Produkt gekauft hat. Viele internationale Lebensmittelkonzerne haben dieses Kontroll- und Sicherheitsbedürfnis noch nicht erkannt. Auf den Verpackungsrückseiten findet sich bei ihnen die Aufzählung der Emulgatoren und Zusatzstoffe in vielen Sprachen. So kann man eine Verpackung weltweit verwenden, man muss ja schließlich sparen. Nicht so bei Aldi. Auch hier ist das Unternehmen vorbildlich. Eine einfache und verständliche Produktinformation sichert den Kauf ab und wertet das Produkt sogar auf, weil man etwas Gutes zu einem vergleichsweise niedrigen Preis bekommen hat.

Preisstrategie

Laute und aggressive Kampfpreise haben Signalwirkung, aber unbewusst bleibt oft ein Vertrauensschaden zurück — denn Aggression sitzt in unserer Limbic® Map weit weg vom Balance-System. In der Vertrauensstudie der Gruppe Nymphenburg zeigt sich, dass der aggressive Media Markt in puncto Konsumentenvertrauen auf den hinteren Plätzen landet. Anders dagegen Aldi. Zwar stellt auch Aldi den Preis heraus, aber konsequent in Form eines Niedrigpreis-Versprechens. Während bei Media Markt nur einige Artikel preiswert sind und andere oft sogar weit teurer angeboten werden als beim Wettbewerb, ist das bei Aldi nicht der Fall. Bei allen Aldi-Artikeln kann sich der Konsument darauf verlassen, einen sehr guten Preis zu bekommen. Für das Konsumentengehirn ist ein Aldi-Kauf besonders belohnend: Es hat zum einen ein gutes, sicheres Produkt bekommen und zum anderen einen niedrigen Preis dafür bezahlt.

Unternehmenskommunikation/Werbung

Auch hier setzt Aldi auf das Balance-System. Die Flugblätter sind transparent und rechtwinklig angeordnet und seit vielen Jahren steht immer darüber: „Aldi informiert". Das ist die Sprache des Kontroll-/Balance-Systems, welches jeder lauten Übertreibung misstrauisch gegenübersteht. Die Produktfotos sind von bester Qualität und die Artikel klar beschrieben.

Unternehmensverhalten

Die Inhaber-Familie fällt dadurch auf, dass man in der Presse nichts von ihr liest — keine Exzesse, keine Skandale. Während der Konkurrent Lidl durch den Mitarbeiterüberwachungs- oder Fleischskandal in ein extrem negatives und Vertrauen schädigendes Licht gezogen wurde, hört man von Aldi nichts. Auch bei Aldi kann es natürlich zu Qualitätsproblemen kommen, davor ist kein Unternehmen sicher. Aber während andere Unternehmen auf Vertuschungskurs gehen, informiert Aldi offen und klar und handelt konsequent.

Der Vorteil des Vertrauensweltmeisters im Handel

Durch 1000 Details hat Aldi über Jahrzehnte ganz konsequent Balance Boosting betrieben und sich so den Rang des Handelsunternehmens mit dem größten Vertrauenskapital erarbeitet. Dieses aufgebaute Grundvertrauen in das Unternehmen und die Unternehmensmarke ist Gold wert — denn egal, was Aldi auch anbietet, Reisen, Computer usw., die Menschen kaufen es, weil sie Aldi vertrauen.

Efficient & Power Shopping: Media Markt — der Superkick für das Dominanz-System

Schon die Farben des Media Markt-Auftritts, nämlich Schwarz und Rot verraten, dass man hier die ruhige und beschauliche Zone des Shoppens verlässt. Auch der Werbeauftritt ist laut und aggressiv. Damit sind wir beim Efficent Shopping angekommen. Hier geht es darum, möglichst ohne Zeitverlust ein Maximum an Möglichkeiten und Optionen bei einem Minimum an Preisen auszuschöpfen. Und das

Retail Boosting

genau ist die Welt des Media Markts. Schauen wir uns die Efficient & Power-Shopping-Welt etwas genauer an.

Architektur & Ladenlayout

Groß und laut: so sehen die Media Märkte prinzipiell aus. Und „immer größer" heißt die Maxime. Auch hier ist der Baukörper funktional gehalten. Es geht nicht um Schönheit, sondern um effiziente Funktion. Und wer einen Media Markt betritt, kommt in eine riesige Halle, die auch im Inneren von den Dominanz-Farben Schwarz und Rot gekennzeichnet ist. Das rechtwinklige Wegeführungsprinzip ist auf Effizienz ausgerichtet.

Abbildung 56: Efficient & Power Shopping: Beispiel Media Markt

Sortiment

Während das Balance-System große Auswahl hasst, kann diese dem Dominanz-System gar nicht groß genug sein. Warum? Weil man bei einer großen Auswahl nicht verschiedene Handelsgeschäfte ansteuern muss, um das optimale Gerät zu finden. One-Stop-Shopping heißt die Devise. Media Markt spricht übrigens eine ganz andere Zielgruppe an wie Aldi. Die Hauptzielgruppe von Media Markt sind Männer im Alter von 18 bis 40 Jahren; mit Limbic® Type-Schwerpunkt Abenteurer und Hedonisten. Diese Zielgruppe liebt große Auswahl und kann hohe Komplexität ohne Stress ertragen.

Preisstrategie

Media Markt fährt eine völlig andere Preisstrategie als Aldi. Media Markt ist der Meister der Kampfpreise. Das Preisversprechen ist laut und aggressiv. Nur: Media Markt ist längst nicht so preiswert, wie die Werbung suggeriert. Nur 5 % im Gesamtsortiment sind wirklich preiswert. 95 % der Artikel dagegen sind gleich teuer oder gar noch teurer als im Fachhandel. Aber weil für Hedonisten und Abenteurer der Schein wichtiger ist als die Wahrheit, funktioniert diese Preisstrategie bestens. Allerdings traut der Konsument Media Markt nicht über den Weg. In der Vertrauensstudie der Gruppe Nymphenburg belegt das Unternehmen einen der hintersten Plätze.

Inspirational Shopping: Beispiel Das Depot — Einkaufen mit Freude und Phantasie

Während das Controlled Shopping und das Efficient & Power Shopping durch schnörkellose Geschäfte und funktionale Warenpräsentationen gekennzeichnet sind, erleben wir beim Inspirational Shopping eine andere Welt. Hier geht es um das sanfte Erlebnis, hier geht es darum, Phantasie und Freude zu wecken. Ein schönes und gutes Beispiel für Inspirational Shopping ist die Handelskette Depot. Dort findet der Kunde Wohnaccessoires zu einem fairen Preis erlebnisorientiert präsentiert. Die Idee dieser Filialkette: Dem Kunden Anregungen zur Verschönerung seiner eigenen vier Wände zu geben.

Abbildung 57: Inspirational Shopping: Beispiel Depot

Storedesign & Warenpräsentation

Der gesamte Laden ist als Themenlandschaft aufgebaut und die Themen werden laufend variiert: Zusätzlich zu den saisonal angepassten Ideen, erhält der Kunde mehrmals im Monat neue kreative Ideen. Dem Kunden werden im gesamten Laden die vielseitigen Möglichkeiten und Kombinationen der Produkte beispielhaft dargestellt. Auf jedem Warenträger werden die zu verkaufenden Produkte mit einem inspirativen Dekorationsbeispiel präsentiert. Das Erfolgsgeheimnis dieses Unternehmens liegt darin, dass dem Kunden die gedankliche Arbeit der Kreativität abgenommen und damit der Spaß am Dekorieren geweckt wird. Die verschiedenen in Szene gesetzten Beispiele machen weniger Kreative kreativ und inspirieren Kreative zu noch mehr Kreativität.

Sortiment

Das Sortiment umfasst alle Wohnbereiche: Wohnen, Essen, Küche, Bad, Kinder und Schlafen. Jeder Einzelartikel erfährt eine genaue Prüfung bevor er ins Sortiment und auf die Verkaufsfläche darf. *Stimmt der Preis?* Depot möchte auch weniger gut verdienenden Menschen die Möglichkeit eines schöneren „Wohnlebens" bieten. *Stimmt die Qualität?* Nicht nur der Preis, auch die Qualität muss gut sein. *Passt es zu einer definierten Depot-Zielgruppe?* Depot hat ein klares Zielgruppenkonzept — auch auf Basis von Limbic® definiert. *Ist es aktuell und neu?* Depot möchte Trendsetter im Bereich „Schönes Wohnen" sein.

Experiential Shopping: Beispiel Globetrotter — Entdecke die Welt

Während beim Inspirational Shopping die Phantasie im Vordergrund steht, geht es beim Experiential Shopping zusätzlich um das aktive Erleben. Mustergültig ist hier die Outdoor-Handelskette Globetrotter mit Stammsitz in Hamburg. Das Unternehmen bietet Expeditions- und Reiseausrüstung sowie Artikel für Aktiv-Sport an. Der Slogan: „Lebe deine Träume". War Globetrotter früher, zur Gründungszeit vor 30 Jahren, ganz auf Abenteurer ausgerichtet, hat sich der Kundenstamm heute verbreitert und richtet sich an alle aktiven Weltentdecker. Das Besondere an Globetrotter ist die Möglichkeit zur Aktion und das Storedesign.

Architektur & Storedesign

Im Globetrotter-Haus in Hamburg zum Beispiel findet der Kunde auf mehr als 5000 Quadratmetern alles, was er braucht, um die Welt zu entdecken und um für sein

Outdoor-Abenteuer gerüstet zu sein. Das Besondere aber sind die Live-Stationen. Ein großes Wasserbassin — das visuelle Zentrum des Hauses (siehe Abbildung 58) — bietet die Möglichkeit, Kajaks und Boote selbst auszuprobieren oder Tauchausrüstungen zu testen.

Abbildung 58: Experiential Shopping: Beispiel Globetrotter

Wer in den Regenwald will oder besonderen Wert auf wasserdichte Funktionskleidung legt, kann in einer eigenen Wasser-Spritzkabine härtesten Tropenregen simulieren und dabei testen, wie dicht die Kleidung ist. Und für Extrem-Bergsteiger, die auf 7000 Höhenmeter noch warm schlafen möchten, gibt es eine Kälte-Kammer, in der man Schlafsäcke testen kann (siehe Abbildung 59).

Abbildung 59: Experiential Shopping: Beispiel Globetrotter

Warenpräsentation & Beratung

Auch in der Warenpräsentation steht das eigene Ausprobieren und Testen im Vordergrund. Praxis-Profis geben Tipps. Die Mitarbeiter im Globetrotter-Verkauf sind selbst „Abenteurer". Sie kennen die Ware, zu der sie die Kunden beraten, und verkaufen aus eigener Erfahrung und aus eigenem Erleben. Die Ware wird zum Anfassen und Ausprobieren präsentiert. Beispielsweise die Abteilung für Bergschuhe: Hier werden nicht nur Bergschuhe angeboten – es gibt sogar eine echte kleine Teststrecke im Geschäft, um Bergschuhe auch lebensnah auszuprobieren.

Digital Action

Neben dem Ausprobieren der Ware und einem animierenden Storedesign wird das Abenteuer auch multimedial in die Verkaufsräume gebracht. Auf riesigen Plasmabildschirmen laufen spektakuläre Outdoor-Actionfilme aus aller Welt.

Veranstaltungen & Events

Doch die Möglichkeit des Entdeckens gibt es nicht nur im Geschäft. Globetrotter veranstaltet eine Vielzahl von Events und Veranstaltungen. Beispiele dafür sind Kanu- und Wildwasser-Regatten, „Umgang mit GPS", „Das Holzfällercamp", „Mit Schlittschuhen durch Schweden", „Medizinische Notfallhilfe" usw. All das ist nur ein kleiner Ausschnitt des riesigen Event- und Veranstaltungskalenders.

Preis

Globetrotter überzeugt durch Auswahl, höchste Warenqualität und Beratungskompetenz. Aus diesem Grund bewegen sich die Preise auf einem guten Fachhandelsniveau.

Exklusive Shopping: Beispiel Wempe — Distinktion und Exklusivität

Bei unserer Tour durch die großen emotionalen Shopping-Welten fehlt nur noch eine: Die Exklusive Shopping-Welt. Das emotionale Grundversprechen lautet hier: Distinktion und Abgrenzung von der Masse. Die Produktgruppen, die diese Abgrenzung besonders ermöglichen, sind — wie wir aus Kapitel 3 wissen — Mode, Autos, Uhren und Schmuck. Werfen wir einen kurzen Blick auf ein prototypisches Beispiel: den Juwelier Wempe mit Niederlassungen in vielen Ländern. Auch diese Welt wird konsequent inszeniert. Hochwertigkeit der Materialen bis ins kleinste Detail signalisiert den Anspruch. Die wichtigsten Merkmale der Exklusive Shopping-Welt sind:

Standort & Lage

Jede Großstadt hat exklusive und teure Einkaufslagen und sie hat Einkaufslagen, die zwar eine hohe Frequenz, aber kein zahlungskräftiges Publikum bieten. Klar ist, wo Exklusive Shopping stattfindet: nur in den besten und teuersten Lagen. Denn allein schon die Lage und Umgebung, denken Sie an das Referential Boosting in Kapitel 4, kann ein Geschäft auf- oder auch abwerten.

Architektur & Storedesign

Schon der erste Blick macht die Exklusivität deutlich. Dunkle und wertige Materialien bestimmen den Gesamteindruck. Die Beleuchtung ist akzentuiert und schafft intime Zonen. Im Vordergrund steht die exklusive Beratung einer vermögenden Kundschaft, die in der Regel sitzend und nicht im Stehen beraten wird.

Abbildung 60: Exklusive Shopping: Beispiel Wempe

Warenpräsentation

Auch hier zählt nicht die Masse, sondern selektive Klasse. Aus diesem Grund wird der Einzelartikel in den Vordergrund gestellt. Während Massenpräsentation signalisiert: „Billig — weil im Überfluss vorhanden", drückt die Einzelpräsentation Exklusivität und Hochpreisigkeit aus, weil nur wenige Stücke erhältlich sind.

Mitarbeiter

„Noblesse oblige" heißt der Wahlspruch. Edle Kleidung, klassisch und Knigge gerecht und eine dezente vornehme Sprache, gibt dem Ganzen auch im persönlichen Gespräch den Rahmen.

Preis

Der Preis ist sekundär. Billig zu sein wäre sogar kontraproduktiv, denn der Preis an sich ist schon ein Symbol für Exklusivität. Im Kapitel 4 haben wir ja im Abschnitt Price Boosting gesehen, wie ein hoher Preis ein Produkt aufwertet.

Unser Rundgang durch die emotionalen Shopping-Welten ist nun beendet. Wir haben gesehen, wie höchst unterschiedlich diese sind. Jede dieser Welten hat ihre Berechtigung und jede Welt erfordert eine eigene und durchgehende emotionale

Inszenierung. Nur dann ist sie erfolgreich. Wer sich zum Efficient & Power Shopping bekennt, muss alles dafür tun, dass eine große Auswahl und ein attraktiver Preis den Einkauf schnell und auch finanziell effizient machen. Wer sich zum Inspirational Shopping bekennt, muss den Käufer inspirieren und ihm sensuale Erlebnisse vermitteln. Die Emotionssysteme in unserem Gehirn bieten viele Möglichkeiten — die konsequente Inszenierung bis ins Detail ist das Erfolgsgeheimnis. Natürlich kommen beim Einkaufen zusätzlich noch andere Faktoren ins Spiel, nämlich Nähe und bequemes Erreichen eines Einkaufsortes (Balance für Bequemlichkeit, Dominanz für Zeit-Effizienz). Wer Inspiration beim Lebensmitteleinkauf liebt, aber dafür einige Kilometer fahren muss, während der Discounter gleich um die Ecke sitzt, wird häufiger zum Discounter gehen — auch wenn das nicht seine erste emotionale Präferenz ist.

Ein Blick auf die ganze Handelslandschaft

Nachdem wir uns jetzt einmal die großen emotionalen Shopping-Welten im Detail angeschaut haben, werfen wir nun einen Blick auf die gesamte Handelslandschaft und ordnen verschiedene Geschäfte diesen Welten zu (siehe Abbildung 61). Wir sehen, dass im Efficient Shopping-Bereich auch die großen SB-Warenhäuser wie Real (Slogan: Einmal hin — alles drin) verortet sind. Im Easy & Controlled Shopping finden wir Discounter wie Aldi, Lidl, Schlecker oder Weltbild. Ketten wie Zara, H&M und Ikea liegen auf der Grenze zwischen Experiential und Inspirational Shopping, während sich die Buchhandlungen von Thalia oder die Douglas-Parfümerien im Inspirational Bereich befinden.

Retail Boosting

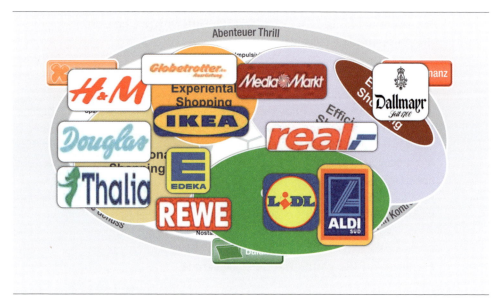

Abbildung 61: Wo Handelsunternehmen emotional sitzen

Gibt es Zielgruppen im Handel?

Die Shopping-Welten aktivieren unterschiedliche Emotionssysteme im Gehirn. Aktivieren sie damit auch unterschiedliche emotionale Zielgruppen — also unterschiedliche Limbic® Types? Die Antwort lautet: Ja. Wenn wir uns einmal die grundlegenden Einkaufseinstellungen der einzelnen Limbic® Types anschauen, sehen wir klare Tendenzen: Während die Harmoniser, Traditionalisten und Disziplinierten eher sparsam einkaufen, also Geschäfte mit Controlled Shopping besonders lieben, lassen sich die Offenen und Hedonisten gerne inspirieren. Die Hedonisten lieben aber genauso wie die Abenteurer das Experiential Shopping. Das Exclusive Shopping dagegen findet bei den Performern den größten Anklang. Es gibt also klare allgemeine Tendenzen.

Neben der grundlegenden emotionalen Positionierung eines Handelstyps hängt die Zielgruppenaffinität natürlich zusätzlich sehr stark von der Branche und den geführten Produktgruppen ab. Während Abenteurer und Performer ein großes Interesse an Unterhaltungselektronik und Sportgeräten haben, werden Hedonisten wach, wenn es um Mode und dekorative Kosmetik geht. Harmoniser dagegen lieben Wohnaccessoires, Gartenartikel usw.

Die hohe Schule des Handel(n)s: Die Differenzierung durch Zielgruppen und Zusatzemotionen

Wir kennen nun die großen emotionalen Shopping-Welten. Wir haben zudem gesehen, warum nicht nur die emotionale Shopping-Welt, sondern auch die Produktkategorien einen Einfluss auf das Kaufverhalten haben. Und selbst innerhalb der einzelnen Produktgruppen gibt es erhebliche Zielgruppen-Unterschiede. Avantgardistische Mode wird weit stärker von Hedonisten gekauft, während traditionellere Mode bei konservativen Zielgruppen Akzeptanz findet. Schauen wir uns aus dieser Perspektive zwei Modegeschäfte einmal genauer an. Nämlich H&M und KiK. Die emotionale Shopping-Welt von H&M ist Experiential Shopping, während KiK eher im Bereich Efficient & Controlled Shopping sitzt. Beide handeln mit Mode und Textilien — aber mit völlig unterschiedlichen Stilrichtungen (und damit Zielgruppen). Während KiK eher durch bewährte und allseits akzeptierte Mode sein Geschäft macht, ist H&M durch trendige Mode und schnelle Kollektionswechsel bekannt — damit werden auch völlig unterschiedliche Zielgruppen erreicht.

Eine besonders erfolgreiche Umsetzung einer emotionalen Differenzierungsstrategie können wir in Österreich bei den beiden sehr erfolgreichen Drogeriemarkt-Discountern BIPA und dm-Drogeriemarkt studieren. BIPA und dm-Drogeriemarkt betreiben Emotional Boosting durch zusätzliche Spezialisierung auf Produktgruppen und eng damit zusammenhängend auch auf Zielgruppen. Schauen wir uns dazu zunächst einmal die emotionale Grundlogik der wichtigsten Drogeriemarkt-Sortimente an. Haushaltsreinigung und Organisation sitzen im Balance-/Kontrollfeld, Gesundheit im Balance-Bereich, pflegende Kosmetik im Bereich Harmonie und dekorative Kosmetik stärker im Stimulanz-Bereich.

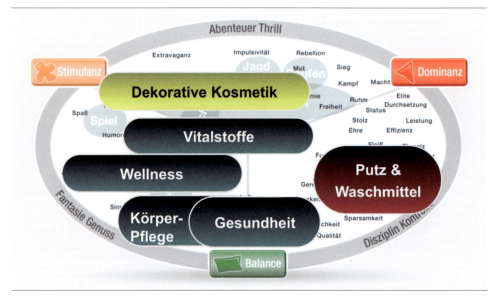

Abbildung 62: Die emotionale Struktur von Drogeriemarkt-Sortimenten

Zwar gibt es alle diese Artikel bei allen Discountern, aber das Detail-Profil ist völlig unterschiedlich. Der dm-Drogeriemarkt hat sich über den Lauf der Jahre eine hohe zusätzliche Spezialisierung im Bereich Gesundheit/Wellness (Balance-Verstärkung) erarbeitet, während BIPA ganz stark auf Parfümerie und dekorative Kosmetik setzt. Während Kunden bei einem herkömmlichen Discounter nur eine „Grundversorgung" bekommen, gibt es bei BIPA und dm-Drogeriemarkt ein emotionales Plus: bei dm „Wohlfühlen" und bei BIPA „Schönheit".

Abbildung 63 a: Ein Blick auf den österreichischen Markt: BIPA und dm. Zwei Drogeriemarkt-Discounter, aber sehr unterschiedlich in ihrer Ausrichtung

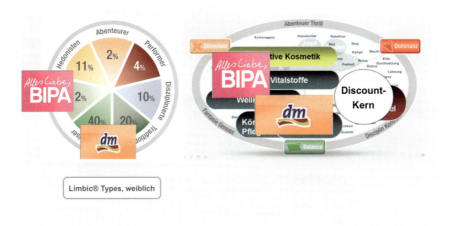

Abbildung 63 b: BIPA und dm differenzieren sich in der Zielgruppen-Ausrichtung und in der Sortimentsstrategie

Damit werden natürlich auch sehr unterschiedliche Zielgruppen erreicht. dm punktet insbesondere bei den Harmonisern. BIPA hat einen deutlichen Schwerpunkt bei den Offenen, Hedonisten und Abenteurern. Sowohl BIPA wie dm-Drogeriemarkt sind und bleiben Discounter — sie bieten aber einfach viel mehr Emotion für wenig Geld.

Emotional POS Boosting im Detail

Wir wollen nun die große strategische Ebene verlassen und uns kleineren, aber hochwirksamen emotionalen POS-Boostern im Detail zuwenden. Jeder einzelne Booster steigert den Umsatz zwischen 0,5 bis 2 % — es gibt also keinen „Mega-Booster". Aber wenn man hundert Details verbessert, hat man am Schluss zufriedene Kunden und eine volle Kasse. Wir machen das konsequent aus Sicht des Gehirns und zwar genauso wie ein Kunde einkauft und sein Gehirn den POS erlebt.

Der erste Eindruck zählt

Wenn Kunden zum ersten Mal mit einem fremden Geschäft in Kontakt kommen, weiß ihr Gehirn oft nicht, was es erwartet. Im Abschnitt Referential Boosting im 4. Kapitel haben wir gesehen, dass alle verfügbaren Informationen dazu genutzt werden, diese kognitive Unsicherheit abzubauen. Aus diesem Grund ist schon die Außenfassade eine wichtige Visitenkarte. In Abbildung 64 erleben wir, was das heißt. Beispiel A vermittelt Größe und Auswahl. Beim Beispiel B handelt es sich um eine Apotheke. Würden Sie Ihre Gesundheit spontan dieser Apotheke anvertrauen?

Retail Boosting

Abbildung 64: Der erste Eindruck zählt

Der Eintritts- und Orientierungsstress

Betritt man nun als Kunde ein neues und größeres Geschäft, reagiert das Kundengehirn mit Stress. Dafür gibt es zwei Gründe. Zum ersten ist es ein fremdes, gefährliches Territorium (sitzt hinter der Ecke ein Bär, ein Tiger oder ein Kannibale?), zum zweiten löst die komplexe Raumstruktur kognitiven Stress aus, weil man sich nicht zurechtfindet. Im Eingangsbereich ist es deshalb wichtig, alles dafür zu tun, damit beim Kunden keine Angst und kein Stress entstehen. Macht man das nicht, bleibt das Stresshormon Cortisol für längere Zeit im Kundengehirn aktiv. Das aber schafft ein Problem: Unter Stress kauft ein Gehirn viel weniger, weil es sich auf das Überleben und nicht auf die Ware konzentriert. Was kann man tun? Neben dem Gefühl der Freiheit durch eine großzügige Eingangszone muss der Kunde sofort erkennen, wie er laufen muss und wo er was findet.

Der Suchblick und die Warenblöcke

Noch während der Eintrittsphase beginnt im Kundengehirn bereits die Orientierungs- und Suchphase. Der Kunde sucht nämlich nach seinem ersten gewünschten Artikel. Das geschieht durch Wegweiser und Fernleitsysteme und durch klar ersichtliche Sortimentsgliederung. Wenn die Sortimentsbereiche nahtlos ineinander überlaufen, ertrinkt das Gehirn in der Informationsflut. Wenn aber durch ladenbauliche Maßnahmen klar getrennte Sortimentsblöcke geschaffen werden, die zusätzlich durch ein deutlich sichtbares Leitsystem unterstützt werden, kann sich der Kunde schnell und einfach orientieren. Abbildung 65 zeigt ein schönes Beispiel für Orientierung auf den ersten Blick.

Abbildung 65: Ideale Orientierung auf den ersten Blick durch klare Sortimentstrennung und Leitsystem

Abbildung 66: Orientierungsblick und Suchblick

Gleichzeitig gibt es einen unbewussten Blickverlauf. Mit einem vertikalen Blick sucht der Kunde zunächst das Geschäft nach seinem gewünschten Sortiment ab. Mit dem horizontalen Blick schaut er dann, was es innerhalb des Sortiments an Auswahl gibt.

Mental Maps — Die Abfolge der Sortimente

Die Orientierung des Kunden im Geschäft kann man durch Beachtung von Mental Maps erheblich verbessern. In unserem Gehirn sind viele unbewusste Ordnungsstrukturen gespeichert, wie wir die Welt räumlich, zeitlich oder auch geistig ordnen. Diese Ordnungsstrukturen, man nennt sie in der Fachsprache Mental Maps, sind teilweise angeboren und teilweise gelernt. Bei Lebensmitteln lautet unsere Mental Map „Frühstück", „Mittagessen" und „Abendessen". Warum? Weil wir so unseren täglichen Nahrungsaufnahme-Zyklus erleben. Wie baut man nun einen Lebensmittelsupermarkt in der Abfolge der Sortimente am besten auf? Eigentlich ganz einfach — entsprechend der Mental Maps der Kunden. Man beginnt mit Obst und Gemüse (erster Frische-Eindruck), danach kommen die Frühstück-, Mittag- und Abend-Sortimente, danach das Tierfutter und schließlich die Haushalts- und Drogeriewaren (siehe Abbildung 67).

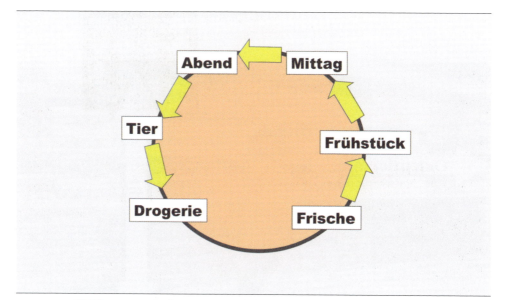

Abbildung 67: Mental Maps: Im Kundengehirn gibt es unbewusste Landkarten, wie Sortimente im Ablauf erwartet werden

Und was geschieht, wenn man es so macht? Der Kunde erlebt das Geschäft so, wie es sein Unbewusstes erwartet. Stress wird abgebaut, das Gefühl der Unbeschwertheit entsteht und schon wieder sind viele Euros mehr in der Kasse des Händlers. Diese Mental Maps gibt es sogar innerhalb der einzelnen Regale — das Unbewusste der Kunden hat genaue Vorstellungen davon, in welcher Abfolge und in welchem Zusammenhang es bestimmte Produkte sucht.

Warenpräsentation

Die unbewussten Gesetze der Warenpräsentation oder des Visual-Merchandising würden alleine ein Buch füllen. Deswegen nur einige Hinweise: In den Bedarfssortimenten liebt das Gehirn visuelle Ordnung und schnelle Orientierung. In der Psychologie wurden schon vor vielen Jahrzehnten Gestaltgesetze formuliert, die insbesondere für die Warenpräsentation eine hohe Bedeutung haben. In Abbildung 68 und 69 sehen wir einige Beispiele dafür.

Abbildung 68: Das Gesetz von Figur und Grund. Während die Bälle links nicht gesehen werden, springen die rechten sofort ins Auge

Retail Boosting

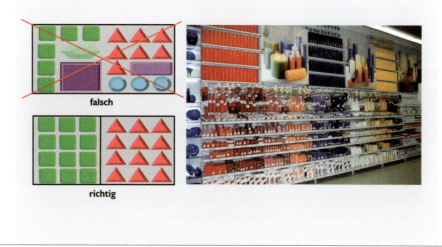

Abbildung 69: Das Gehirn hasst Chaos und sucht leicht wahrnehmbare Strukturen

Augenhöhe und Regalwertigkeiten

Bei den Gesetzen der Warenpräsentation ist auch noch die Augenhöhe wichtig. Waren, die auf Augenhöhe (Frauen ca. 150 cm, Männer 160 cm) im Regal stehen, werden wesentlich häufiger gekauft, als Artikel, die in der Reckzone oder in der Bückzone präsentiert werden. Eine Studie der Gruppe Nymphenburg (siehe Abbildung 70) zeigt, wie stark sich die Umsätze verschiedener Produkte mit der Platzierungshöhe verändern.

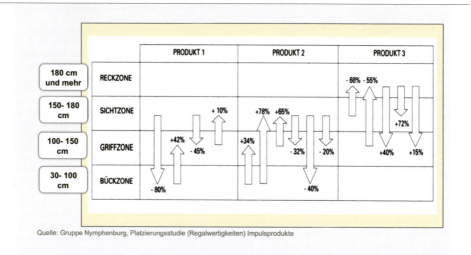

Abbildung 70: Der Umsatz eines Produktes verändert sich stark mit der Platzierungshöhe.

Rabatte und Rabatt-Schilder

Rabatte, das haben die Wissenschaftler Prof. Christian E. Elger und Dr. Bernd Weber von Life & Brain in Bonn gezeigt, aktivieren unbewusst das Belohnungssystem im Gehirn und schalten das vordere Großhirn, das für die Reflexion der Frage „Brauche ich das wirklich" und „Ist das wirklich so billig" zuständig ist, aus. Die Folge: Der Kunde kauft Dinge, die er gar nicht will.

Preisanker

Wenn man dem Kunden im Weinregal eines höherwertigen Weingeschäfts einen Wein um 5,65 EUR und einen um 12,95 EUR anbietet, dann kauft er zu ca. 85 % den billigeren Wein. Wenn Sie nun im Weinregal aber noch einen dritten Wein um 33,95 EUR dazu platzieren, geschieht Folgendes: Der 5-Euro-Wein wird nur noch zu 70 % gekauft, 28 % dagegen kaufen den 12-Euro-Wein und 2 % kaufen den ganz teuren Wein.

Abbildung 71 a: Bei der Auswahl von zwei Weinen wählt der Kunde zu 85 % den billigsten

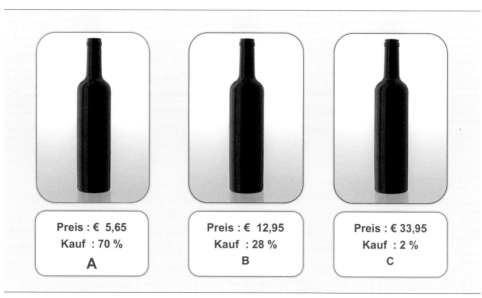

Abbildung 71 b: Stellt man einen teuren Wein (C) dazu, verändert das Gehirn sein Bezugssystem. Durch den neuen teuren Wein, scheint der frühere teure Wein (B) billiger. Er wird weit häufiger gekauft

Mit diesem Trick haben Sie den Einkaufswert im Weinregal erheblich gesteigert. Der Grund dafür liegt im Anker-Effekt und der Tendenz zur Mitte unseres Gehirns. Bei zwei Alternativen gab es eine teure und eine billige — der Kunde greift zum Billigen. Bei drei Alternativen verändert sich die Situation. Durch den neu hinzugekommenen teuren Wein, wirkt der vormals als teuer empfundene Wein unbewusst als nicht mehr so teuer. Er ist jetzt wesentlich attraktiver geworden. Zudem hat unser Gehirn eine Tendenz zur Mitte („Da kann man nichts falsch machen").

Wegeführung

Die meisten Kunden haben keinen Einkaufszettel dabei — sie wissen in der Regel, was sie kaufen wollen. Nur: Am Schluss haben sie weit mehr im Einkaufskorb, als sie kaufen wollten. Denn beim Gang durch die Regale wird man daran erinnert, was man eigentlich schon immer kaufen wollte — beispielsweise den Haushaltsreiniger, der zur Neige geht — und wieder vergessen hat: das ist der sogenannte „Impuls-Bedarfskauf". Man erhält aber mitunter auch einen kleinen Schubs aus dem Belohnungssystem, das durch eine Bluse, eine Flasche Wein oder eine Tafel Schokolade befriedigt werden will — das ist der „Impuls-Lustkauf". Beide Formen des Impulskaufs kommen aber nur zum Tragen, wenn der Konsument an möglichst vielen Sortimenten unbewusst vorbeigeführt wird. Auch hier gibt es eine ganze Reihe von kleineren und größeren Tricks. Das beginnt damit, dass die Muss-Artikel im hinteren Verkaufsraum angeordnet sind, so dass der Konsument durch den Laden hindurch gehen muss. Auch durch die Stellung der Regale kann der Weg verlängert werden. Zwar bietet man dem Kunden die Möglichkeit abzukürzen. Diese Durchgänge macht man aber im Vergleich zum breiten Hauptlaufgang wesentlich enger — damit werden sie unbewusst gemieden — trotzdem hat der Kunde das Gefühl, dass er abkürzen kann, wenn er will. Das sind die „Zwangsmaßnahmen". Es gibt aber auch eine Reihe von „Belohnungsmaßnahmen": Man baut beispielsweise entlang des Weges immer wieder kleine spannende Erlebnisinseln und Aktionsinseln auf, die das Interesse des Konsumenten anziehen.

Multisensorik: Die Verführung der Sinne am POS

Beginnen wir mit den Augen und dem visuellen Sinn. Hier ist das Licht auf der Ladenfläche von ungeheurer Bedeutung für die unbewusste Beeinflussung. Ein sehr helles Licht mit leicht bläulichem Farbton signalisiert „Hier ist es billig". Ein akzentuiertes Licht mit Lichtinseln bei besonders schönen oder exklusiven Waren dagegen wirkt inspirierend und wertig. Während beim Efficient Shopping die Ausgaben für die Beleuchtung nur ca. 10 % der gesamten Einrichtungskosten ausmachen, sind es beim Exclusive Shopping ca. 30—40 %. Alleine durch richtiges Licht lässt sich der Umsatz um 5 bis 20 % steigern. Mit Licht wird der Kunde aber nicht nur durch das Geschäft geführt. Mit Licht wird er auch verführt.

Retail Boosting

Abbildung 72: Licht verführt und strukturiert den Verkaufsraum

Das Licht in der Käsetheke beispielsweise hat einen gelblichen Farbton, das Licht in der Fleischabteilung einen rötlichen und in der Gemüseabteilung wird durch ein hartes Licht für hohe Farbbrillanz von Obst und Gemüse gesorgt. Alles sieht weit frischer und appetitlicher aus, als es in Wahrheit ist. Kommen wir zu den Ohren und dem auditiven Sinn. Längst ist bekannt, dass laute Musik den Kunden vom Kauf ablenkt. In Geschäften mit wenig Frequenz wie z. B. Autohäusern nimmt eine leise Musik dem Kunden das Gefühl, beobachtet zu sein. Eine schnelle Musik beschleunigt den Kunden — eine langsame Musik bremst ihn in seinem Vorwärtsdrang. Aber auch der Inhalt der Musik hat eine große Bedeutung. In England wurde vor einiger Zeit folgender Versuch gemacht: In der Weinabteilung eines großen Supermarktes wurde im Tageswechsel einmal französische Akkordeonmusik und dann deutsche Marschmusik eingespielt. Gleichzeitig wurden die Wein-Kaufdaten ausgewertet. Wurde französische Musik gespielt, stieg der Umsatz des französischen Weins weit überdurchschnittlich an, aber auch die deutsche Marschmusik steigerte den Umsatz des deutschen Weins immerhin noch im einstelligen Prozentbereich. Die Kunden wurden zusätzlich befragt, ob ihnen in der Weinabteilung etwas aufgefallen war. Die Antwort: Nein. Die Musik hatte die Kaufentscheidung unbewusst erheblich beeinflusst.

Bleiben noch die Nase und der Geruch. „Stinkt" oder „riecht" es im Verkaufsraum, ist der Kunde sehr schnell weg. Das Gegenteil geschieht, wenn der Geruchssinn mit einem frischen und vitalisierenden Geruch belohnt wird. Dadurch wird die

Stimmung beim Kunden sofort besser und unmittelbar danach auch beim Händler, wenn er in seine Ladenkasse blickt. Wir wissen längst, dass eine positive Stimmung beim Kunden den Umsatz erheblich steigert. Gerüche gehen direkt ins limbische System und wirken entweder belohnend und aktivieren die Kauflust oder bestrafend und aktivieren den Kauffrust. Untersuchungen zeigen, dass durch „Geruchsmarketing" die Umsätze im Handel bis zu 3 % gesteigert werden können.

Der letzte Eindruck ist tief und hält lange

Nicht nur der erste Eindruck hat für das Gehirn eine besondere Bedeutung – auch der letzte Eindruck hinterlässt bleibende Spuren. Warum? Weil der letzte Eindruck schon in der Urzeit immer mit dem Ergebnis und der Konsequenz des Gesamtprozesses verknüpft war. Was ist der letzte Eindruck beim Einkaufen? Die Kasse! Hier kommen oft eine Reihe von negativen Erlebnissen zusammen: Die schmerzhafte Trennung vom Geld, die lange Kassenschlange und das Warten (Autonomieverlust = Stress), dann der Zwang zum schnellen Einpacken, weil die Ware des nervösen Hintermanns schon angerollt kommt. Und wenn man Pech hat, sitzt da auch noch ein muffeliger Kassierer oder eine Kassiererin und gibt einem den Rest.

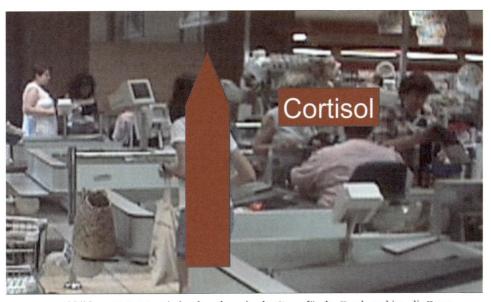

Abbildung 73: Letzter Eindruck und maximaler Stress für das Kundengehirn: die Kasse

Auch hier gibt es eine Reihe von Maßnahmen, um den letzten Eindruck in die gewünschte positive Richtung zu drehen. Ein langes Vorlaufband beschäftigt den Kunden. Er kann schon etwas tun und ist damit abgelenkt (Reduzierung des Autonomieverlusts). Die Preisanzeige wird so angebracht, dass der Kunde mitschauen und kontrollieren kann und eine lange Nachlaufzone lässt ihm genug Zeit, seine Ware zu verstauen. Ein herzliches Dankeschön mit einem genauso herzlichen Lächeln der Mitarbeiter schließt das Ganze ab. Ein besonders eindrucksvolles Beispiel für Emotional Boosting an der Kasse sah ich bei dem Kaiserslauterer Buchhändler Gondrom (heute Thalia). Der Buchhändler hatte sich viele Gedanken gemacht, wie er seinen Kunden diesen letzten Eindruck an der Kasse verschönern konnte. Die Mitarbeiter waren herzlich und nett. Aber das reichte ihm längst nicht aus. Bis er eines Tages auf eine geniale Idee kam. Er installierte hinter den Kassenplätzen ein großes und echtes Aquarium mit bunten, exotischen Fischen. Vorbei war's mit dem Wartestress. Die Kunden schauten mit Freuden den Fischen zu und gingen völlig entspannt und gut gelaunt aus dem Laden.

Wir haben in diesem Kapitel viele kleinere und größere emotionale Verstärker kennengelernt, die den Umsatz und Gewinn erheblich steigern. Setzt man alles konsequent um, hat man — je nach Ausgangslage — bis zu 30 % mehr in der Kasse. Zwei wichtige Erfolgsfaktoren haben wir allerdings noch nicht beachtet. Den Standort und die Lage des Geschäftes — das ist auch nicht Inhalt dieses Buches — und die Mitarbeiter inklusive Unternehmenskultur. Der letztere Aspekt ist in puncto Emotional Boosting nicht nur für den Handel, sondern für alle Branchen von sehr großer Bedeutung. Deswegen werden wir uns damit im letzten Kapitel beschäftigen.

6 Web Boosting

6.1 Wie man im Web mehr verkauft

> **Was Sie in diesem Kapitel erwartet:**
> *Der Onlinekauf hat sich in den letzten Jahren fast explosionsartig entwickelt. Egal ob Produkte wie Bücher, Computer und Schuhe oder Dienstleistungen wie Reisen, Mietwagen und Partnervermittlungen, es gibt fast nichts, das nicht über das Internet verkauft wird. Wir werden in diesem Kapitel sehen, dass dieses neue Geschäft ebenfalls auf dem Fundament unserer alten Emotionssysteme steht und Emotional Boosting auch im Web bestens funktioniert.*

Einkaufen im Web, so glaubt man, folgt völlig neuen und eigenen Gesetzen und der Web-Kunde sei ein völlig anderer als der, der im stationären Handel einkauft. Dabei wird übersehen, dass zwar die Technik in Siebenmeilenstiefeln fortschreitet — unser Gehirn mit seinen Emotionsprogrammen und seinen vielen Eigenheiten aber das alte bleibt. Erfolg im Internetgeschäft hat also nur derjenige, der das Wissen, wie unser Gehirn tickt, konsequent auf das Web und den Onlinekauf ausrichtet. Und genau aus dieser Perspektive wollen wir uns nun mit dem Webkauf beschäftigen.

Der erste Eindruck zählt

Begleiten wir also einen Kunden beim Einkaufen im Web. Dieser Einkaufsprozess beginnt mit dem Anklicken und dem Sichöffnen der Startseite (Landingpage). Erinnern Sie sich noch an das Gesetz des ersten Eindrucks im vorherigen Kapitel „POS Boosting" (Abbildung 64). Nun das gleiche Gesetz gilt auch für das Web. Der erste Eindruck und die Grundanmutung des Webshops setzen schon wichtige unbewusste Signale für das Konsumentenhirn. Die Münsteraner Psychologen Rafael Jaron und Meinald Thielsch haben diesen Effekt untersucht und festgestellt, dass dieser Eindruck nicht nur darüber mitentscheidet, ob der Kunde im Webshop bleibt, sondern auch erheblichen Einfluss auf sein gesamtes späteres Kaufverhalten im Webshop hat! Bei diesem ersten Eindruck werden zwei teilweise getrennt operierende Verarbeitungssysteme im Gehirn angesprochen: Das emotionale System, das den emotionalen Gesamteindruck bewertet und das kognitive System, das sich mit der Informationsflut und Informationsdichte beschäftigt. Beginnen wir mit dem emotionalen System.

Das emotionale System bewertet in Millisekunden, ob der Webshop teuer oder billig, in welchem Emotionsfeld die Anbietermarke verortet und ob der Shop attraktiv oder nicht attraktiv ist. Betrachten wir dazu in Abbildung 74 die Startseiten der beiden Versender Heine und Neckermann.

Abbildung 74: Starke Emotionalisierung bei Heine, geringe bei Neckermann

Wie wir in Kapitel 4 „Presentational Boosting" gesehen haben, sind Menschen und menschliche Gesichter das wichtigste Bedeutungssignal für das Gehirn. Während bei Heine das Gesicht und die gesamte Körperhaltung schon die emotionalen Spiegelneuronen im Käufergehirn aktivieren, lassen im Neckermann-Auftritt die Gesichter im wenig attraktiven Passbildformat das emotionale Gehirn kalt. Auch in der emotionalen Gesamtanmutung gibt es erhebliche Unterschiede. Während das Grauweiß und der strengere grafische Auftritt des Neckermann-Katalogs im Disziplin- und Kontrollfeld auf der Limbic® Map verortet sind, liegt Heine durch das warme Blau und den Verlaufshintergrund im Bereich Offenheit und Harmonie (Abbildung 75).

Web Boosting Wie man im Web mehr verkauft 6

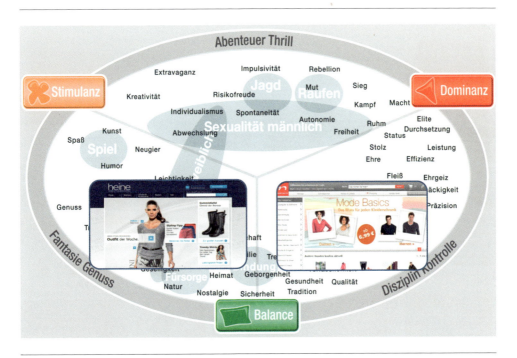

Abbildung 75: Die beiden Websites lösen unterschiedliche Gefühle und Assoziationen aus

Das kognitive System blickt aus einer anderen Perspektive auf den Webshop. Es möchte den Shop begreifen und sich zurechtfinden. Wir wissen ja, dass unser Gehirn versucht, möglichst wenig zu denken, weil Denken Energie kostet. Wie sieht das im Detail aus? Zunächst sucht der Blick nach einem Ankerpunkt, an dem sich das Gehirn festhalten kann und der ihm signalisiert, hier beginnt deine Shopping-Tour. Im obigen Beispiel bietet Heine diesen Ankerpunkt — Neckermann dagegen nicht. Der zweite große Fehler, den ein Web-Anbieter machen kann, ist, dass er die Startseite mit Angeboten und Botschaften überfrachtet. Ein Webshop, der schon auf der Startseite überladen ist, signalisiert Mühsal für das Gehirn und die versucht es zu vermeiden. Die Folge: Die Wahrscheinlichkeit, dass der Kunde den Shop verlässt, steigt erheblich. Abbildung 76 zeigt am Beispiel der Otto-Startseite, wie man das Kundenhirn überfordert.

Abbildung 76: Viele Botschaften und geringe Strukturierung sowie Hierarchisierung überfordern das Gehirn

Digital Merchandising: Das Angebot groß heraus bringen

Kunden besuchen eine Website, um ein Produkt oder eine Dienstleistung zu kaufen. Damit Sie das können, müssen sie das Gesuchte zunächst schnell und einfach finden (damit beschäftigen wir uns im nächsten Abschnitt). Haben sie nun etwas gefunden, das in etwa ihrer Erwartung entspricht, beginnen die Sekunden der Wahrheit: Jetzt muss das Produkt oder die Dienstleistung attraktiv und selbsterklärend dargestellt werden.

Auch beim eigentlichen Kaufakt ist es sinnvoll, Kognition und Emotion getrennt zu betrachten. Beginnen wir mit den kognitiven oder funktionalen Aspekten beim Kauf: Hier geht es darum, dem Kunden leicht und einfach zu vermitteln, was das Produkt alles kann. Fast genauso wichtig ist es ebenfalls aufzuzeigen, was das

Produkt nicht kann. Nicht erfüllte Produkterwartungen führen nämlich zu Frust und teuren Rücksendungen.

Nun zu den emotionalen Aspekten: Auch im Web ist es entscheidend, wie man das Produkt präsentiert und attraktiv darstellt. Dazu ein Praxisbeispiel: Während ich dieses Kapitel schreibe, denke ich gerade darüber nach, meinen in die Jahre gekommenen Laptop durch ein ultraleichtes Notebook zu ersetzen. Was liegt näher als auf Webshop-Tour zu gehen und verschiedene Anbieter zu besuchen, nämlich mediamarkt.de, otto.de und notebooksbilliger.de?

Allein dieses Beispiel zeigt, wie unterschiedlich Produkte angeboten und damit Kaufanreize (nicht) ausgelöst werden. Schauen wir uns den Auftritt der drei Internetshops in Abbildung 77 etwas näher an. Klickt man bei notebooksbilliger.de auf das entsprechende Produkt, zeigt sich, man glaubt es kaum: Die Unterseite des Produkts! Oder umgangssprachlich ausgedrückt: Das Produkt streckt einem das Hinterteil entgegen. So entsteht natürlich kein Kaufanreiz. Klickt man auf weitere Bilder, erscheint das Produkt in Form von wenig attraktiven Schwarz-Weiß-Fotos. Schon besser in puncto Emotionalisierung ist mediamarkt.de, wo das Produkt zumindest farbig mit blauem Bildschirm gezeigt wird. Perfekt macht es otto.de. Hier findet man nicht nur eine sehr übersichtliche Produktdarstellung, das Produkt selbst wird farbig gezeigt und die Möglichkeiten des Internets werden wirklich ausgenutzt: Unter dem Bild befinden sich Buttons, die gut gemachte und emotionale Produktfilme des Herstellers öffnen. Auf diese Weise wird das emotionale Käuferhirn wahrhaftig aktiviert.

Abbildung 77: Otto zeigt, wie man's perfekt macht. Die Möglichkeiten des Internets werden zur Produktemotionalisierung ausgeschöpft

Gute und perfekte Emotionalisierung von Produkten steigert die sogenannte „Conversion Rate" im Web dramatisch. Die Conversion Rate gibt an, wie viele der Kunden, die das Produkt angeklickt haben, dieses Produkt schließlich auch kaufen. Die Bad Homburger Agentur Web Arts, die Lizenzpartner unseres Limbic® Ansatzes ist, beschäftigt sich als Spezialist für Conversion Optimierung genau mit diesem Punkt — nämlich der Steigerung der Conversion Rate. Um die Wirkung der Emotionalisierung auf die Conversion Rate zu testen, führte sie ein Experiment mit einem Internet-Schuhshopdurch.

Gemessen wurde, wie sich die Kaufrate aufgrund unterschiedlicher Emotionalisierung steigerte. Vergleichswert war die Grunddarstellung, wie man sie in Webshops häufig findet. Das Produkt wurde in unterschiedlichen emotionalen Kontexten gezeigt, die Limbic® Map diente als Basis zur emotionalen Verortung. In einem Fall wurde das Produkt hinsichtlich Qualität, im anderen auf Individualität und im dritten Fall auf Status emotionalisiert. Diese Emotionalisierung erfolgte sowohl in der Bilddarstellung als auch in der Sprache, also in der Produktbeschreibung. Das Ergebnis war mehr als überzeugend, die Conversion Rate stieg erheblich. Am erfolgreichsten war die Statuspositionierung — hier stieg sie um satte 79 %. Abbildung 78 zeigt diese Untersuchung.

Web Boosting Wie man im Web mehr verkauft 6

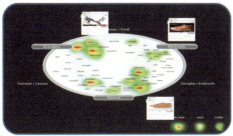 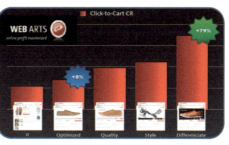

Abbildung 78: Die Agentur Web Arts konnte zeigen, dass durch konsequente Emotionalisierung der Produktdarstellung die Conversion Rate zwischen 10 bis 79 % stieg

Kommen wir zu einer weiteren wichtigen Emotionalsierungschance im Web, nämlich dem Faktor Mensch. Wie wir im Laufe dieses Buches schon gesehen haben, haben der Mensch und das menschliche Gesicht für das Gehirn eine enorme emotionale Bedeutung. Gerade weil das Web ein digitales Medium ist, dem die „Menschlichkeit" eher abgeht, kann man diesen Wirkungsmechanismus auch im Internet gewinnbringend einsetzen.

Insbesondere bei abstrakten Produkten oder Dienstleistungen, wie zum Beispiel Versicherungen, stellt sich nämlich immer das Problem, wie der Versicherungsschutz umfassend und trotzdem begreifbar erklärt werden kann. Da das Internet ein schnelles Medium mit nur kurzen Aufmerksamkeitsspannen ist, führen abstrakte Textbeschreibungen entweder zum Abbruch oder das Versicherungsangebot wird nur unzureichend verstanden. Zudem müssen für viele Versicherungen noch individuelle Werte, wie Alter etc. in komplizierte Masken eingetragen werden, um den Versicherungsbeitrag zu berechnen. Alles in allem eine große Herausforderung für Kunden.

Einen sehr interessanten und erfolgreichen Weg geht die Ergo Direktversicherung, die mit ihrer Agentur .dotkomm rich media solutions das Versicherungsangebot durch einen menschlichen Präsentator im Web vermittelt. Der zeigt dem Benutzer zudem anschaulich, wo und wie er seine persönlichen Angaben eintragen muss, damit eine genaue Versicherungsberechnung erfolgen kann. Im Vorfeld der Entwicklung der Website wurde die Wirkung der „menschlichen" Variante im Vergleich zu einer herkömmlichen Text-/Bildvariante gemessen. Abbildung 79 zeigt das Vorher und Nachher. Das Ergebnis war eindrucksvoll: Nicht nur die Abschlussrate stieg erheblich an, die Webnutzer wussten auch wesentlich mehr von der angebotenen Versicherung und ihrer Besonderheit. Der Inhaber der Agentur, Ralf Pispers, hat mit seiner Kollegin Joanna Dabrowski über diese Form der Webemotionalisierung ein Buch geschrieben, das ich gerne empfehle: *Neuromarketing im Internet: Erfolgreiche und gehirngerechte Kundenansprache im E-Commerce.*

Abbildung 79: Mit einem Presenter steigerte Ergo die Abschlussquote sowie das Wissen um Versicherungsinhalte

User Experience: Die emotionalen Grunderwartungen in der Web-Nutzung erfüllen

Der Erfolg eines Webshops hängt aber nicht nur vom Angebot und seiner Darstellung ab, denn der ganze Webshop inklusive der vor und nach dem Kauf-Klick ablaufenden Prozesse wird emotional-kognitiv bewertet. Diese Erfahrungen, die der Kunde mit dem gesamten Webshop macht, werden in der Fachsprache als „User Experience" bezeichnet. Wir wollen die Web-User-Experience aus Sicht des Limbic® Ansatzes und der Emotionssysteme betrachten. Welche Erwartungen an das Web ergeben sich daraus? Abbildung 80 bietet einen Überblick über die emotionalen User-Experience-Erwartungen.

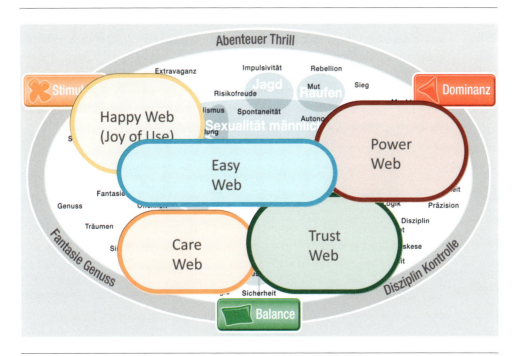

Abbildung 80: Die emotionalen User-Experience-Erwartungen

Happy Web: Spielen und unerwartete Rabatte

Was im stationären Handel die Verkostungen und Sonderpreisaktionen sind, sind im Webshop die eingeblendeten Rabatt-Coupons oder die interaktiven Gewinnspiele. Wie wir wissen, freut sich das Belohnungssystem im Gehirn über den unerwarteten Gewinn, der von Rabatt-Coupons ausgeht. Das Belohnungssystem hat aber auch eine sehr enge Kopplung mit unserem Stimulanz-System und dem Spiel-Modul im Gehirn. Spiele, die interaktiv unterhalten und bei denen man etwas gewinnen kann, machen eine Website attraktiver. Zu beachten ist allerdings, dass Spiele auch vom eigentlichen Angebot ablenken können. Ein weiterer Aspekt des Happy Webs ist das spielerische Entdecken neuer Funktionen und die Freude, die sich aus der spielerischen Interaktion mit der Website ergibt. In der Fachsprache wird dies als „Joy of Use" bezeichnet.

Easy Web: Das Flow-Gefühl der leichten Bedienung

Wie einfach und leicht ist der Webshop zugänglich und bedienbar? Die Bedienbarkeit wird in der Fachsprache als Usability bezeichnet. Die Usability hat auch sehr viel mit unserem kognitiven System im Gehirn zu tun, denn je komplizierter und undurchsichtiger die Bedienung eines Webshops ist, desto mehr müssen wir denken und Denken versucht unser Gehirn zu vermeiden. Da unser kognitives und emotionales System im Gehirn eng verwoben sind, führt kognitive Überlastung auch zu emotionalen Reaktionen, in diesem Sinne zu Frust und Stress. Das Problem dabei: Unter Frust und Stress sinkt nicht nur die Stimmung und damit die Kauflaune erheblich — auch unser Denken verändert sich. Unter guter Laune ist unser Gehirn bereit, sich zu öffnen und sich mit neuen Kaufimpulsen zu beschäftigen, was zu Zusatzverkäufen führt; unter Frust und Stress dagegen, verengt sich die Wahrnehmung dramatisch, zudem stellt sich das Gehirn auf Flucht ein.

Die vom Kunden wahrgenommene Bedienbarkeit der Webangebote hängt natürlich auch stark von seiner Vorerfahrung ab. Jüngere Kunden, die sogenannten Digital Natives, haben eine völlig andere Vorerfahrung im Umgang mit dem Internet als ältere Kunden, die sogenannten Digital Dummies. Gleichzeitig ist das junge Gehirn auch leistungsfähiger und experimentierfreudiger als das Gehirn von älteren Kunden. Da Webdesigner und -programmierer in der Regel der jüngeren Generation angehören, ist für sie bei der Bedienung selbstverständlich, was ungeübten Webkunden große Schwierigkeiten macht! Das Gegenteil von Bedienungsfrust ist, wenn etwas ganz leicht von der Hand geht und schnell zum gewünschten Erfolg führt. In diesem Falle jubelt das Stimulanz-System, weil es etwas Neues gelernt hat und das Dominanz-System freut sich über den selbst erzielten Erfolg. Auf diese Weise entsteht das sogenannte Flow-Gefühl. Manche Leser erinnern sich sicher noch an den Prototyp des Webflow-Gefühls, nämlich Boris Beckers „Ich bin drin" im Werbespot für AOL in den 90er Jahren. (http://www.youtube.com/watch?v=4X11JCrq1V0)

Der gesamte Kaufprozess endet aber nicht mit der Bestellung via Kauf-Klick, sondern erst dann, wenn der Kunde das Produkt in den Händen hält und rundum damit zufrieden ist. Gerade im Onlineshopping kommt es häufiger zu Fehlkäufen, weil das Produkt in der Realität anders ausfällt oder weil die Größe bei Schuhen und Textilien einfach nicht passt. Im Laden ist das einfach — man stellt die Ware ins Regal zurück und fertig. Viel aufwändiger und damit frustrierender ist dieser Prozess beim Onlineshopping, die Ware muss nämlich zurückgesendet werden. Da für den Webanbieter die Rücknahme der Ware ein extrem teurer Prozess ist, versuchen viele Webshops dem Kunden die Rücknahme schwerer zu machen. Eingebaute Hindernisse sind: Verfassen von Begründungen, Beantragung der Rücknahme über einen komplizierten Onlineprozess, Beschaffung von zusätzlichen Rückversandverpackungen usw.

Leider verhindern diese Hindernisse nicht nur die Rückgabe, sondern auch zukünftige Käufe in diesem Webshop. Kunden, die diese schlechte Erfahrung einmal gemacht haben, werden so schnell nicht mehr auf den Kauf-Klick-Knopf drücken. Gute und kundenorientierte Webshops und Versender machen es dem Kunden einfach: Die Versandverpackung kann zum Rückversand genutzt werden, bei der Warenlieferung liegt schon gleich ein Adressaufkleber und das Rücknahmeformular bei und selbstverständlich ist die Rücksendung kostenlos. Allerdings kann man hier auch etwas zu viel des Guten tun. Der frühere Slogan des Online-Anbieters Zalando hieß: „Schrei vor Glück oder schick's zurück". Die zweite Hälfte des Slogans wurde nun gestrichen: Bei einer Rücksendequote von 66 % (2011) kann man diese stärkere kommunikative Zurückhaltung auch verstehen.

Care Web: Da wird mir persönlich geholfen

Je selbsterklärender und einfacher der Webshop ist, desto zufriedener ist der Kunde. Trotzdem kommt es vor, dass Fragen oder Probleme auftauchen, deren Antwort nicht im Webshop zu finden ist. Jetzt ist persönliche und schnelle Hilfe gefragt. Gute Webshops haben eine deutlich sichtbare Hilfefunktion, die während des ganzen Kaufprozesses eingeblendet bleibt. Gute Hilfe erfolgt in der Regel auf zwei Ebenen. Ebene 1: Die Möglichkeit, direkt am Telefon beraten zu werden. Bei der telefonischen Hilfefunktion muss natürlich sichergestellt sein, dass der Kunde sofort jemanden erreicht und nicht in der Warteschleife verhungert. Ebene 2: Viele telefonische Fragen lassen sich dadurch vermeiden, dass eine übersichtliche Hilfeseite mit häufig gestellten FAQs erscheint.

Trust Web: Fehlendes Vertrauen – mit das größte Hindernis beim Web-Shopping

Einer der größten Kaufverhinderer im Webshop ist das fehlende Vertrauen zum Anbieter, zum Produkt und besonders wichtig: zur Zahlungsabwicklung. Während im stationären Geschäft die Ware besichtigt und direkt geprüft werden kann, man zudem dabei zuschaut, wie das Geld von der Karte abgebucht wird, fehlen diese psychologischen Sicherheitsfunktionen beim Onlineshopping. Deshalb ist der Vertrauensaufbau von enormer Bedeutung. Vertrauen hat im Webshop viele Spielarten, die wir uns im Folgenden ansehen.

Zahlungs- und Datenvertrauen

Das größte vom Kunden wahrgenommene Risiko ist nach wie vor die Bezahlung. Das Balance-System stellt dabei folgende Fragen: Was passiert mit meinen Kunden- und Kreditkartendaten? Was ist, wenn mir der Artikel nicht gefällt — bekomme ich mein Geld zurück? Werden alle entstehenden Kosten angegeben? Da der Kunde dem Onlineshop-Betreiber nicht in die Augen sehen kann und keinen Einblick in die Hintergrundprozesse hat, helfen anerkannte und unabhängige Prüfinstitutionen, wie Trusted Shops und der TÜV (Abbildung 81) durch ihre Prüfsiegel beim Aufbau von Daten- und Zahlungsvertrauen.

Otto.de

Abbildung 81: Qualitäts- und Prüfsiegel sind wichtige Vertrauensbooster für Onlineshops

Prozess-Vertrauen

Auch in den Informations- und Lieferprozessen gibt es viele Möglichkeiten, Vertrauen aufzubauen oder zu zerstören. Bei der Bestellung will der Kunde wissen, ob die Ware auf Lager ist und wann sie kommt. Nicht eingehaltene Lieferzusagen zerstören das Kundenvertrauen schnell und nachhaltig. Gute Onlineshops zeigen beim Produkt, ob der Artikel verfügbar ist und geben zudem an, wann der Artikel beim Kunden eintreffen wird. Am Tag vor dem Eintreffen erhält der Kunde zudem eine Benachrichtigung. Auch gut organisierten Webshops kann es passieren, dass trotzdem mal etwas nicht klappt. In diesem Falle erhält der Kunde eine zeitnahe Benachrichtigung.

Beratungsvertrauen

Da im Onlineshop der (vertrauenswürdige) Verkäufer fehlt, muss sich der Kunde auf die Angaben des Online-Anbieters und Herstellers verlassen. Aus ihrer Lebenserfahrung wissen Kunden aber, dass Anbieter die Vorteile gerne zeigen, bei der Angabe von Nachteilen aber eher zurückhaltend sind. Um diesem Grundmisstrauen zu begegnen, folgen inzwischen viele Onlinehändler dem Weg, der zuerst von Amazon gegangen wurde: Die Veröffentlichung von Kundenrezensionen und -bewertungen. Da andere Kunden kein Verkaufsinteresse haben, sind sie viel glaubwürdiger als der Anbieter. Zudem wirkt hier auch der in Kapitel 4 „Presentational Boosting" beschriebene Herdeneffekt: Der Mensch orientiert sich unbewusst sehr gerne am Verhalten und Urteil seiner Mitmenschen. Besonders glaubwürdig sind Bewertungen und Rezensionen, bei denen sich die Rezensenten persönlich zu erkennen geben und die nicht zensiert werden (Ausnahme: Böswilligkeit). Neben Kundenrezensionen sorgen auch Testberichte von anerkannten Prüfinstitutionen wie Stiftung Warentest und Fachzeitschriften für hohes Beratungsvertrauen.

Abbildung 82: Ehrliche Kundenrezensionen und objektive Testberichte sorgen für hohes Vertrauen in die Produktdarstellung

Power Web: Autonomie und Schnelligkeit

Forschungen, die sich mit dem Medienumgang beschäftigen, zeigen, dass alleine schon das Medium selbst unterschiedliche meist unbewusste Grundstimmungen auslöst. Nimmt zum Beispiel eine Frau eine Lifestyle-Frauenzeitschrift oder ein Mann eine Autozeitschrift zur Hand, stellt sich das Gehirn auf Entspannung ein. Frau und Mann bummeln durch die Seiten und lassen sich meist ohne bestimmtes Ziel durch die Zeitschrift treiben. Man kann auch sagen: Das Gehirn ist im Flanier-Modus. Völlig anders dagegen reagiert das Gehirn bei Nutzung eines Notebooks/Tablets oder Smartphones. Hier ist das Gehirn im Alert- und Suchmodus und auf ein Ziel programmiert. Was bedeutet das für das Webshopping? Die Antwort ist relativ einfach: Es muss im Webshop immer schnell gehen. Lange Bildaufbau- und Antwortzeiten und umständliches Scrollen sind hier Gift. Ideal: Ein Klick und die gewünschte Seite ist möglichst vollständig da. Da das Gehirn auf dem schnellsten Weg zum Ziel will, sind auch alle Umwege und Hindernisse zu beseitigen. Und besonders lästig für das Gehirn ist hier eine umständliche Zahlungsabwicklung, bei der sowohl die persönlichen, wie auch die Zahlungsdaten mühsam eingegeben werden müssen. Auch hier kann man von Amazon lernen: Zumindest für Stammkunden hat der Internethändler mit der „1-Click®-Bestellung" diesen Frust am Ende beseitigt (Abbildung 83).

Abbildung 83 : Power Web: Beschleunigung der Zahlungsabwicklung und Verkürzung der Lieferzeit durch 1-Click®-Funktionen

Doch User Experience geht ja über den eigentlichen Kaufakt im Web hinaus. Der Kaufakt endet erst damit, wenn man das Produkt in den Händen hält — und zwar möglichst bald. Kurze Lieferzeiten sind gefragt. Auch hier können viele Webshops von Amazon lernen. Die Möglichkeit, das Produkt schon am nächsten Tag bzw. noch schneller, am nächsten Vormittag, in den Händen zu halten, ist Power Web pur. Dass der Wunsch nach mehr Schnelligkeit etwas kostet, spielt eine geringe Rolle. Vor allem dann, wenn das Produkt dringend gebraucht wird oder die Erwartungsfreude grenzenlos ist.

7 Service Boosting

7.1 Wie man Kunden bindet und begeistert

> **Was Sie in diesem Kapitel erwartet:**
> *Der Dienstleistungsbereich ist der am schnellsten wachsende Wirtschaftssektor in der westlichen Wirtschaft. Alle Prognosen deuten darauf hin, dass dies auch so bleiben wird. Grund genug also, auch die Serviceprozesse konsequent aus Sicht des emotionalen Gehirns zu beleuchten. Sie werden erkennen, wie vielfältig die Möglichkeiten in diesem Bereich zum Emotional Boosting sind.*

Viele von Ihnen, liebe Leser, werden sagen: „Service — das ist doch etwas Rationales". Und dabei denken Sie vielleicht an so ganz klassische Service-Parameter wie Liefersicherheit, Lieferschnelligkeit usw. Aber das ist ein Irrtum. Auch diese Parameter sind emotional (warum, das werden wir gleich sehen). Ähnlich wie im Handel gibt es auch im Service 5 große, emotionale Service-Welten. Ihre Lage auf der Limbic® Map ist etwas anders, weil Service von Hause aus etwas konservativer ist. Die Darstellung der Service-Welten auf der Limbic® Map gibt einen ersten Überblick.

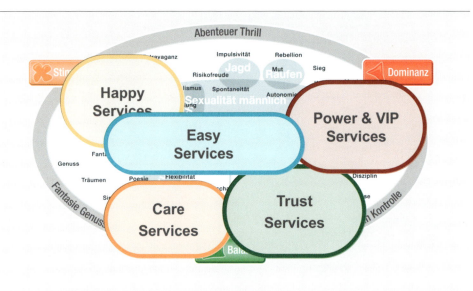

Abbildung 84: Die emotionalen Service-Welten

Im Vergleich zum Handel gibt es aber noch einen wichtigen Unterschied: Während Handelsunternehmen in der Regel in einer der Shopping-Welten ihre Heimat haben, müssen in guten Serviceprozessen mehrere dieser emotionalen Service-Erwartungen gleichzeitig erfüllt werden. Schauen wir uns diese Welten nun einmal etwas genauer an. Beginnen wir mit dem Stimulanz-System und dem Belohnungssystem im Gehirn.

Happy Service: Ich überrasche dich mit einem kleinen „Mehr"

Angenommen Sie buchen bei einer Autovermietung einen Mittelklassewagen, um einen Geschäftstermin wahrzunehmen. Sie kommen zum Schalter und geben Ihre Daten und Ihren Führerschein ab. Ihre Erwartung ist, dass man ihnen sagt, der vorbestellte Golf stehe auf Parkplatz XY im Parkhaus um die Ecke. Aber es geschieht etwas völlig Unerwartetes: „Lieber Herr Meyer, heute ist so schönes Wetter. Wenn Sie wollen, geben wir Ihnen heute das neue Mercedes SLK Cabrio. Natürlich zum Golf-Preis." Sie freuen sich riesig über dieses unerwartete Upgrade. Es müssen aber nicht immer so großzügige „Zugaben" sein, um unser Stimulanz- und unser Belohnungssystem zu aktivieren. Oft sind es nette Kleinigkeiten, die für dieses Freude auslösende „Mehr" sorgen. Mein Taxibeispiel im ersten Kapitel mit der Lektüre auf dem Rücksitz ist ebenfalls ein schönes Beispiel für diese Service-Welt. Bleiben wir noch etwas beim Taxi-Gewerbe und schauen uns ein weiteres Beispiel an. Ich war auf einer Vortragsreise in Weil am Rhein. Ich bestellte vom Hotel aus ein Taxi und erwartete, dass mich ein Mittelklassewagen abholen würde. Weit gefehlt. Es kam ein großer Audi A8 — also die Luxusklasse. Da ich ein sparsamer Schwabe bin, war ich misstrauisch und sagte: „Ich habe ein normales Taxi bestellt und keinen exklusiven Limousinen-Service." Der Fahrer erwiderte: „Das ist ein normales Taxi, bei uns in Baden-Württemberg sind Taxis nicht in Taxifarben eingefärbt". Ich genoss die luxuriöse Fahrt, denn es war weit mehr, als ich erwartet habe. Auch hier wollte ich es genauer wissen und fragte, ob der Besitzer denn mit den festen Taxitarifen dieses Luxus-Auto finanzieren könne. Er lachte mich wie sein Taxi-Kollege mit den Zeitungen an und sagte, dass sich dieses Auto lohne, denn seit er dieses Auto habe, steige sein Anteil an Firmenkunden, die ihre Besucher zum Flughafen nach Basel oder Zürich bringen würden, rapide an. Das zentrale Kundenbedürfnis des Happy Service lautet also: die Erwartungen deutlich übertreffen. Gehen wir in der Limbic® Map nun etwas weiter nach unten, zum Easy Service.

Wie man Kunden bindet und begeistert

Easy Service: Ich mache dir das Leben leicht und einfach

„Das Leben", pflegte der Philosoph Arthur Schopenhauer zu sagen, „ist eine missliche und eine beschwerliche Sache". Und wie oft hören wir unsere Umgebung von der „Last des Lebens" jammern. Das ist die negative Seite, verknüpft mit dem riesigen Wunsch der Entlastung. Nicht ohne Grund war das Buch „Simplify your life" von Werner Tiki Küstenmacher über Jahre auf den Bestsellerlisten zu finden. Wir versuchen uns der beschwerlichen Seite des Lebens zu entledigen. Da unsere Emotionssysteme immer auch eine positive Seite haben, gibt es also auch Träume und Wünsche nach einem sorglosen und unbeschwerten Leben. Denken wir dabei nur an einen Lottospieler, der von seinem möglichen Gewinn träumt und vor allem davon, was er damit macht. Diese Sehnsucht nach der sorglosen Welt ist übrigens in unserer christlichen Kultur tief im „Paradies-Schema" verankert. Und damit sind wir schon beim Kern-Motiv des Easy Service: Die Ermöglichung der Sorglosigkeit und Unbeschwertheit. Denken wir dabei z. B. an ein Kreuzfahrtschiff mit „All-inclusive", auf dem man sich um nichts, aber auch um gar nichts kümmern muss. Aber das Paradies ist leider fern und das Leben auf dem Kreuzfahrtschiff eher eine seltene Ausnahme. Uns interessiert viel mehr, wie man Easy Service in der Praxis umsetzt. Werfen wir deshalb einen Blick in den Alltag. Viele Menschen würden gerne mal ihr Haus oder ihre Wohnung renovieren lassen. Wer träumt nicht von einem schönen Zuhause? Aber schon beim Gedanken, alles ausräumen zu müssen, ist der Traum bereits verflogen. Der Effekt: Kein Auftrag für den Malerbetrieb, weil die Angst vor der konkreten Mühsal des Ausräumens weit größer ist als die Belohnung der frisch renovierten Wohnung in fernerer Zukunft. Zeitlich nahe Ereignisse werden nämlich von unserem Gehirn als emotional bedeutender verarbeitet als zeitlich fernere Ereignisse. Inzwischen haben aber einige clevere Handwerksbetriebe erkannt, dass es die Angst vor der Mühsal und dem Aufwand der Handwerker-Koordination ist, die einen Auftrag verhindert. Sie bieten deshalb einen Urlaubsrenovierungsservice an nach dem Motto: „Während Sie im Urlaub sind, renovieren wir Ihre Wohnung — Sie brauchen sich um nichts zu kümmern — wir machen alles". Diese Handwerksbetriebe führen aber nicht nur ihr eigenes Gewerk durch. Sie koordinieren auch andere Handwerker bzw. führen die anderen Gewerke selbst aus, die oft ebenfalls bei einer Renovierung notwendig sind. Der Erfolg dieses Angebots ist enorm. Im Konsum- und B2B-Alltag gibt es inzwischen viele Möglichkeiten der Entlastung. Das beginnt beim „Gassigehen-Service" für Hunde und endet beim „Alles aus einer Hand"-Prinzip wie beispielsweise dem C-Teile-Management im professionellen Beschaffungswesen. Ziel ist immer Entlastung und die Ermöglichung des unbeschwerten Lebens.

Würth – Entlastung heißt das Erfolgsgeheimnis

Durch konsequente Beachtung dieses Prinzips kann man viel Geld verdienen, wie das Beispiel der Künzelsauer Würth-Gruppe eindrucksvoll zeigt. Ein wesentlicher Baustein für den Geschäftserfolg ist nämlich die Entlastung der vielen tausend Handwerksbetriebe. Ein Schreiner oder Tischler findet seine Befriedigung in seinem Handwerk. Ein Automonteur liebt es, Kraftfahrzeuge zu reparieren. Was beiden gemeinsam ist: Sie hassen Verwaltungstätigkeiten = lästige Pflicht. Dazu gehört auch die Beschaffung der vielen unterschiedlichen Teile, die ein Handwerker zur Ausführung eines Auftrags braucht. Genau das war und ist die Idee von Reinhold Würth. Er installiert in den Handwerksbetrieben seine Depots, genannt Orsy (Ordnungssystem), in denen alle notwendigen Schrauben und Befestigungsteile leicht und übersichtlich greifbar sind. Der Handwerker nimmt heraus, was er braucht. Um das Nachfüllen und Bestellen braucht er sich nicht zu kümmern. Das alles läuft hoch automatisiert ab. Und inzwischen liefert Würth längst nicht mehr nur Schrauben. Der Handwerker bekommt alles, was er in seiner Werkstatt braucht. Alles aus einer Hand und diese Hand heißt in vielen Fällen: Würth.

Das genaue Gegenteil von Easy Service, nämlich „Frust Service", habe ich vor einiger Zeit bei meinem Telefonanbieter erlebt, bei dem ich Mobil- und Festnetzkunde zugleich bin. Das Problem: Mein Festnetzanschluss zu Hause funktionierte nicht. Da rief ich mobil bei der Auskunft des Anbieters an, mit der Bitte mich an die Störungsannahme weiterzuverbinden. Das ging nicht – ich musste eine neue Nummer wählen. Ich wählte die Nummer und es kam eine automatische Ansage. Für das Thema „X" sollte man die 1 drücken, für das Thema „Y" die 2 usw. Nach längerer Wartezeit sprach ich schließlich mit einem Mitarbeiter. Seine Aussage: Er könne mir nicht helfen, dafür sei die Festnetz-Tochterfirma zuständig. Auch dort wieder das gleiche Spiel mit den Nummern und nach 50 Minuten Wartezeit (!) nahm ein Mitarbeiter mein Problem auf. Gesamtdauer dieses Vorgangs: etwa 2 Stunden. Mein Gefühl: purer Frust. Meine Reaktion: Ich habe den Vertrag bei der Gesellschaft gekündigt. Die zentrale Frage des Easy Service lautet also nicht nur: Wie kann ich Unbeschwertheit erzeugen, sondern genausowichtig: Wie kann ich Frust, der durch einen „Buchbinder Wanninger-Prozess" entsteht, vermeiden.

Care Service: Ich kümmere mich um dich persönlich

Bleiben wir in der Praxis und gehen weiter zum Care Service. Sicher haben Sie ähnliche Erfahrungen mit dem Thema Service. „Mein Name ist Hans-Georg Häusel und ich würde gerne meinen XY-Tarif umstellen." Die Antwort: „Der Name nützt mir nichts, ich brauche Ihre Kundennummer." Wie gerade schon bei der Telefonstörung geschildert, hat man bei vielen Dienstleistern und Behörden nicht das Gefühl, ein Mensch zu sein, sondern ein Objekt. Möglicherweise ist es vielen Dienstleistern auch entgangen, dass unsere Sozialmodule „Bindung" und „Fürsorge" einen enormen Einfluss auf unsere Wünsche und auf unser Kaufverhalten haben. Und diese Sozialmodule fordern: „Menschliche Nähe" und das Gefühl, dass sich jemand wirklich um unser Anliegen kümmert. Kaufen und Service haben sehr viel mit Vertrauen zu tun und neben der Sicherheit (nächster Abschnitt) entsteht Vertrauen durch das Gefühl einer menschlichen Bindung und eines menschlichen Interesses von Seiten des Anbieters. Natürlich ist mir klar, dass ein Mitarbeiter im Service nicht Tausende von Kunden nebst Lebensgeschichte im Kopf haben kann, aber dazu gibt es ja Computer. Das Wichtigste ist die Einstellung zum Kunden. Diese wird zwar zunehmend trainiert. Aber in vielen Hotels merkt man längst, dass die Frage „Hatten Sie eine gute Anreise?" längst zur Floskel verkommen ist, und es dem Rezeptionspersonal völlig gleichgültig ist, wie man angekommen ist.

Was also ist Care Service? Das Prinzip ist relativ einfach: Der Kunde hat das Gefühl, dass er als Mensch wahrgenommen wird und dass man sich um ihn und sein Anliegen kümmert. In Servicebereichen mit hohem persönlichem Kontakt wie zum Beispiel bei Ärzten, Friseuren oder Handwerkern ist der Wunsch noch relativ einfach zu erfüllen. Viel schwieriger wird es bei Unternehmen mit Tausenden oder gar Millionen von Kunden. Hier ist die Gefahr groß, dass man zur Nummer verkommt. Aber es gibt auch hier viele gute Vorbilder. Zum Beispiel den Energiediscounter Yello Strom. Ein zentrales Anliegen der Marken- und Geschäftspolitik ist es, den Kunden nicht als Nummer, sondern als wichtigen Menschen zu behandeln. Von besonderer Bedeutung im Kundenkontakt ist das telefonische Call-Center. Hier werden Fragen beantwortet und Anmeldungen oder Kündigungen aufgenommen. Während in klassischen Call-Centern die Mitarbeiter nur darauf trainiert werden, möglichst effizient Fragen zu beantworten und weiterzuleiten, werden die Yello-Mitarbeiter zusätzlich ermutigt, dem Gespräch auch eine persönliche Note zu geben: „Ach, ich höre bei Ihnen im Hintergrund gerade einen Hund bellen — Wie heißt er denn und was für eine Rasse ist es?" Und schon entsteht ein kurzes persönliches Gespräch. Zudem gehört es zur Servicephilosophie sich wirklich aktiv um die Kundenfragen zu kümmern und zeitnah Rückmeldung zu geben. Yello Strom hinterlässt beim Kunden das Gefühl „Die sind nett, das sind Menschen und die nehmen mich auch als Mensch wahr".

Trust Service: Mir kannst du voll und ganz vertrauen

Das Balance-System ist, wie wir wissen, das einflussreichste Emotionssystem in unserem Gehirn und das erklärt auch, warum die Schaffung von Sicherheit und

Vertrauen von zentraler Bedeutung im Serviceprozess sind. Auch die negative Seite dürfen wir nicht vergessen: Die Vermeidung von Unsicherheit und Stress. Vor allem, wenn wir von langfristiger Kundenbindung sprechen, ist das Balance-System von entscheidender Bedeutung. Der auf das Balance-System zielende Trust Service hat drei unterschiedliche Aspekte, die wir uns nun genauer anschauen.

Vertrauen braucht mehr als Verlässlichkeit

Man kauft gerne bei Unternehmen, denen man vertrauen kann und auf die man sich verlassen kann. Zwischen Vertrauen und Verlässlichkeit gibt es einen Unterschied. Verlässlichkeit bedeutet, dass eingehalten wird, was versprochen wird. Ein Anbieter beispielsweise verspricht eine Lieferung bis zum Termin X und hält sie auch ein. Vertrauen geht aber weiter: Anbieter A hält zwar den Liefertermin ein. Aber ich weiß nicht, ob seine Kalkulation fair ist. Anbieter B hält den Liefertermin ebenfalls ein. Bei ihm weiß ich aber aus der Erfahrung vieler früherer Preisvergleiche, dass sein Preis immer fair und angemessen war und ich nie über den Tisch gezogen wurde. Zum Anbieter B habe ich Vertrauen, zum Anbieter A dagegen nicht. Beginnen wir mit dem Aspekt der Sicherheit und Verlässlichkeit. Hier gibt es viele Punkte, einige wichtige seien erwähnt:

- ▶ Termine werden eingehalten
- ▶ Die Ware kommt in der bestellten Menge und in der bestellten Qualität
- ▶ Reparaturen werden fachkundig und ohne Reklamation ausgeführt
- ▶ Die Rechnungen sind verständlich und immer korrekt usw.

Alles, was Sicherheit bietet und Unsicherheit vermeidet, zahlt also auf das Konto Trust Service ein. Ein besonders schönes Beispiel für Trust Service im weiteren Sinne ist das Toiletten-System Sanifair, das mittlerweile bundesweit an mehr als 360 Autobahnraststätten zu finden ist. Dank Sanifair gehören die schmuddeligen Toiletten an den Raststätten der Vergangenheit an. Der Kunde zahlt zwar eine Aufwandsentschädigung für Service, Pflege und Wartung, aber er kann im Gegenzug darauf vertrauen, eine gepflegte Toilette benutzen zu können.

Vertrauen

Nun zum Vertrauen: Vertrauen ist, wie wir gesehen haben, weit mehr als Verlässlichkeit. Was bedeutet nun Vertrauen aus Sicht der Service-Perspektive? Zunächst einmal müssen alle Verlässlichkeitsmerkmale eingehalten werden, Vertrauen basiert auf Verlässlichkeit — aber Vertrauen braucht noch mehr:

- Transparente und nachvollziehbare Rechnungen
- Transparente Serviceprozesse
- Transparente Konditions- und Preissysteme
- Kulantes Verhalten bei Reklamationen
- Ehrliche Kommunikation in problematischen Situationen
- Langfristig konstantes und berechenbares Verhalten des ganzen Unternehmens
- Kein egoistisches Verhalten

Kontroll-Ermöglichung

Bleiben wir noch etwas im großen Emotionsfeld Trust Service und beschäftigen uns mit einem weiteren emotionalen Service-Aspekt: der „Kontroll-Ermöglichung". Das Kundenhirn liebt es nämlich, die Kontrolle über einen Service- oder Dienstleistungsprozess zu haben. Einige Beispiele sollen das illustrieren: Sie bestellen per Internet oder per Postkarte einen wichtigen oder heiß begehrten Artikel. Sie geben Ihre Bestellung auf und hören dann tagelang nichts von Ihrem Anbieter. Er hüllt sich beharrlich in Schweigen. Nach ein paar Tagen rufen Sie ärgerlich an und erkundigen sich nach dem Verbleib Ihrer Bestellung. Wieder keine befriedigende Antwort. Sie sind verärgert. Warum? Weil sich der ganze Prozess Ihrer Kontrolle entzogen hat, weil Sie sozusagen dem Schicksal ausgeliefert waren. Heute haben viele Anbieter vom Internethändler Amazon gelernt. Wenn man dort bestellt, erhält man eine Bestellbestätigung mit dem voraussichtlichen Versandtermin, und wenn der Artikel dem Paketdienst übergeben wird, erhält man die Nachricht: „Ihr Artikel wurde soeben versandt". Den Ärger, der bei Kontrollverlust ausgelöst wird, kann man aber auch alltäglich in anderen Serviceprozessen häufiger erleben. Die U-Bahn bleibt mitten in einem Tunnel stehen und der Lokführer hüllt sich beharrlich in Schweigen. Das Problem für Sie: Ihr Unbewusstes will wissen, was los ist, es möchte durch Information wieder Kontrolle über die Welt bekommen. Erfolgt dies nicht, wird Unsicherheit, Stress und Ärger zugleich ausgelöst. Da ich viel mit dem Flugzeug unterwegs bin, passiert es mir häufiger, dass der Pilot eine Startzeit ankündigt, das Flugzeug aber irgendwo auf dem Weg zur Startbahn stehen und der Bordlautsprecher stumm bleibt. Auch hier wird Ärger ausgelöst, der sich mit einer kurzen Ansage vermeiden ließe, wie zum Beispiel „Es dauert noch ca. 10 Minuten bis zum Start, weil noch 5 Maschinen vor uns warten." Ein gutes Beispiel für Kontroll-Ermöglichung im Service liefert die renommierte Personalberatung Heads. Wenn das Unternehmen mit der Suche eines Top-Managers beauftragt wird, erhält der Auftraggeber alle zwei Wochen einen Statusbericht über die gelaufenen Aktivitäten und möglichen Fortschritte in dem oft monatelangen Suchprozess. Wichtig dabei ist, dass auch über Misserfolge, beispielsweise Kandidaten, die abgesagt haben oder sich als doch nicht so geeignet herausstellen, berichtet wird. Auf diese Weise ist der Auftraggeber immer im Bilde und höchst zufrieden, weil er die Kontrolle über den für ihn so wichtigen Besetzungsprozess hat.

Wandern wir auf unserer Limbic® Map weiter in Richtung Dominanz und Effizienz. Damit sind wir beim Power Service angelangt.

Power Service: Ich mache dich schneller und effizienter

Das Wichtigste, was uns oft fehlt, ist Zeit. Alles, was wir uns einbilden, soll möglichst sofort geschehen. Wir wollen unsere Ziele schnell, ohne Umweg und ohne Wartezeiten erreichen. Der große Treiber im Gehirn: Das Dominanz-System. Wir werden ärgerlich, wenn wir warten müssen und freuen uns, wenn es schnell geht. Wir haben ein Ziel und dieses möchten wir, mit Hilfe von Services, in kürzester Zeit erreichen. Wir haben ein lästiges Problem und dieses möchten wir auf schnellstem Wege loswerden, um uns unseren eigenen Zielen zu widmen. Immer wenn es um Schnelligkeit und Effizienzsteigerung im Service geht, sind wir im Bereich des Power Service. Beispiele dafür sind:

- Rund-um-die-Uhr-Erreichbarkeit und Hotline
- 24-Stunden-Lieferzeit ab Bestellung
- Schnelle Bereitstellung eines Ersatzproduktes
- Schnell-Reparatur
- Umfangreiche Onlinedatenbank und Onlinebestellung

Zum Power Service gehören aber auch Anwenderschulungen, die den Kunden befähigen, ein Produkt noch besser und effizienter einzusetzen.

Ein schönes Beispiel für Power Service erlebte ich vor einigen Wochen mit meinem Dell-Laptop, der plötzlich Probleme machte und laufend abstürzte. Ein kurzer Anruf beim Dell-Service und nach 3 Stunden war ein Servicetechniker da, der meinen Computer reparierte. Ich war sehr zufrieden. Gleichzeitig wurde mir auch klar, welchen Vorteil ein nicht ganz billiger Servicevertrag hat. Bleiben wir noch etwas beim Dominanz-System und seinen Service-Erwartungen.

VIP Service: Du bist für mich der größte und wichtigste Kunde

Das Dominanz-System gibt uns nicht nur vor, dass wir uns durchsetzen müssen, es ist auch der Treiber für unseren Wunsch nach (sichtbarem) Status. Diese Statusbezeugung ist uns natürlich auch im Service wichtig. Banken segmentieren ihre Kunden nach (Finanz-)Status und behandeln sie unterschiedlich. Und je mehr Sterne ein Hotel hat, desto höher ist dessen Anziehungskraft für Menschen, denen Status wichtig ist. Und weil der Wunsch nach Status sehr hoch mit Ehrgeiz und damit mit dem Einkommen zusammenhängt, können sich diese Menschen auch den Sterne-Status leisten. Ein besonders schönes Beispiel für VIP Services bietet die Lufthansa. Wer öfter fliegt, wird Frequent Traveller und darf die Business Lounge besuchen. Er hat auch sonst noch einige Privilegien. Die nächste Stufe mit deutlich mehr Goodies ist dann der Senator Status. Auch hier gibt es eine eigene, noch komfortablere Lounge. An der Spitze der Lufthansa-VIP-Services steht dann der „HON Circle". HON-Karteninhaber werden bei Außenpositionen mit der Limousine ans Flugzeug gebracht oder abgeholt, sie können sich die Wartezeit in der First-Class-Lounge bei bestem Essen und Trinken verkürzen. Und selbstverständlich gibt es absolute Wartelisten-Priorität. Eine eigene Zeitschrift und ein eigenes telefonisches Servicecenter runden das Ganze ab. Kurz: Ein Volltreffer ins Dominanz- und Status-System eines Managers. Und weil unser Gehirn auf Verlust von Annehmlichkeiten doppelt so stark reagiert als auf den Gewinn, tun Lufthansa-VIP-Kunden alles dafür (nämlich oft mit der Lufthansa und möglichst Business Class fliegen), um ihren Status zu erhalten oder wenn möglich sogar zu verbessern. Nachdem wir uns einen Überblick über die großen emotionalen Service-Welten geschaffen haben, schauen wir uns nun zwei Praxisbeispiele für die Umsetzung genauer an.

Wie ein Autoservice emotional geboostet wurde

Lassen Sie mich kurz den Hintergrund dieses Projekts schildern. Ein großer Autoimporteur, der auch für die Services der importierten Automarken mit zuständig war, hatte ein großes Problem. Die Kunden mieden zusehends die Werkstätten der angeschlossenen Autohäuser. Kenner der Branche wissen, dass in einem Autohaus die Erträge aus dem Service weit höher sind, als die aus dem Neu- oder Gebrauchtwagenverkauf. Aus diesem Grund war das Problem für viele Autohäuser existenziell. Zu Beginn des Projekts wurde in verschiedenen Werkstätten geprüft, ob die vom Kunden angeführten Mängel technisch mängelfrei behoben wurden (Trust Service). Der Test brachte relativ gute Ergebnisse. Die Mängelbehebung lag über dem Branchendurchschnitt. Daran konnte es also nicht liegen. Nun wurde eine Kundenbefragung durchgeführt. Hier zeigte sich ein wesentlicher Schwachpunkt: Das Preis-Leistungsverhältnis insgesamt wurde als viel zu teuer eingestuft. Der Leiter der Trainingsakademie des Autoimporteurs hatte mein Buch „Brain View — Warum Kunden kaufen" gelesen und fragte mich, ob ich nicht Input aus der Sicht des emotionalen Gehirns für das Projekt „Serviceoptimierung" liefern könne. Das ganze Projekt zu beschreiben, würde dieses Buch füllen. Deshalb hier nur ein kleiner Ausschnitt, um zu zeigen, wie Emotional Boosting im Service eingesetzt werden kann. Wir werden in diesem Beispiel den für den Kunden unsichtbaren technischen Reparaturservice in der Werkstatt nicht beleuchten (der war ja in Ordnung). Uns interessierte nur die für den Kunden sichtbare und erlebbare Seite des Services.

Da der gesamte Serviceprozess sehr komplex ist, wurde er entsprechend des Zeitverlaufs in fünf Unterbereiche gegliedert:

▶ Auftragsvereinbarung

▶ Fahrzeugabgabe

▶ Telefonische Auftragserweiterung während der Reparatur

▶ Fahrzeugabholung

▶ Nachbetreuung

Emotional Boosting bei der Fahrzeugabholung

Wir nehmen einen dieser Unterbereiche heraus, nämlich die Fahrzeugabholung, um daran aufzeigen, wie konsequentes Emotional Boosting umgesetzt werden kann. Zunächst einmal wählten wir vier Autohäuser zufällig aus, um dort den gesamten Serviceprozess testweise zu beobachten. Wir beobachteten, hörten zu, fotografierten und wir befragten die Kundinnen und Kunden (darüber später). Dann warfen wir einen detaillierten Blick in die Räume und die Schreibtische der Serviceannahme. Schon hier bot sich oft ein Bild der Nachlässigkeit. Die Annahmeräume inklusive dem Mobiliar waren in die Jahre gekommen. Nun wissen wir ja aus Kapitel 4 „Presentational Boosting", dass unser Gehirn immer vom einen auf das andere schließt (Referenzierung), auch wenn beides nichts miteinander zu tun hat. Visuelle Nachlässigkeit ist gleichbedeutend mit Unordnung und Chaos. Im Übungsraum einer Rockband wäre das nicht weiter schlimm, weil diese Form der Kunst mit Abenteuer und Störung assoziiert wird. Ganz anders wirken diese Signale bei einer Autowerkstatt. Wo liegt das emotionale Kernfeld jeder Art von Reparatur? Es liegt im emotionalen Bereich „Disziplin & Kontrolle". Aus diesem Grund muss die Reparaturannahme schon visuell perfekte Kontrolle und Hightech ausdrücken. Räume und Möbel, die in die Jahre gekommen sind, chaotische Schreibtische und fleckige Arbeitskleidung lösen Zweifel im Kundengehirn aus, ob das geliebte Auto von so einem Chaosladen perfekt repariert werden wird. Schon damit wird die erwartete Preisleistung des Services unbewusst erheblich abgewertet. Ein weiteres Problem war die Raumarchitektur bzw. Raumfunktion vieler Annahmestellen: Ein hoher unüberwindbarer Tresen teilte den Raum. Die Techniker standen dahinter, der Kunde als Bittsteller davor. Aus diesem Grund wurde ein völlig neues Annahmeraum-Konzept entwickelt, das sowohl von der Ästhetik als auch von der Funktionalität „Care" und „Trust" signalisierten.

Nach dem Raumkonzept war der Serviceprozess mit seinen Kundenkontaktpunkten an der Reihe. Schauen wir uns zunächst einmal den alten Serviceprozess aus Sicht des Kunden an. Danach zeige ich Ihnen einige zentrale Punkte auf, die verändert wurden.

Der alte Abholungsprozess: Grüße aus dem emotionalen Kohlenkeller

Beginnen wir mit der Anfahrt zum Autohaus im Mietwagen. Viele Kunden hatten sich einen Ersatzwagen geben lassen. Schon hier gab es die ersten Stressfaktoren. Nirgendwo war ein Parkplatz zu finden, um das Auto abzustellen. Im hintersten Winkel des Betriebsgeländes fand sich manchmal eine enge Lücke, in die der Kunde mühsam einparken musste. Wenn es regnete, war der anschließende Gang über den Betriebshof eine ziemlich nasse Angelegenheit. Nun betraten wir mit dem Kunden den Service-Raum, der Kunde ging auf den zentralen Kontaktpunkt zu, wo bereits einige Kunden warteten (Wartestress). Nach ca. 10 Minuten war der Kunde an der Reihe. Er nannte seinen Namen und ein Mitarbeiter suchte umständlich die Rechnung und die Fahrzeugpapiere heraus. Der Rechnungsbetrag wurde genannt, der Kunde bezahlte. Die Mitarbeiterin am Counter übergab wortlos die Rechnung und sagte: „Das Auto steht draußen im Hof — aber wo genau, weiß ich auch nicht". Der Kunde ging hinaus und nach einiger Zeit der Suche fand er seinen Wagen. Er stieg ein. Auf dem Nebensitz lagen die ausgetauschten Teile und das Serviceheft auf einem Papier. Der Fahrersitz war völlig verstellt. Endlich konnte die Fahrt nach Hause beginnen. Ein negativer Gesamteindruck blieb zurück, denn der gesamte Abholprozess war im Prinzip nur mit negativen Gefühlen verbunden. Kein Wunder, dass diese Autohäuser eher einen Platz im düsteren Keller als einen Logenplatz in der Königsetage des Kundengehirns bekamen. Für die Mitarbeiter der Autohäuser war das ganz normal: „So war's doch schon immer" — warum also etwas ändern? Da die Mitarbeiter eine technische Ausbildung hatten, waren sie völlig mit sich zufrieden, wenn der technische Reparaturprozess in Ordnung war. Dass Service aus Sicht des Kundengehirns ganz anders aussieht, kam ihnen nicht in den Sinn.

Nun entwickelten wir einen neuen Service-Gesamtprozess, den wir im Zuge einer Pilotphase zunächst in einem Autohaus umsetzten, um ihn dann später auf die ganze Organisation zu übertragen. Zunächst wurden die baulichen Veränderungen durchgeführt, danach der neue Prozess und das erwartete Verhalten vor Ort durch unternehmenseigene Trainer geschult, die wir vorher in Limbic® und Emotional Boosting ausgebildet hatten. Schauen wir uns beispielhaft den neuen Abholprozess einmal etwas genauer an:

Der neue Abholungsprozess: Viele Punkte punkten

Wieder kommt der Kunde mit seinem Mietwagen, aber anstatt der stressigen Parkplatzsuche findet er jetzt direkt vor der Serviceannahme bequem einen freien Parkplatz (Happy Service-Entlastung und Power Service: Zeitersparnis). Dazu wurde die Parkplatzzone deutlich gekennzeichnet: „Für Fahrzeugannahme und Abholung". Gleichzeitig wurde auf dem Gelände des Autohauses eine neue Parkplatz-Regelung installiert. Mitarbeiterfahrzeuge werden nun konsequent in den hinteren Ecken des Hofes geparkt. Nun betritt der Kunde die Serviceannahme und -abholstelle. Der Servicemeister kommt auf ihn zu und begrüßt ihn gleich mit Namen. Bei der telefonischen „Fertigmeldung" hat er nämlich bereits einen Abholtermin vereinbart. Auf seinem Bildschirm sieht er, welche Kunden kommen werden. Zudem hat er bei unbekannten Kunden ein paar persönliche Merkmale in der Datei vermerkt, die ihm das Wiedererkennen erleichtern (VIP Service: „Ich bin wichtig" und Care Service: „Ich werde persönlich betreut").

Durch eine Veränderung in der Mitarbeiter-Einsatzplanung, war es dem Autohaus auch möglich, ausreichend Kapazität für die abendlichen Stoßzeiten bei der Abholung vorzuhalten. Kam es trotzdem zu kleinen Wartezeiten, wurde der Kunde immer sofort angesprochen „Herr Müller, es dauert noch 5 Minuten bis ich bei Ihnen bin (Kontroll-Ermöglichung), nehmen Sie doch kurz Platz und bedienen Sie sich mit

Kaffee und Wasser" (Care Service). Dafür wurde eine kleine Wartezone mit Gratis-Kaffee und einem Wasserautomat nebst aktuellen Zeitschriften eingerichtet.

Doch zurück zu unserem Kunden. Der Servicemeister bittet ihn nun, kurz Platz zu nehmen, und geht mit ihm die einzelnen Rechnungsposten durch. Er erklärt, warum diese und jene Arbeit gemacht wurde. Der Kunde erhält so die Sicherheit, nicht über den Tisch gezogen worden zu sein und gleichzeitig das Gefühl jetzt ein sicheres und funktionierendes Auto zu haben (Trust Service). Aber der Servicemeister erzählt noch mehr. An manchen Stellen weist er auf einen Rechnungsposten hin, auf dem das Wort „Gratis" steht. Zum Beispiel das nachgefüllte Wischwasser. Für das Kundengehirn ist das eine unerwartete Belohnung (Happy Service). Danach kommt die Position „Neues Motorenöl"; auch hier nutzt der Meister die Chance zum Emotional Boosting. Er erklärt die hohe Qualität des Öls und schildert bildhaft, wie sich der Motor jetzt freut, seine volle Leistung zu entfalten (Power Service bei Männern). Sitzt ihm eine Frau gegenüber, hebt er andere Aspekte heraus. Beispielsweise, dass die sicherheitsrelevanten Arbeiten mit höchster Sorgfalt vom Meister XY, einem der qualifiziertesten Mitarbeiter, persönlich durchgeführt wurden (Trust Service). Da alles perfekt vorbereitet war, ist das Bezahlen der Rechnung schnell abgeschlossen. Der Servicemeister geht nun mit dem Kunden hinaus und bringt ihn zum Auto, welches schon auf dem Service-Parkplatz bereitgestellt ist (Easy Service). Der Kunde sieht sein Fahrzeug. Es ist frisch gewaschen und das kostenlos (Happy Service). Der Servicemeister zeigt auf die versiegelte Windschutzscheibe und lässt den Kunden mit der Hand darüberstreichen, um den Glätte-Test selbst zu machen (multisensorisches Erlebnis). Der Kunde öffnet die Fahrzeugtür. Durch eine kleine kostenlose Behandlung mit einem Geruchsspray riecht alles wie neu (Happy Service). Auf dem Beifahrersitz liegt ein kleines Schokoladenhäschen mit einem „Gute-Fahrt"- und „Vielen Dank-Gruß" um den Hals (Happy Service). Unterschrieben vom Servicemeister, verbunden mit der Telefonnummer und dem Hinweis, jederzeit für den Kunden da zu sein (Care Service). Und selbstverständlich ist der Sitz ungefähr in der gleichen Position wie bei der Abgabe. Auf dem Laufzettel für den Mechaniker wurde eine Rubrik eingeführt, in die einfach und schnell die ursprüngliche Sitzposition eingetragen wurde. Für den Kunden war der ganze Abholprozess durch den Abbau der Wartezeiten wesentlich kürzer als vorher. Und er verlässt das Autohaus mit dem Gefühl, wieder ein neuwertiges und wertvolles Fahrzeug zu besitzen.

Das Belohnungszentrum jubelt und die Werkstatt bleibt in bester Erinnerung. Der so im Kundengehirn erzeugte emotionale Mehrwert ist enorm. Die Mehrkosten für das Autohaus sind dagegen gering (Häschen, Wischwasser, Waschanlage und Duftspray). Unterm Strich ist der Ertrag zudem wesentlich höher, weil schon bei der Fahrzeugannahme durch Emotional Boosting des Beratungsgesprächs, Zusatzarbeiten und hochwertige Zusatzteile verkauft werden konnten. Nach der Pilotphase wurde das Programm in die ganze Organisation übertragen. Schon nach einem Jahr zeigte sich ein doppelter Effekt: Der Werkstattumsatz der Gruppe legte schon im ersten Jahr um 15 % zu. Gleichzeitig bescheinigten die Kunden der Händler-Gruppe ein gutes Preis-Leistungsverhältnis beim Service und eine weit höhere technische Servicequalität als zuvor, obwohl sich hier nichts geändert hatte (warum das so ist, erfahren wir im letzten Kapitel).

Wechseln wir nun die Branche und werfen einen Blick in die Gastronomie. Diesmal ist es kein Beratungsprojekt der Gruppe Nymphenburg, sondern ein beispielhafter Unternehmer, der sein Hotel und seine Serviceprozesse ganz konsequent emotionalisiert. Ich hatte ihn vor einiger Zeit auf einer Vortragsveranstaltung kennengelernt und war begeistert.

Emotional Boosting in der Hotellerie und Gastronomie

Als der diplomierte Betriebswirt und gelernte Koch Bernd Reutemann vor einigen Jahren das Hotel Bischofschloss in Markdorf in der Nähe des Bodensees übernahm, war dieses finanziell und baulich heruntergewirtschaftet. Die Kunden blieben aus. Das Geld für Investitionen fehlte, eine Teufelsspirale, die steil nach unten führte. Heute ist das Hotel ein Juwel mit Auslastungsraten, die am oberen Ende im Hotel-Ranking liegen. Der Grund für diesen Erfolg: Ein genialer Hotelier, der ein konsequentes emotionales Service Boosting betreibt. So konsequent, dass er den Preis für den besten Dienstleister des Jahres 2008 des Landes Baden-Württemberg erhielt und sein Hotel als erstes in Deutschland mit der höchsten Service-Qualitätsstufe QIII zertifiziert wurde.

Am Anfang steht die Philosophie

Im letzten Kapitel werden wir sehen, warum ein strategisches und nachhaltiges Emotional Boosting immer auf einer zentralen und differenzierenden Markenphilosophie basiert. Das ist auch in der Hotellerie nicht anders. Von der Positionierung des Hotels hängt es entscheidend ab, welche emotionalen Service-Welten besonders verstärkt und inszeniert werden. Spezialisiert sich ein Hotel auf Familienurlaube, braucht es ein anderes Servicekonzept als ein Luxus-Schlosshotel mit angeschlossenem Golfplatz. Bernd Reutemann wollte ein anderes Hotel als üblich machen. Er wollte ein Hotel, das die Phantasie des Gastes weckt, ihn inspiriert und ihm neue Erfahrungen ermöglicht. Und alles mit Genuss und Freude. Hoher Wert

7 Wie man Kunden bindet und begeistert

wird dabei auf Authentizität und ökologische Nachhaltigkeit gelegt. Aus diesem Grund nannte er sein Hotel: Mindness®-Hotel Bischofschloss.

Abbildung 85: Das Mindness®-Hotel Bischofschloss

Diesen Geist der Inspiration erlebt der Gast in der ganzen Einrichtung, im Kontakt mit den Mitarbeitern, in den Seminarräumen bis hin zur Speisekarte und der Inszenierung der Gerichte. Auf vielen Flächen stehen in einem besonderen Design emotionale Worte, die für eine positive Stimmung sorgen. Machen wir zusammen einen kleinen Rundgang durch das Hotel, um einige spannende Emotional Boosters zu entdecken.

Die ersten Meter im Parkhaus

Wer das Mindness®-Hotel durch das Parkhaus betritt, erlebt alles andere als Inspiration. Der Grund: Das Parkhaus gehört der Stadt und große Teile werden auch öffentlich genutzt. Bis der Gast am Hotelaufzug angekommen ist, hat er einen längeren Weg der Beton-Tristesse hinter sich. Dieses für ihn baulich unlösbare Problem war Bernd Reutemann bewusst und er dachte lange über eine Lösung nach. Seine Frage war: „Ich kann das Parkhaus nicht verändern — aber was kann ich tun, damit meine Kunden trotzdem entspannt und vergnügt an der Rezeption ankommen?" Seine Idee: Die Kunden schon im Aufzug zu überraschen. Doch wie? Durch Storytelling in höchster Vollendung: Er gestaltete die Aufzugskabine in eine echte

Service Boosting

Duschkabine um. Die Aufzugstür öffnet sich und der Kunde tritt in eine Duschkabine mit vielen kleinen echten Utensilien ein (siehe Abbildung 86), fährt ein Stockwerk hoch und kommt lächelnd an der Rezeption an. Auch die anderen Aufzüge in den verschiedenen Gebäuden erzählen immer eine eigene Geschichte.

Abbildung 86: Wer im Mindness®-Hotel in den Aufzug steigt, erfährt Verblüffung pur: Der Aufzug ist ein Kunstwerk. Er wurde originalgetreu einer bürgerlichen Dusche nachgebaut

Die Rezeption: Wir sprechen kein „hotellisch"

Authentizität ist ein zentraler Wert in der Hotelphilosophie, deswegen vermeidet man im Mindness®-Hotel auch alle Floskeln und üblichen vorgestanzten Anreden. Die Mitarbeiter (besonders ausgesucht und ausgebildet) werden ermutigt, herzlich und autentisch zu sein, und das ist wichtig: „auf Augenhöhe" auf die Gäste zuzugehen und sie willkommen zu heißen. Das Gefühl der Anonymität wird sofort abgebaut (Care Service).

Die hilfreichen und inspirierenden Schlossgeister

Diese besondere Form des Care Service findet sich in der Bezeichnung und im Selbstverständnis der Mitarbeiter: Sie nennen sich selbst „Schlossgeister". Im Eingangsbereich hängen, als Mobile gestaltet, die Bilder aller Schlossgeister. Auf der Rückseite des jeweiligen Bildes steht die Funktion und es wird eine kleine persön-

Wie man Kunden bindet und begeistert

liche Geschichte zum Schlossgeist erzählt. Das schafft eine besondere Nähe und Vertrautheit (Care Service). Diese Schlossgeister tun alles dafür, dem Gast auch zu helfen und dem Namen Ehre zu machen. Ein kleines Beispiel: Ein älteres Ehepaar, begeisterte Radfahrer, stieg im Hotel ab, um eine Radtour am nahegelegenen Bodensee zu machen. Beim Abladen der Räder stellten sie fest, dass ein Rad einen platten Reifen hatte. Sie gingen zur Rezeption, um zu fragen, ob ein Fahrradgeschäft in der Nähe sei, um das Rad reparieren zu lassen. In normalen Hotels erhält man die Auskunft, wo das Problem gelöst werden kann — nicht so bei den Schlossgeistern. Bernd Reutemann: „Was wir für den Gast tun können, das tun wir auch". Wenige Minuten später kam nämlich ein technisch versierter Schlossgeist und reparierte das Fahrrad der dankbaren Gäste. Auch das ist Care Service in Perfektion.

Ein besonderer Zimmerservice

Den Kunden mit kleinen persönlichen Dingen zu überraschen und mitunter auch zum Lachen zu bringen, gehört ebenfalls zur Philosophie des Hotels. Meldet sich eine Familie mit kleinen Kindern an, finden die Kleinen bei der Ankunft ein kleines Spiel auf dem Kopfkissen ihres Bettes (Happy Service). Und auch die Erwachsenen können sich jeden Abend auf eine kleine Überraschung auf dem Kopfkissen freuen, wo täglich eine immer neue nette Gutenachtgeschichte für Erwachsene auf ihrem Kopfkissen wartet (Happy Service).

Abbildung 87: Jede Nacht liegt eine neue Gutenachtgeschichte auf dem Kopfkissen

Service Boosting

Die Weichheit und Dicke des Kopfkissens ist von großer Bedeutung für einen erholsamen Schlaf — jeder Gast hat hier seine eigenen Vorlieben. Auch dafür gibt es eine Lösung. Im Bereich der Rezeption steht ein großer Schrank mit unterschiedlichsten Kopfkissen. Hier können sich Gäste mit Spezialwünschen ein entsprechendes Kopfkissen wählen, das dann ins Zimmer gebracht und überzogen wird. Die Schlossgeister sind auch kreativ. Durch den hohen Anteil an Business-Seminaren wohnen im Mindness®-Hotel auch viele Frauen, fernab von ihrer Familie. Damit sie sich zumindest im Bett geborgen fühlen, ließ man spezielle „Frauen-Single-Kissen" in Form eines starken Männerarms nähen. Der große Hit — auch im Verkauf —, weil diese Kissen zudem gekauft werden können (Happy & Care Service) (siehe Abbildung 88).

Abbildung 88: Beschützt und geborgen einschlafen mit dem Single-Kissen

Sich wirklich Gedanken über die Wünsche der Gäste zu machen, beseelt die ganze Mannschaft, die sich einmal in der Woche trifft, um Tagesfragen zu besprechen, aber auch um den Service noch weiter zu verbessern. Einer Mitarbeiterin fiel auf, dass im Hotel öfters bulgarische Manager nächtigten. Die große Maschinenfabrik brachte ab und zu die Top-Manager aus der bulgarischen Niederlassung für mehrere Wochen im Hotel unter. Das Team überlegte, wie man diesen Managern fernab der Heimat den Aufenthalt in einer völlig fremden Umgebung angenehmer machen könnte. Die Idee: Wir könnten doch dafür sorgen, dass man zumindest in speziellen Zimmern das bulgarische Fernsehprogramm empfangen kann. Gesagt, getan.

Heute wird von der Maschinenfabrik zuerst das Mindness®-Hotel angefragt, wenn bulgarische Manager unterzubringen sind.

Auch in Trust & Power Service Spitze

Die Beispiele bis hierher machen den Eindruck, dass sich das Konzept des Mindness®-Hotels weitgehend auf Happy und Care Service stützt und die anderen Service-Welten vernachlässigt werden — doch dieser Anschein trügt. Das Mindness®-Hotel hat auch die Serviceprozesse Trust und Power Service bestens im Griff. Ein kleines Beispiel soll dies verdeutlichen. Wer in einem normalen Hotel absteigt, erlebt oft eine oberflächliche Sauberkeit. Doch die ungeschönte Wahrheit zeigt sich beim Blick unter das Bett. Nicht selten liegen hier nämlich Massen von Staub und Flusen, weil dem Servicepersonal das Bücken viel zu anstrengend ist. Bernd Reutemann ist auch hier Perfektionist und kommuniziert das seinen Gästen auch mit Augenzwinkern. Wer im Mindness®-Hotel unter das Bett schaut, um die wahre Sauberkeit zu prüfen, findet neben absoluter Sauberkeit (Trust Service) auch hier einen netten Hinweis: „Wir schauen auch noch unter das Bett — Ihre Schlossgeister".

Abbildung 89: Die Schlossgeister sorgen für Sauberkeit auch unterm Bett

Diese absolute Sauberkeit erlebt der Gast übrigens in jedem Winkel des Hotels. Wie schaffen das Reutemann und sein Team? Durch Service-Skripts (da kommen wir gleich dazu) und einen häufigen Post-it-Day, den wir schon im 4. Kapitel kennengelernt haben. Regelmäßig gehen nämlich Reutemann und sein Führungsteam — bewaffnet mit den kleinen gelben Zetteln — durch das Hotel, das Restaurant, die Küche und die Lagerräume, um mit den Post-its auf fehlende Sauberkeit hinzuweisen. Jeder Abteilungsleiter geht danach mit seinen Mitarbeitern durch seinen speziellen Bereich und schafft Abhilfe.

Das Restaurant — es schmeckt super und es geht schnell

Im Restaurant „Mundart" findet der Gast auch ein inspirierendes Speiseangebot. Spezialitäten aus der Region werden kreativ und höchst bekömmlich veredelt. Zum Grundsatz des Restaurants gehört außerdem, nur saisonale Zutaten zu verwenden. Auch das wird kommuniziert: Am Restauranteingang findet sich eine Postkarte, auf deren Vorderseite steht: „Wenn Sie im Winter Tomaten auf dem Teller haben, sind Sie nicht bei uns — denn wir kochen ehrlich regional." Auf der Rückseite findet der Gast einen Saisonkalender, auf dem er sieht, welches Obst und Gemüse zu welcher Zeit Saison hat. Soviel zu den Zungen- und Gaumen-Erlebnissen. Es gibt im Restaurant (und im ganzen Hotel) aber auch noch Erlebnisse anderer Art — nämlich der Perfektion und Schnelligkeit. Wer im Restaurant Platz nimmt, muss nämlich nicht lange Hilfe suchend nach einer Bedienung Ausschau halten. Schon nach kurzer Zeit, kommt eine Servicekraft mit einem kleinen Brotkorb und einigen appetitanregenden Zutaten an den Tisch. Gleichzeitig bringt sie die Karte und fragt nach dem Getränkewunsch. Schon nach kürzester Zeit werden die ersten Getränke serviert und dann wird in netten Worten erzählt, was es heute Besonderes auf der Karte gibt. Der Gast hat keine Sekunde das Gefühl zu warten (Power Service) — und diese Perfektion bleibt bis zur Verabschiedung bestehen. Besonders auffällig ist, dass trotz unterschiedlicher Servicemitarbeiter jeder genau weiß, was der Gast bereits gefragt wurde, ob die Bestellungen aufgenommen waren oder bereits nach der Zufriedenheit gefragt wurde. Wie schafft man das in Markdorf?

Service-Skripts: Auch im Trust und Power Service Spitze

Durch genaue Service-Skripts. Für alle Grundabläufe und Prozesse im Hotel gibt es nämlich genaue Service-Skripts, wie dieser Prozess zu erfolgen hat, gleich ob Küche, Zimmerservice oder Vorbereitung eines Seminarraums. Diese Service-Skripts hängen an prominenten Stellen „hinter den Kulissen", so dass die Mitarbeiter bei ihrer Arbeit immer wieder daran erinnert werden. Ein Beispiel zeigt eines von 20 Service-Skripts für das Restaurant, die alle in der Küche am Ausgang zum Restaurant hängen.

7 Wie man Kunden bindet und begeistert

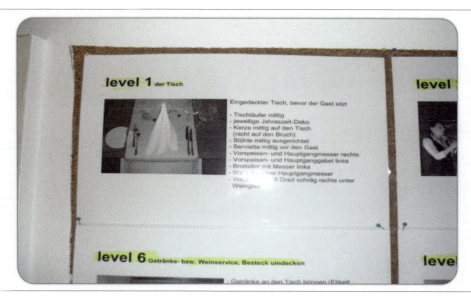

Abbildung 90: Die hohe Schule der Perfektion: Service-Skripts

Selbstverständlich werden die Mitarbeiter darin auch geschult und die Abläufe werden konsequent überprüft. Für Reutemann ist es die Summe der perfekten Details, die das Gesamtbild ergeben, und so arbeitet man auch konsequent an jedem Detail. Ein Beispiel: die Tagungsvorbereitung von Seminarräumen. Wer häufiger als Moderator oder Trainer eine Tagung durchführt, muss die Ergebnisse auf Flipcharts oder großen Metaplan-Tafeln notieren. Hier gibt es in der Regel (aus meiner Erfahrung in über 70 % der Hotels) immer ein zeitraubendes Ärgernis: Die am Flipchart liegenden Stifte schreiben nicht mehr oder sind gerade dabei, ihren Geist vollständig aufzugeben. Mühsam müssen neue Stifte besorgt werden und das ganze Seminar hat schon von Anfang an einen „Knacks". Um auch im Tagungsbereich perfekt zu sein, hat Bernd Reutemann eine Gruppe von Trainern eingeladen und ist mit ihnen von der Ankunft bis zur Abreise den ganzen Tagungsprozess durchgegangen, um Emotional Boosters aufzuspüren. Klar, dass die Trainer auch das Flipchart-Problem ansprachen. Aus diesem Grund gehört es zum Service-Skript „Tagungsraum vorbereiten", dass alle Stifte geprüft werden. Die erfolgreiche Prüfung wird durch ein kleines, lachendes, vierfarbig gemaltes Gesicht in der Ecke des Flipcharts dokumentiert (siehe Abbildung 91).

Abbildung 91: Stifte-Check: Vor jedem Seminar werden die Flipchart-Stifte geprüft

Noch eine kleine Aufmerksamkeit zum Tagungsabschluss

Jede Tagung geht zu Ende und die Abreise steht an. Die Väter (oder Mütter), die auf einer mehrtägigen Tagung waren, haben allerdings noch ein Problem. Sie wissen, dass ihr Nachwuchs beim Heimkommen eine einzige, für die Eltern-Kind-Beziehung weitreichende Frage stellt: „Papi/Mami, was hast du mir mitgebracht?" Woher noch ein Geschenk nehmen, dass kein Schrott ist, nicht zu viel Geld kostet und Kindern zudem Spaß macht. Auch hier haben die Schlossgeister eine Antwort gefunden. Bei der letzten Kaffeepause am Nachmittag erscheint ein Schlossgeist mit einem Aktenkoffer voller kleiner Mitbringsel und einem Hinweis auf den „Papa-hast-du-mir-was-mitgebracht"-Service. Selbstverständlich erhalten die Gäste diese kleinen Geschenke kostenlos.

Abbildung 92: Der Komm-gut-heim-Service: Papa, was hast du mir mitgebracht?

Bleibt nur noch das zeitraubende Auschecken. Auch hier trifft man in fast allen Hotels auf die Frage: „Was hatten Sie noch an Extras aus der Minibar und brauchen Sie dafür eine gesonderte Rechnung?" (Natürlich). Damit beginnt für den Gast selbst und die ungeduldig hinter ihm Wartenden eine zeitraubende Prozedur der Rechnungserstellung. Das Problem wurde im Mindness®-Hotel ganz einfach gelöst. Die Zimmerpreise wurden leicht angehoben, dafür ist der ganze Minibar-Inhalt im Preis inklusive. Das Belohnungssystem des Gastes freut sich beim ersten Minibar-Kontakt (Happy Service) und das Dominanz-System (Power Service) ist sehr zufrieden, weil der ganze Vorgang schnell und reibungslos verlief.

Am Beispiel des Mindness®-Hotel kann man erkennen, was Emotional Service Boosting in höchster Vollendung bedeutet. Besonders wichtig ist hier aber, dass die kleinen lustigen Happy- & Care-Boosters auf einem sehr starken und perfekten Trust und Power Service-Fundament stehen. „Nur durch dieses Fundament", so Reutemann, „geben wir dem Kunden die Sicherheit und das Vertrauen, das notwendig ist, damit er sich auf unsere inspirierenden Spiele einlässt. Würden wir dieses Fundament nicht bieten, wäre alles nur vordergründiger Gag — der anspruchsvolle Kunde würde an der Professionalität zweifeln."

8 Sales Boosting

8.1 Wie man ins Herz seiner Zielgruppen trifft

> **Was Sie in diesem Kapitel erwartet:**
>
> *Wie wir in Kapitel 2 „Think Limbic!" bereits gesehen haben, unterscheiden sich Kunden in der individuellen Ausprägung ihrer Emotionssysteme. Nun wollen wir uns mit diesen Zielgruppenunterschieden näher beschäftigen. Wir werden erkennen, wie wichtig es ist, im Verkauf, im Vertrieb und im Customer Relationship Management verstärkt auf diese neuropsychologischen Unterschiede einzugehen. In diesem Kapitel fokussiere ich mich bewusst auf ein Praxisbeispiel, in diesem Falle eine Bank. An diesem Beispiel wird deutlich, wie umfassend und durchgängig eine Zielgruppenausrichtung gedacht und gemacht werden sollte. Dieser Weg ins Herz der Zielgruppe und die aufgezeigte Systematik kann problemlos auf andere Branchen übertragen werden.*

Der Strategiechef einer größeren deutschen Bank ahnte längst, dass die in Banken übliche Unterteilung der Kunden nach Einkommen und Vermögen nicht ausreichend ist. Nach einem meiner Vorträge über den Limbic®-Ansatz kam er mit der Frage auf mich zu, ob man Limbic® nicht auch zur Kundensegmentierung und zielgenaueren Kundenansprache einsetzen könne. Ich bejahte sofort, weil ich mich seit vielen Jahren auch sehr intensiv mit Finanzpsychologie beschäftige und die innere emotionale Logik des Umgangs mit Geld und von Finanzprodukten bestens kenne. Ich zeigte dem Bankmanager einige Charts, darunter zum Beispiel auch, wie sich der Umgang mit Geld aus Limbic®-Sicht darstellt. Werfen wir einen kurzen Blick darauf (siehe Abbildung 93).

Das klassische „Sicherheitssparen" sitzt im Bereich des Balance-Systems. Die penible Geldkontrolle (umgangssprachlich: Geiz) liegt im Bereich Kontrolle. Der strategische Ausbau des Vermögens hat seine Heimat im Dominanz-System. Der Wunsch viel zu riskieren, um schnell reich zu werden, ist im Bereich Abenteuer verankert. Der sorglos-hedonistische Umgang mit Geld wird, wie nicht anders zu erwarten, vom Stimulanz-System gespeist. Aber auch Geldanlagen haben eine klare emotionale Logik. Die Logik ergibt sich aus dem Risiko, das damit verbunden ist. Das Sparbuch und Bundesschatzbriefe befinden sich im Balance-Bereich, während Hedgefonds und Optionsscheine durch ihr hohes Risiko im Bereich Abenteuer liegen. Zwischen diesen beiden Polen positionieren sich Aktienfonds, Immobilienfonds usw.

Abbildung 93: Der Umgang mit Geld

Doch nun zurück zum Thema Kundensegmentierung und zur zielgenaueren Kundenansprache. Wenn der Umgang mit Geld emotional so unterschiedlich ist, dann, so der Bankmanager, wäre doch auch zu vermuten, dass die unterschiedlichen Limbic® Types sehr unterschiedliche Interessen in puncto Bankprodukte sowie eine unterschiedliche Risikobereitschaft hätten. Und genauso ist es. Komplexere Finanzprodukte, wie zum Beispiel Aktienfonds, stoßen bei Performern auf höchstes Interesse, während Harmoniser sich kaum dafür interessieren und vor der Komplexität Angst haben. Auch das Risikoverhalten bei Finanzanlagen ist sehr unterschiedlich. Abbildung 94 und 95 zeigen die Zusammenhänge auf.

8 Wie man ins Herz seiner Zielgruppen trifft

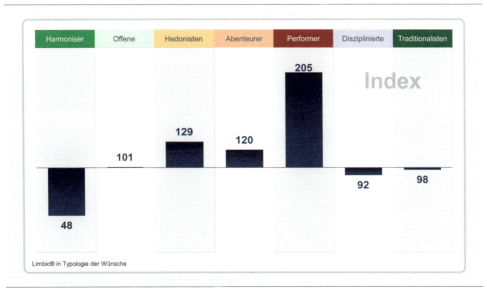

Abbildung 94: Interesse an Aktienfonds. Das Interesse für komplexe Finanzprodukte wie Aktionfonds ist zwischen den Limbic® Types sehr unterschiedlich

Abbildung 95: „Ich akzeptiere höheres Risiko bei Geldanlagen." Wie nicht anders zu erwarten, gibt es deutliche Unterschiede

Dem Bankmanager wurde gleich klar, dass genau hier der Schlüssel für eine emotional wirksame und kosteneffiziente Kundenansprache lag. Es gab nur ein Problem. Die Bank wusste nicht, welcher Kunde welcher Limbic® Type war. Bei einigen

Millionen Kunden schien diese Frage ein unlösbares Problem darzustellen. Aber dafür gab es eine Lösung: Zunächst wurden einige tausend Kunden befragt und auf ihren Limbic® Type getestet. Zur Überraschung der Bank machten die angeschriebenen Kunden gerne mit, weil im Brief ganz offen das Ziel der Aktion kommuniziert wurde. Nun wurde geschaut, wie sich die Limbic® Types in ihrem Finanzverhalten unterschieden, denn diese Daten lagen der Bank ja vor. Mit diesem Wissen konnten nun die Statistiker mittels Clusteranalysen den gesamten Kundenbestand den Limbic® Types zuordnen. Zur Prüfung wurden nochmals einige hundert Kunden angeschrieben und getestet — es zeigte sich eine extrem hohe Übereinstimmung zwischen der statistischen Zuordnung und dem, was im Prüftest herauskam. Nun wusste die Bank von jedem Kunden seinen Limbic® Type. Dieses Wissen wurde auch in die elektronischen Kundendateien integriert. Wenn heute ein Kunde dieser Bank den Schalterraum betritt, wird dem Bankberater auf dem Bildschirm dessen Limbic® Type gezeigt.

Die Limbic® Types im Finanzberatungsgespräch

Auch in den statistischen Analysen der Bank zeigte sich, dass die Limbic® Types völlig unterschiedliche Beratungserwartungen, Geldanlagestrategien und Finanzproduktinteressen hatten und haben. Performer beispielsweise lieben komplexe und ausgefuchste Geldanlagen; Harmoniser dagegen hassen diese. Performer lieben finanzielle und steuerliche Details; Harmonisern sind diese Dinge ein Greuel. Aber in Bankgesprächen geht es nicht nur um Geld. Jedes Geldgespräch basiert auf dem Vertrauen zwischen dem Bankberater und seinem Kunden. Vertrauen entsteht durch Vertrauenserfahrungen über eine längere Zeit, Vertrauen entsteht aber auch in den Gesprächen über Gott und die Welt, über Hobbys, Familie und sonstige Interessen. Wichtig: Auch im Small Talk und seinen Inhalten unterscheiden sich die Limbic® Types erheblich. Während der Hedonist begeistert vom letzten Rockkonzert berichtet, unterhält sich der Disziplinierte lieber über Haus und Garten. Und während der Harmoniser von der gemütlichen Fahrradtour schwärmt, kann es der Performer kaum erwarten, eine Gelegenheit zu finden, um über sein verbessertes Golf-Handicap zu berichten.

Doch damit nicht genug. Nicht nur in den Inhalten des Small Talks und des eigentlichen Beratungsgesprächs unterscheiden sich die Limbic® Types, auch die Inszenierung des Beratungsraums will bedacht sein. An billigen Plastikkugelschreibern und Strohblumen im Beratungszimmer stört sich der Harmoniser nicht, im Gegenteil solche heimeligen Signale sind für ihn Vertrauen auslösend und senken seine Ehrfurchtsschwelle gegenüber der Bank. Für den Performer dagegen wirkt eine solche „Wohnzimmeratmosphäre" minderwertig. Aber auch die Kleidung des Beraters oder der Beraterin spielen eine Rolle. Präsentiert sich der Bankberater mit goldenen Manschettenknöpfen, Einstecktuch usw. wird er für den ungezwungenen Hedonisten zum Anti-Typ; während ihn der Performer so sofort als seinesgleichen akzeptiert. Nach diesem kurzen Überblick schauen wir uns nun am Beispiel von drei Limbic® Types einmal genauer an, was Emotional Boosting im Beratungs- und Verkaufsgespräch bedeutet. Damit wir den ganzen Emotionsraum trotzdem weitgehend abdecken, nehmen wir die Harmoniser, Performer und die Hedonisten.

Die Harmoniser:

Finanzinteressen und Beratungserwartung

Komplexe, unbekannte und risikoreichere Finanzprodukte lehnen Harmoniser als die risikoscheueste Zielgruppe im Finanzbereich ab. Einfache und risikoärmere Finanzprodukte sind ihre erste Wahl. Bundesschatzbriefe, Bausparverträge, Festgelder, festverzinsliche Wertpapiere und gerade noch Unternehmensanleihen von bekannten Firmen werden gekauft. Das Beratungsziel ist es, das finanzielle Leben und finanzielle Entscheidungen so einfach und überschaubar wie möglich zu machen. Finanzfachbegriffe müssen vermieden werden.

Small Talk

Harmoniser betreten eine Bank immer mit etwas Angst und Unsicherheit, deshalb ist für sie der vertrauensbildende Small Talk von allergrößter Wichtigkeit. Sie genießen es, wenn man sich viel Zeit für sie nimmt und auf ihre Sorgen und Lebensnöte eingeht. Die Freizeit- und Lebensinteressen drehen sich um Familie, Haus und Garten und um die Besorgung des alltäglichen Lebens. Die regionale Nähe, auch im gemeinsamen Dialekt zwischen Berater(in) und Kunde, wirken auf Harmoniser besonders positiv.

Umfeld-Inszenierung

Alles, was die Ehrfurchtsschwelle senkt, ist förderlich. Kühles Hightech-Design und Designermöbel lösen Unwohlsein aus. Am liebsten mag der Harmoniser eine heimelige Wohnzimmeratmosphäre mit Signalen der Gemütlichkeit. Warmes Holz, weiche Teppiche sind die Welt des Harmonisers. Bankberater und Bankberaterin sollten ordentlich angezogen sein, aber nicht zu modisch. Das ordentliche Aussehen schafft Vertrauen in die Bank.

Die Hedonisten:

Finanzinteressen und Beratungserwartung

Die Hedonisten sind offen für neuere und ungewohnte Finanzprodukte. Zudem sind sie auch bereit, Risiken einzugehen. Investmentfonds, Aktien und Aktienfonds sowie Firmenanleihen werden überdurchschnittlich häufig gezeichnet — auch von ausländischen und weniger bekannten Unternehmen. Hedonisten betrachten Geldanlage und Handel mit Aktien zudem als spannendes Spiel. Da Hedonisten eine relativ kurzfristige Belohnungserwartung haben, lehnen sie Anlagen mit langer Bindung und ohne Flucht- oder Ausstiegsmöglichkeit ab. Der belohnende Zugriff auf das Geld sollte immer möglich sein.

Small Talk

Hedonisten betreten eine Bank mit einer gewissen Furcht, sich in der oft vorherrschenden Beamtenkultur zu langweilen oder in ein beengendes Korsett gezwängt zu werden. Bei ihnen sind Lockerheit und Freude am Leben angesagt. Nach dem Motto: Was gibt es Neues in der Stadt? Welche Themen beherrschen die Szene? Und darf es ein Latte Macchiato oder eine Bionade sein? Das Beratungsgespräch soll schnell gehen — draußen wartet ja das spannende Leben.

Umfeld-Inszenierung

Hedonisten lieben moderne Kunst und modernes Design. Bankberater und Bankberaterin sollten ordentlich angezogen sein — aber das Jackett darf abgelegt werden.

Die Performer:

Finanzinteressen und Beratungserwartung

Die Performer sind Profis in Sachen Finanzen oder halten sich zumindest dafür. Der Performer liebt komplexe und risikoreichere Finanzprodukte bis hin zu Derivaten und Hedgefonds. Der Vermögensaufbau wird strategisch und steueroptimierend geplant, deswegen reicht es nicht nur Produkte mit hohen Renditen anzubieten, auch die steuerliche Auswirkung will bedacht sein. Der Finanzberater muss deshalb bestens auf das Gespräch vorbereitet sein, einen einsatzbereiten Laptop, der schnell mal eine Analyse rechnet, empfindet der Performer als Ausdruck von Professionalität. Der Perfomer liebt es übrigens auch, wenn sein Bankberater zum Gespräch bei bestimmten Themen einen Fachspezialisten hinzuzieht (der Harmoniser dagegen würde Angst bekommen).

Small Talk

Small Talk sollte beim Performer „small" bleiben. Er hat nur wenig Zeit und er möchte seine Zeit effizient einsetzen. Trotzdem erwartet er Bewunderung: Man muss ihm ausreichend Gelegenheit geben, über seine beruflichen und sportlichen Erfolge zu sprechen.

Umfeld-Inszenierung

Der Performer arbeitet täglich an seiner eigenen Perfektion und das Gleiche erwartet er auch von der Bank. Während der Hedonist und der Harmoniser über kleine Schlampigkeiten gnädig hinwegsehen, erwartet der Performer Perfektion im Detail. Ein Bankberater mit billigem Plastikkugelschreiber, zerknautschtem Anzug und nachlässigem Schuhwerk wird unbewusst als inkompetent und als nicht satisfaktionsfähig abgelehnt.

Die Schulung der Bankberater

Eine besondere Hürde, so glaubte der Vorstand, seien seine Bankberater: „Bei unseren Damen und Herren werden Sie mit Ihren Theorien sicher auf Widerstand stoßen", so sein Credo. Aus diesem Grund entschloss man sich mit dem Geschäftsbereich „Vermögende Kunden" in einer Pilotregion zu beginnen und zunächst einige ausgewählte Führungskräfte und Berater im Limbic®-Ansatz zu trainieren. Die Teilnahme war freiwillig. Da der Vorstand aber von der Sache überzeugt war, wurden auch einige hauseigene Trainer mit eingeladen. Die Kleiderordnung für das Training: Businesskleidung. Das Starttraining wurde mit großer Spannung erwartet. Der Tag begann mit einem kleinen und kurzen Limbic®-Selbsttest (das Ergebnis blieb beim Teilnehmer). Danach kam die Vorstellung des Limbic®-Ansatzes und seiner wissenschaftlichen Hintergründe. Nun begannen die praktischen Teile: Die Banker mussten sich wirklich in das Denken der verschiedenen Zielgruppen einarbeiten. Sie schnitten aus Illustrierten Bilder aus, die zur Lebenswelt der Limbic® Types passten. Sie fertigten Collagen über deren Beruf, Freizeit, Wünsche und Sehnsüchte, Ängste usw. an. Diese wurden im Plenum diskutiert und gemeinsam ergänzt. Nun ging es in die Bankpraxis. Da einige neue Finanzprodukte verkauft werden sollten, boten diese sich gleich als Übungsfeld an. Die Zielgruppenzuordnung und die zielgruppenorientierte Produktargumentation wurden geübt. Gleichzeitig erarbeitete die Gruppe auch „Zauberwörter" — nämlich emotionale Wörter, die die Zielgruppen besonders gerne hören.

Ein Blick in den Spiegel der Selbstkritik

Mitten in einem Rollenspiel, in dem ein Teilnehmer einen Performer-Kunden spielte, stockte dieser plötzlich. Er warf den billigen Plastikkugelschreiber der Bank in die Ecke und sagte: „Wir haben jetzt zwar unsere Argumentation usw. optimiert — aber jetzt müssen wir auch selbstkritisch in den Spiegel schauen. Wie sehen wir selbst aus? Wie sehen unsere Mitarbeiter aus? Wie sehen unsere Beratungszimmer aus?" Er hatte von sich aus eine Kernfrage gestellt, die im Training vorgesehen, aber nicht angekündigt war. Den Teilnehmern wurde plötzlich klar: Wir müssen etwas tun. Vor allem, weil das Beratungszentrum in der Pilotregion einen extrem hohen Anteil an Performern hatte. Betreten schaute man in die Runde und auf die persönliche „Businesskleidung". Insbesondere manchen Assistentinnen des Beratungszentrums wurde es unwohl. Sie hatten sich im Bankgeschäft als nicht so wichtig für den Kunden gesehen. Ihn vom Empfang abzuholen, ins Beratungszimmer zu führen und einen Kaffee zu servieren, da konnte man sich doch „gemütlich" anziehen. Plötzlich wurde ihnen klar, wie wichtig auch sie für das gelingende Ganze waren und dass die bisherige Kleiderwahl zukünftig ein No-go war.

Unbewusste Konflikte mit dem Kunden

Am Ende des Trainings ergab sich spontan ein spannender Diskussionspunkt: Ein Teilnehmer outete sich nämlich mit seinem Testergebnis: „Ich bin ein Disziplinierter". Diesen Limbic® Typ findet man übrigens sehr häufig in Banken. Warum? Weil Menschen oft einen Beruf wählen, der unbewusst zu ihrer Persönlichkeit passt. In der Psychologie nennt man dieses Phänomen „Selbstselektion". Er fuhr fort: „Jetzt wird mir klar, warum ich zu manchen Kunden, insbesondere den Hedonisten und Abenteurern keinen richtigen Zugang finde. Meine eigene Denk-, Argumentations- und Wertewelt kommt dauernd in Konflikt mit den völlig anderen Welten dieser Kunden." Durch diese Selbsterkenntnis kamen weitere Spannungsfelder zwischen Berater- und Kundenpersönlichkeit ans Tageslicht. Spannungsfelder, die bisher, weil als unlösbar empfunden, unbearbeitet geblieben waren.

Beispielsweise die Arroganz-Probleme, die Harmoniser-Berater mit Performer-Kunden haben; die Ungedulds-Probleme, die Performer-Berater mit Harmoniser-Kunden haben usw. Nachdem die Bankberater nun den Zusammenhang erkannt hatten, der hinter diesen emotionalen Konflikten stand, erarbeiteten sie auch entsprechende Bewältigungsstrategien, die vor allem in der besonderen Vorbereitung bei kritischen Kunden bestand. Die (ängstliche) Frage, ob man nicht eine völlig neue Berater-Kunden-Zuordnung machen müsste, wurde zwar heiß diskutiert, aber angesichts der ungeheuren organisatorischen und arbeitsrechtlichen Komplexität wieder verworfen.

Die Erfolgswelle durch die Organisation

Das Feedback der Teilnehmer nach dem Pilot-Training war phänomenal. Denn die Mitarbeiter hatten viel über die Kunden, aber natürlich auch viel über die eigene Persönlichkeit, beruflich wie privat, gelernt. Es dauerte nur wenige Tage, bis sich das neue Training in der Bank herumgesprochen hatte. Aus fast allen Regionen kamen nun die Anfragen, ob man denn nicht auch an dem Training teilnehmen dürfe, von dem die Kollegen so begeistert berichtet hatten. Der Vorstand wollte aber auf Nummer sicher gehen. Zunächst wurde nur die Pilotregion vollständig geschult und dann wollte man sehen, ob sich das Ganze auch finanziell auszahlen würde. Nach einem Jahr wurde Bilanz gezogen: Die Pilotregion war in den quantitativen Leistungskennzahlen als auch in der Kundenzufriedenheit um einiges erfolgreicher als die Vergleichsregionen. Jetzt gab der Vorstand grünes Licht für das komplette Rollout. Und zum ersten Mal in der Geschichte der Bank wurde ein neues Instrument völlig ohne Zwang und Druck eingeführt. Das Ganze war ein motivatorischer Selbstläufer.

Die Limbic® Types im Telefonverkauf

Ein großes Problem bei den Bankmitarbeitern war auch der aktive Telefonverkauf von Bankprodukten. Mit dem Satz „Unsere Kunden fühlen sich belästigt" wurde schnell eine Ausrede dafür gefunden, warum man in seiner Passivität verharren konnte. Aber als die Bankberater lernten, ihre Kunden aus der Limbic®-Perspektive zu betrachten, merkten sie, dass die pauschal argumentierte Kundenverweigerung so nicht stimmte und teilweise sogar das Gegenteil der Fall war. Insbesondere die Performer erwarteten nämlich einen regelmäßigen telefonischen Anruf, aber bitte nur, wenn der Bankberater wirklich ein interessantes Angebot oder eine Anlageempfehlung für sie hatte. Der Anruf musste jedoch schnell gehen und ohne allzu viel Zeitverschwendung durch Small Talk. Anders dagegen die Harmoniser und Traditionalisten: Sie freuten sich zwar, wenn sie der Bankberater von Zeit zu Zeit anrief, aber die Anlage größerer Summen oder den Kauf komplexerer Bankprodukte besprachen sie nicht am Telefon. Ein zu häufiges Anrufen störte sie auch, weil für sie, anders als beim Performer, das Finanzmanagement beschwerliche Last und nicht Lust war.

Events nach Maß

Besonders wichtig für Kundenbindung und Beziehungspflege einer Bank sind Kundenveranstaltungen. Das Problem der Bank lag darin, dass die Bewertung der gleichen Veranstaltung durch die Besucher oft sehr zwiespältig war. Die einen fanden sie toll, die anderen lehnten die Veranstaltung ab. „Egal was man macht, man macht es keinem Recht", lautete die oft mit Frust durchtränkte Aussage der zuständigen Bankmitarbeiter. Nachdem auch die für Veranstaltungen zuständige Marketingabteilung der Bank die Limbic®-Schulung genossen hatte, fiel es den Machern wie Schuppen von den Augen: „Wir hatten immer alle Kunden zu allen Veranstaltungen eingeladen — jetzt wird klar, warum wir so oft daneben lagen. Weil wir einfach zuwenig auf die Limbic®-Types-Zuordnung geachtet hatten", so die Aussage der Verantwortlichen. Traditionalisten und Harmoniser, so die Erkenntnis, möchten ganz andere Veranstaltungsinhalte als Performer. Das ganze Veranstaltungsmanagement wurde nun viel stärker auf die Limbic® Types ausgerichtet. Zum einen wurden alle bestehenden Veranstaltungskonzepte auf der Limbic® Map verortet. Daraus ergab sich, dass es keine Veranstaltungen für Hedonisten und Abenteurer gab. Schon bald darauf wurde in einem Szene-Club eine coole Party für Anleger organisiert. Außerdem wurde das Einladungsprozedere verändert: Zum Abend mit dem internationalen Finanzmarktexperten und Anlagestrategen wurden fortan vor allem Performer eingeladen, zur gemütlichen Fluss-Schifffahrt und zum Adventsplätzchen-Backen die Harmoniser, Traditionalisten und Disziplinierten.

Natürlich gab es auch Veranstaltungen, die für alle Zielgruppen gleichermaßen relevant waren — aber über 50 % aller Veranstaltungen werden inzwischen zielgruppenorientiert durchgeführt. Eine kleine Erkenntnis noch am Rande: Die unterschiedliche Besuchstreue. Während von den angemeldeten Traditionalisten und Disziplinierten — die Veranstaltungsteilnehmer müssen sich ja immer anmelden — fast immer 90 % erschienen, waren es bei den Hedonisten und Abenteurern meist nur 50 — 60 %. Die hohe Spontaneität in der Persönlichkeitsstruktur wirkt sich eben auch auf die Zuverlässigkeit aus.

Die Limbic® Types im Direktmarketing

Bald fand der Limbic®-Ansatz auch in das Direktmarketing der Bank Einzug. Auch hier erkannte man, dass eine Konzeption für alle, alle ein bisschen, aber keinen

8 Wie man ins Herz seiner Zielgruppen trifft

richtig trifft. Für eine Bank sind Produkte für die Altersvorsorge besonders wichtig. Die gängige Argumentation hörte sich ungefähr so an: „Jetzt abschließen, damit Sie im Ruhestand gut versorgt sind".

Zunächst veranstalteten wir mit den Produktverantwortlichen einen kurzen Workshop, um die innere emotionale Struktur von Vorsorgeprodukten zu erarbeiten. Vorsorge ist im Kern ein Balance-Produkt. Aber das allein reicht nicht aus, um die innere emotionale Struktur vollständig zu verstehen. Es gibt nämlich verschiedene Motive, um ein Vorsorgeprodukt zu kaufen. Diese Unterschiede hören sich etwa so an: „Ich zeichne eine Altersvorsorgeversicherung, weil ich mein Alter genießen will"; „Ich zeichne eine Altersvorsorgeversicherung, weil man nie weiß, ob man zum Pflegefall wird"; „Ich zeichne eine Altersvorsorgeversicherung, weil das steuerlich interessant und eine gute Depotbeimischung ist". Neben diesen unterschiedlichen Motiven wurde auch das Spar- und Anlegeverhalten der Limbic® Types betrachtet. Während die Hedonisten und Abenteurer längerfristige Bindungen ablehnen — man weiß ja nie, welche Verlockungen das Leben bereit hält — sind Traditionalisten, Disziplinierte und Performer bereit, längerfristige Verträge einzugehen. Aus beiden Perspektiven wurde die grundsätzliche Produktargumentation abgeleitet, die in vier unterschiedlichen Prospekten und Anschreiben umgesetzt wurde. Selbstverständlich waren die Bildwelten und die benutzte Sprache ebenfalls höchst unterschiedlich.

- Für den Performer wurde neben der Grundargumentation, der strategische Aspekt der Portfolio-Ergänzung dargestellt, gleichzeitig wurde auch die Möglichkeit, das anspruchsvolle Leben auch im Alter weiterführen zu können, adressiert.
- Für die Offenen, Hedonisten und Abenteurer wurde die Möglichkeit, zu jeder Zeit auf das angesparte Geld zurückgreifen zu können und die hohe finanzielle Freiheit betont.
- Bei den Harmonisern, den Traditionalisten und den Disziplinierten wurde die hohe Sicherheit und Geborgenheit im Alter in den Vordergrund gestellt.

Banker sind Zahlenmenschen (Kontrolle). Deswegen wollte man wissen, ob sich dieser Mehraufwand, der sich aus der „Typisierung" der Mailings ergab, rechnete. Deshalb wurde parallel an eine Teilzielgruppe ein Testmailing im herkömmlichen Stil versandt. Das Ergebnis: Der Rücklauf bei den typisierten Mailings war um 30 % höher als beim Testmailing.

Die Lebensphasen-Perspektive

Finanzentscheidungen sind natürlich nicht nur vom Limbic® Type abhängig, sondern auch von den Lebensphasen. Man wohnt zunächst zu Hause bei den Eltern, zieht dann aus, beginnt eine Lehre oder ein Studium. Danach kommt häufig die Familiengründung mit Kindern; diese gehen irgendwann aus dem Haus und schließlich folgt der Ruhestand. Alle diese Lebensphasen haben auch auf das Finanzverhalten von Konsumenten einen großen Einfluss. In der Wachstumsphase des Lebens zwischen 20 und 40 Jahren hat man große Wünsche, aber das Einkommen steht dazu oft noch im umgekehrten Verhältnis. Die Folge: Man braucht einen Kredit.

Dann kommen Kinder auf die Welt, man träumt vom eigenen Haus und braucht wieder einen Kredit zur Finanzierung des Hauses. Gehen die Kinder schließlich aus dem Haus, hat man inzwischen einiges gespart und man denkt verstärkt über Altersvorsorge und langfristige Geldsicherung nach, Kredite dagegen verlieren an Bedeutung.

Es gehört zum Limbic®-Konzept solche sozial geprägten Veränderungen auch aus Sicht des Gehirns zu verstehen. Besonders eng verknüpft mit den Lebensphasen sind die kognitiv-emotionalen Altersveränderungen im Gehirn. Diese lassen sich auch durch die Veränderung der Limbic® Types-Verteilung im Laufe des Alters (siehe Kapitel 2) darstellen. Während die risikoorientierten Zielgruppen in der Jugendzeit die Mehrheit bilden, sind es die Bequemen und Bewahrer, die das Alter dominieren. Aber auch bei den Performern gibt es Altersunterschiede: Während junge Performer sich mit Macht an die Spitze kämpfen, möchten ältere Performer ihren Status sichern. Auch die Familiengründung durch die Geburt eines Kindes (aus der Sicht der Bank = Baufinanzierung) bedingt neurobiologische Veränderungen im Gehirn. Im weiblichen Gehirn steigt das Vertrauens- und Harmoniser-Hormon Oxytozin an. Und auch im männlichen Gehirn kommt es zu Veränderungen: Das Testosteron fällt etwas und Oxytozin nimmt zu. Die Folge: Das Nestbau- und Brutpflegeverhalten und vor allem die Fürsorge und das Wohlergehen der Kinder rücken weiter nach vorne. Das Beratungsgespräch mit einem 35-jährigen kinderlosen Paar hat in der Regel einen ganz anderen emotionalen Kontext als das Gespräch mit einem Paar gleichen Alters, das zwei Kinder hat.

Die Junior Performer: Potentiale frühzeitig erkennen

Im traditionellen Zielgruppenmanagement einer Bank bekommen die Kunden, die mehr Geld bei der Bank angelegt haben, eine bessere und intensivere Betreuung. Diese Vorzugsbehandlung ist für die Bank mit höheren Kosten verbunden, die sich aber durch Erträge aus den höheren Anlagesummen dieser wohlhabenden Kunden amortisieren. Dieses Vorgehen hat einen Vorteil, weil es eine direkte Kosten-Nutzen-Zuordnung ermöglicht. Es hat aber auch einen gewaltigen Nachteil: Zukünftige Potentialkunden fallen durch den Rost. Genau hier setzen die Finanzdienstleister AWD, MLP & Co extrem erfolgreich an. Sie kümmern sich nämlich ganz aktiv insbesondere um Medizin-, Betriebswirtschafts- und Jurastudenten. Warum? Weil in diesen Fakultäten der Anteil der Performer überdurchschnittlich hoch ist und diese Berufe zusätzlich ein hohes späteres Einkommen erwarten lassen. Während für die traditionellen Banken diese Potentialkunden unbeachtet blieben (die hatten ja noch kein Geld), wurden und werden diese intensiv von AWD & Co betreut und auch bei der oft folgenden Existenzgründung begleitet. Durch den Ehrgeiz und die Zielstrebigkeit dieser jungen Performer floss dann auch bald Geld auf das Bankkonto. Nun wurden die Banken wach — aber meist viel zu spät. Längst waren diese Gruppen in den Händen von AWD & Co.

Da es von der Kosten-Nutzen-Rechnung her nicht möglich ist, alle jungen Menschen prophylaktisch in die VIP-Betreuung zu nehmen, rieten wir der Bank, möglichst alle jungen Performer frühzeitig durch eine spezielle Betreuung anzusprechen und zu binden. Performer gibt es aber nicht nur bei Studenten; viele ehrgeizige Lehrlinge können es kaum erwarten, bis sie sich mit dem Meisterbrief in der Hand selbstständig machen können. Das Junior-Performer-Programm hat sich inzwischen längst erfolgreich etabliert und die Marktanteilsverluste in dieser Zielgruppe konnten drastisch reduziert werden.

Neukundengewinnung mit Direktmarketing

Bisher haben wir uns mit bestehenden Kunden beschäftigt und uns darüber Gedanken gemacht, wie wir diese durch die Limbic®-Type-Zielgruppenansprache besser binden und ansprechen können. Gerade für Finanzinstitute ist ja die Ausschöpfung des bestehenden Kundenstamms mit Finanzprodukten aller Art und Versicherungen das primäre Ziel. Trotzdem kommt auch dem Neukundengeschäft eine sehr wichtige Rolle zu. Aber wie können wir die oben gewonnenen Einsichten nutzen, wenn wir unsere zukünftigen Kunden noch gar nicht kennen, geschweige denn wissen, welchem Limbic® Type sie zuzuordnen sind. Muss man also in der Neukundengewinnung auf die überaus erfolgreiche Limbic® Types-Waffe verzichten? Nein. Denn auch hier gibt es die Möglichkeit, durch ausgeklügelte Verfahren des Geo- und Mikromarketings prospektive Kunden zielgenau emotional anzusprechen. Performer leben anders als Harmoniser, sie kaufen andere Sachen, sie haben andere Interessen, sie wohnen an anderen Plätzen und in anderen Wohnungen, sie fahren andere Autos usw. Zudem gibt es ja deutliche Geschlechts- und Alterbeziehungen. Keine dieser Informationen alleine würde genügen, um einen Menschen zu klassifizieren. Doch jedes dieser Details trägt eine Information bei.

Sales Boosting

Aus der Einpflege der Limbic® Types in die Typologie der Wünsche des Burda-Verlags haben wir einen sehr detaillierten Einblick in die Konsum- und Interessenstruktur der Limbic® Types. Wenn man diese Information mit anderen Verhaltensdaten, die im Markt vorliegen, abgleicht und ausgeklügelte Statistikprogramme damit füttert, spucken diese in der Regel eine relativ genaue Zuordnung der ganzen Bevölkerung aus. Durch unsere Zusammenarbeit mit Microm, einer Creditreform-Tochter können wir heute solche Analysen machen. Nun kann man sein Direktmarketing sehr zielgenau einsetzen. Man kann für junge Performer-Frauen genauso Kampagnen machen wie für Disziplinierte mit hohem Interesse an Haus- und Gartenprodukten. Wenn man so ein neuropsychologisch fundiertes Bild der Zielperson vor sich hat, kann man natürlich in Argumentation, Wortwahl und Sprachstil genau darauf eingehen. Eine 30-jährige Hedonistin erwartet eine völlig andere Ansprache als ein 60-jähriger Disziplinierter. Aber auch sonst bekommt man durch Limbic® verknüpft mit Mikromarketing hoch interessante Einsichten. Nämlich über die psychologische Struktur ganzer Regionen. Wenn wir uns beispielsweise in Abbildung 96 a und b die Verteilung der Performer und der Disziplinierten in Deutschland anschauen, dann sehen wir dramatische Unterschiede. Insbesondere im Osten Deutschlands dominieren die Disziplinierten, in den westdeutschen Ballungszentren dagegen die Performer. Wirtschaftlicher Fortschritt basiert aber überwiegend auf dem Ehrgeiz von Performern, während die Zögerlichkeit der Disziplinierten diesen eher verhindert. Ich überlasse es Ihnen, lieber Leser, daraus Ihre Schlüsse zu ziehen.

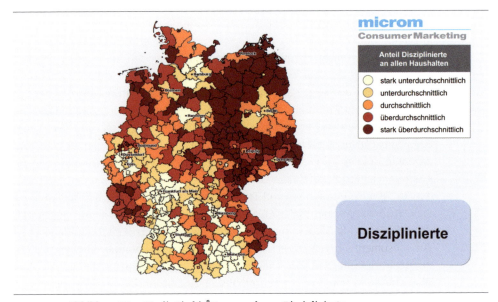

Abbildung 96 a: Wo die Limbic® Types wohnen: Disziplinierte

8 Wie man ins Herz seiner Zielgruppen trifft

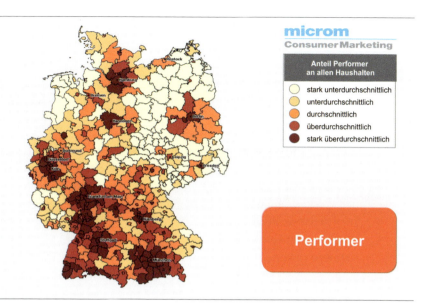

Abbildung 96 b: Wo die Limbic® Types wohnen: Performer

Neukundengewinnung mit Print- und TV-Medien

Neben dem Direktmarketing spielen natürlich die klassischen Medien wie Print, also Anzeigen, und TV in der Neukundengewinnung eine große Rolle. Es überrascht nicht, dass die Limbic® Types sich natürlich auch hier sehr stark unterscheiden. Allerdings hängt die Neukundengewinnung auch davon ab, wie das Geschäftsmodell einer Bank aussieht. Hat eine Bank einen stärkeren Schwerpunkt im Bereich der privaten Dispokredite, wie beispielsweise die Citibank oder IngDiba, dann sind die Kredit affinen und sorglosen Zielgruppen wie Hedonisten und Abenteurer bevorzugte Ansprechpartner. Verkauft die Bank dagegen aber komplexere Anlageprodukte, sind es stärker die Performer. Konzentriert sich eine Bank mehr auf das klassische Tagesgeschäft mit treuen, aber finanziell wenig anspruchsvollen Kunden, stehen die Harmoniser und Traditionalisten mehr im Zentrum. Wer als Bank die Performer erreichen will, weil die Kernkompetenz der Bank im Anlagegeschäft ist, wirbt stärker in *Capital,* in der *Wirtschaftswoche* etc. Eine Bank, deren Geschäft auf Konsumentenkredit basiert, ist gut beraten, die Harmoniser, Offenen und Hedonisten anzusprechen. Durch die Einpflege der Limbic® Types in die Typologie der Wünsche, kann man die Zeitschriften auswählen, die von diesen Zielgruppen auch überdurchschnittlich gelesen werden. Zudem besteht auch die Möglichkeit, mit der Fernsehwerbung die Wunsch-Limbic®-Types zu erreichen. Hedonisten schauen sich ganz andere Sendungen an als Disziplinierte, und Harmoniser wiederum andere als

Performer. Wenn man weiß, welche Sendung bei welchem Typ das höchste Interesse hat, kann man seine Werbung in dieser Sendung platzieren. Nehmen wir an, Sie wollen Harmoniser erreichen, dann sollten Sie einen Werbeplatz bei Arzt-Serien buchen, möchten Sie dagegen die Hedonisten oder Abenteurer ansprechen, dann sind Casting-Shows der ideale Werbeplatz.

Das Markenimage einer Bank: Verlockung oder Verhinderung

Auch Banken haben ein Image. Genauer gesagt ein Markenimage. Die Sparkassen und Volksbanken, die stark mit der Region verknüpft sind, liegen eher im Balance-Bereich. Die Deutsche Bank als internationale Großbank dagegen hat ihre Image-Position im Dominanz-Bereich. Kreditbanken wie die INGDiBa liegen eher im Bereich Offenheit und Stimulanz der Limbic® Map (siehe Abbildung 97).

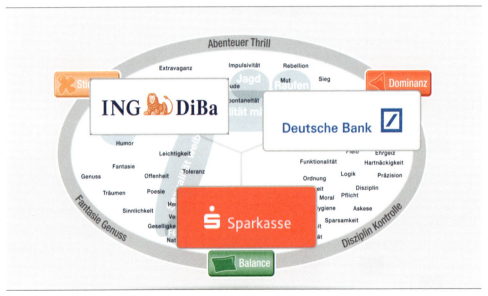

Abbildung 97: Die emotionale Image-Position von Banken

Mit diesem Image ziehen die Banken bestimmte Limbic® Types an. Sie weisen aber auch andere Kunden unbewusst zurück. Kunden suchen unbewusst eine Bank, deren Image ihrer eigentlichen Persönlichkeitsstruktur entspricht. Performer haben deutliche Präferenzen für die Deutsche Bank. Harmoniser dagegen stören sich am selbstbewussten, aus ihrer Sicht arroganten Auftreten der Deutschen Bank. Sie fühlen sich in der Volksbank oder der Sparkasse wohler. Den Traditionalisten und den Disziplinierten machen schon fremde Namen wie „INGDiBa" unbewusst Probleme, Hedonisten und Abenteurer lieben genau dies. Die Abbildung 98 a, b und c zeigt die unterschiedlichen Limbic®-Types-Verteilungen einiger Banken.

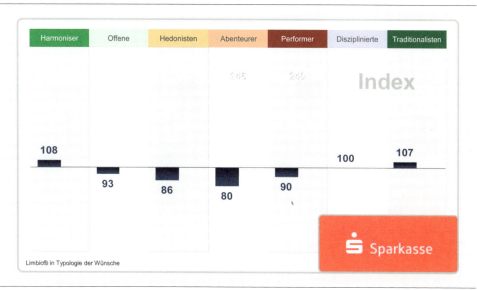

Abbildung 98 a: Kundenstruktur Sparkasse

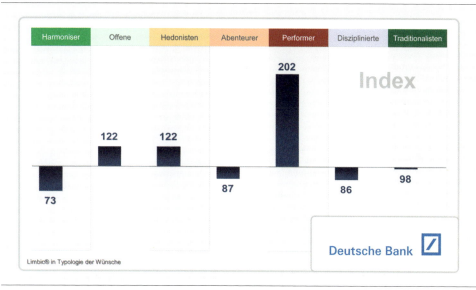

Abbildung 98 b: Kundenstruktur Deutsche Bank

Sales Boosting

Abbildung 98 c: Kundenstruktur INGDiBa

In diesem Kapitel, so hoffe ich, wurde deutlich, wie wichtig es ist, sich vom Einheitskunden zu verabschieden und sich mehr mit seiner emotionalen Welt zu beschäftigen. Die Vorgehenssystematik, die ich am Beispiel einer Bank aufgezeigt habe, lässt sich auf andere Branchen eins zu eins übertragen. Die Kaufmotive und Beratungsbedürfnisse unterscheiden sich natürlich von Branche zu Branche und von Produkt zu Produkt. Diese emotionalen Bedürfnisse müssen auf Basis von Limbic® branchenspezifisch erkundet und erarbeitet werden.

9 B2B Boosting

9.1 Warum auch Ingenieure Menschen sind

> **WAS Sie in diesem Kapitel erwartet:**
> *Das Business-to-Business-Geschäft, so glauben viele, sei nicht emotional, sondern rational. Bleiben also Emotional Boosting-Strategien dem Consumer-Bereich vorbehalten? Die Antwort: Auch im B2B-Bereich gibt es unzählige Möglichkeiten für Emotional Boosting. Um das zu verdeutlichen, möchte ich Sie einladen, mich in einem Limbic®-Beratungsprojekt zu begleiten, das wir vor einiger Zeit durchgeführt haben.*

Eines Tages erhielt ich einen Anruf vom Marketing- und Vertriebschef einer großen Maschinenfabrik. Er hatte mein Buch „Brain View — Warum Kunden kaufen" gelesen und fragte, ob man diese Erkenntnisse auch auf das B2B-Geschäft übertragen könne. Das Unternehmen stellt eine wichtige Komponente für chemische Großanlagen her. Die Komponenten, die Kosten dafür liegen in bis zu zweistelliger Millionenhöhe, haben die Ausmaße eines großen Wohnzimmers. Der Vertriebschef hatte eine Idee. Seine internationale Verkaufsmannschaft, allesamt Ingenieure, träfe sich jedes Jahr zu einer einwöchigen Tagung und zwei Tage wären immer dafür reserviert „über den Tellerrand hinaus zu denken". Ob wir denn nicht mit der Vertriebsmannschaft und dem Führungskreis eine Emotional Boosting-Strategie für das Unternehmen erarbeiten könnten. Wir stimmten zu. Nach einer Einführung in Limbic® begann das Training. Heute sind die damals im Training erarbeiteten Maßnahmen übrigens weitgehend umgesetzt.

Die Limbic®-B2B-Map

Zu Beginn des Trainings zeigten wir den Teilnehmern das Foto einer großen Fertigungsanlage und forderten die Gruppe zunächst auf, generelle Verkaufsargumente zu sammeln. Das ging relativ schnell und die Verkaufsargumente lauteten in etwa folgendermaßen.

„Die Anlage ist sehr *leistungsfähig* und hat eine hohe Produktivität."

„Die Anlage ist wirtschaftlich, weil sie sehr wenig Energie verbraucht."

„Die Anlage ist langlebig."

„Die Anlage ist sehr einfach und *ergonomisch* zu bedienen."

„Die Anlage ist *flexibel* und lässt sich leicht umrüsten."

„Die Anlage besitzt eine *innovative* Technik."

Die Ingenieure waren nun der festen Meinung, sie hätten durch und durch rationale Argumente gefunden. Sie waren jedoch ziemlich überrascht, als wir uns ihre Argumente aus der Limbic®-Perspektive ansahen. Für den B2B-Bereich haben wir die Limbic® Map etwas der B2B-Sprache angepasst und gleichzeitig in Englische übersetzt. Aus Dominanz wird Performance, aus Stimulanz Innovation und aus Balance Sicherheit usw. Der emotionale Urgrund bleibt der Gleiche, wie man leicht erkennen kann. Nun ordneten wir die zentralen Begriffe der Argumentation ein und siehe da: Alle scheinbar rationalen Argumente hatten einen festen und damit emotionalen Platz auf der Limbic® Map, wie Abbildung 99 zeigt.

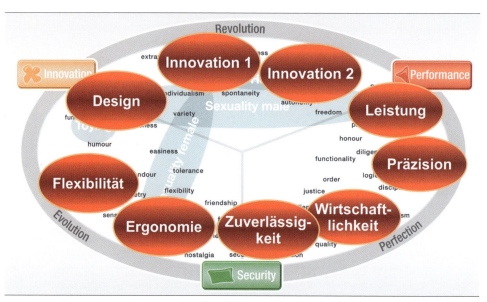

Abbildung 99: Auch das B2B-Marketing ist hoch emotional. Die B2B-Map zeigt, wo die wichtigsten Argumente für eine technische Anlage sitzen.

Die Emotionalisierung der Produktargumentation

Wir vertieften uns nun in die Produktargumentation. Zunächst spielten wir einige Beratungs- und Verkaufsgespräche im Rollenspiel durch. Da die Mannschaft sehr professionell und gut ausgebildet war, kannte sie die klassischen Gesprächstools der Bedarfserhebung, der Alternativen-Reduzierung und der Nutzen-Übersetzung im Prinzip schon gut. Woran es haperte, war allerdings die Sprache selbst; sie war zutiefst technisch geprägt. Das hörte sich in etwa so an: „Die Anlage hat eine Leistungsaufnahme von X KW und eine Produktivitätsrate von X. Die Amortisationszeit beträgt bei einer Auslastung von Z Y Jahre."

Nach einer kleinen Einführung, wie Sprache im Gehirn verarbeitet wird und der überlegenen Wirkung von emotionalen Sprachbildern, emotionalen Metaphern (siehe Kapitel 4) und bewegungsnahen Aktionswörtern, mussten die Ingenieure nun die vorherigen Argumente in emotionale Sprachbilder und Sprachmetaphern übersetzen. Einige Beispiele aus dieser Arbeitsphase zeigen den Unterschied.

Vorher:

Die Anlage ist leistungsfähig und hat eine hohe Produktivität.

Nachher:

Die Anlage ist bärenstark und läuft für Sie Tag und Nacht ohne Pause.

Vorher:

Die Anlage ist wirtschaftlich, weil sie sehr wenig Energie verbraucht.

Nachher:

Die Anlage ist ein Energiesparwunder. Die drückt Ihnen jeden Tag einen Tausend-Euro-Schein in die Hand.

Vorher:

Die Anlage ist ergonomisch zu bedienen.

Nachher:

Die Bedienung der Anlage ist kinderleicht, weil ein hochintelligenter Autopilot im Inneren alles steuert.

Vorher:

Die Anlage besitzt eine innovative Technik.

Nachher:

Die neue Technik bringt einen Quantensprung wie vom Pferdefuhrwerk zur heutigen Mercedes S-Klasse.

Im Anschluss an diese Übung erhielt die Marketingabteilung die Aufgabe, die gesamten Verkaufsunterlagen im Hinblick auf das Gelernte zu überarbeiten.

Der Produktionsleiter tickt anders als der Einkäufer

Die nächste Aufgabe für die Teilnehmer war, sich zu überlegen, ob diese Argumente für alle Gesprächspartner, die beim Kunden an der Entscheidung beteiligt sind, gleich wichtig wären. Denn klar war: An einer Entscheidung in der Höhe dieser Investitionssumme sind verschiedenste Abteilungen des Unternehmens beteiligt. Die erste Frage lautete, ob denn die einzelnen Abteilungen und Bereiche eines Unternehmens auch so etwas wie ein generelles emotionales Grundverständnis hätten. Zunächst verstanden die Ingenieure nicht, was ich damit meinte. Ich stellte deshalb die Frage, was das primäre Ziel des Geschäftsführers eines Unternehmens sei: Die Antwort: „Profitables Wachstum". Wo sitzt nun „Profitables Wachstum" auf der Limbic® Map? Auf der Performance/Leistungsseite! Denn das Dominanz-System ist ja unser Emotionssystem, das für Stärke und Wachstum zuständig ist. Der Geschäftsführer wurde deshalb im Bereich „Dominanz" verortet.

9 Warum auch Ingenieure Menschen sind

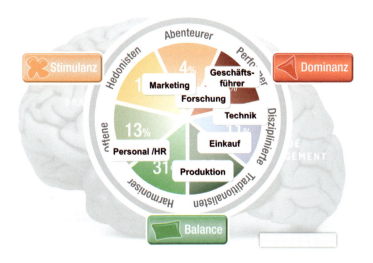

Abbildung 100: Betriebliche Funktionen haben eine klare emotionale Grundstruktur

Mit dieser Form des Fragespiels arbeiteten wir alle Funktionsträger durch, die an der Kaufentscheidung beteiligt sind. Wie lautet das Ziel des Leiters Technische Innovation und Entwicklung? Er wollte eine innovative und zukunftsfähige Fertigung und zukunftsfähige Produkte. Der Leiter Technische Entwicklung wurde so im Bereich zwischen Dominanz und Stimulanz platziert. Nun waren der technische Einkauf und das Controlling an der Reihe. Deren Ziel? Wirtschaftlichkeit in der Beschaffung und in der Betreibung. Der nächste in der Reihe war der Produktionsleiter. Sein Ziel: absolute Störungsfreiheit, Zuverlässigkeit und Sicherheit der Anlage. Die letzte wichtige Gruppe waren die Bediener der Anlage selbst. Sie wünschen sich eine einfache, bequeme Bedienung und Wartung. Auf diese Weise wurden die Abteilungen verortet und dann von der Limbic® Map auf die Limbic® Types übertragen (siehe Abbildung 100).

Durch diese Übung erkannte man schnell, dass der Leiter der Produktion die Beschaffung einer neuen Anlage mit ganz anderen Augen sieht als der Leiter technische Innovation. Während für letzteren die Beschaffung einen Jubel des Belohnungssystems auslöst, reagiert das Gehirn des Produktionsleiters mit Angst vor der Umstellung und der Ungewissheit, ob die neue Anlage auch wirklich reibungsfrei funktioniert. Nun kam eine spannende Frage aus dem Teilnehmerkreis: Was passiert, wenn der Leiter der Produktion von seiner Person her ein Abenteurer ist? Wie wird er entscheiden? Hier sind wir wieder beim Stichwort der Selbstselektion, das wir bereits im letzten Kapitel kennengelernt haben. In der Regel suchen sich nämlich Menschen unbewusst den Job, der zu ihrer Persönlichkeit passt — die Wahrscheinlichkeit, dass ein Abenteurer sich als Produktionsleiter wohl fühlt, ist eher gering.

Aber: Im Unterschied zum Consumer-Bereich kommt es im B2B-Geschäft in puncto Zielgruppen zu einer Vermischung zwischen Persönlichkeit und Aufgabe und Rolle, die sich gegenseitig beeinflussen.

Die vier B2B-Limbic®-Types

Im Consumer-Bereich, in dem es ja auf Feinheiten ankommt, arbeiten wir mit 7 Limbic® Types. Aber im B2B-Bereich sind 7 Zielgruppen zu komplex.

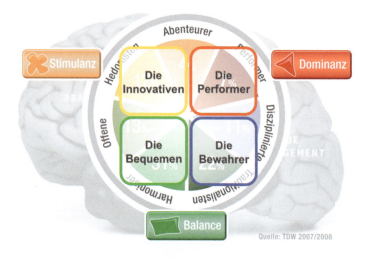

Abbildung 101: Limbic® Types im Verkaufsgespräch. Im B2B reichen vier Zielgruppen aus.

Was tun? Ganz einfach: Den Kuchen nicht in 7, sondern in 4 Stücke teilen. Wir verdichten die 7 Zielgruppen auf 4. Das Ergebnis sehen wir in Abbildung 101.

Nachdem die Teilnehmer die Grundlogik der B2B-Zielgruppen erkannt hatten, stellte ich die Ausgangsfrage wieder. Ob diese 4 Zielgruppen auf die gleichen Argumente anspringen würden. Die Antwort war ein klares Nein. Werfen wir einen Blick auf die vier B2B-Zielgruppen und deren Wünsche und Bedürfnisse.

Warum auch Ingenieure Menschen sind

Die Bequemen

Ihr Hauptziel ist ein harmonisches und sorgloses Berufsleben. Sie hassen das technische Detail und möchten sich eigentlich um nichts kümmern. Ihnen ist es am liebsten, wenn sie alles auf den Anbieter delegieren können. Aus diesem Grund lieben sie auch „Rundum-Sorglos"-Servicepakete. Die harte Verhandlung ist nicht ihre Sache. „Leben und lebenlassen" lautet ihr Credo. Zu Lieferanten pflegen sie langjährige persönliche Beziehungen und sind auch treu. Jeder neue Lieferant macht zunächst Arbeit und erhöht die Komplexität — das versuchen die Bequemen zu vermeiden. Der persönliche Draht muss stimmen, das dauert oft lange, aber wenn es dann soweit ist, entsteht eine langjährige Partnerschaft. Der aktive Lieferantenvergleich, z. B. durch Internetrecherche, ist ihnen zu anstrengend. Regionale Lieferanten mit persönlichem Kontakt werden bevorzugt. Argumente, die hier punkten, sind:

Wir machen das für Sie

Sie brauchen sich um nichts zu kümmern

Wenn es irgendetwas gibt –, rufen Sie mich einfach an

Wir sind ein Familienunternehmen und legen sehr viel Wert auf den persönlichen Kontakt zu unseren Kunden

Woran erkennt man die Bequemen? Zunächst zu den äußerlichen Zeichen: Schreibtisch und persönlicher Arbeitsplatz vermitteln „Wohnzimmeratmosphäre". Man versucht ja, es sich auch in der Arbeit irgendwie „gemütlich" zu machen. Die Kleidung ist nicht sonderlich modisch, dafür aber bequem. Wenn Krawattenzwang in der Firma besteht, dann ist die Krawatte in der Regel schon viele Jahre alt. Auch Anzug oder Kombination zeigen deutliche Gebrauchsspuren.

Die Innovativen

Sie suchen und lieben das Neue. Neue Technologien, neue technische Möglichkeiten und Anwendungen sind es, was sie wollen. Der Preis spielt nur eine Nebenrolle. In der Lieferantenbeziehung sind sie wenig treu. Sobald es etwas Neues auf dem Markt gibt, sind sie weg. Nur durch permanente Innovationsbotschaften und Einladung zu entsprechenden Seminaren lassen sie sich binden. In der Regel wissen sie genauestens über technische Entwicklungen Bescheid, weil sie extrem neugierig sind und auch das Internet extensiv nutzen. Sie sind oft diejenigen, die neuen innovativen Lieferanten Zugang zum Unternehmen verschaffen. Treffende Argumente sind:

Völlig neue Technologie

Eine Vielzahl von neuen Möglichkeiten

Wir arbeiten für die innovativsten Unternehmen aus aller Welt

Wir sind ein internationaler Konzern mit Forschungsstützpunkten überall auf der Welt

Woran erkennt man die Innovativen? Schreibtisch und Arbeitsplatz sind leicht chaotisch, weil ihr Stimulanz-Gehirn Komplexität in Form von Unordnung ertragen kann. Ihr Outfit ist individualistisch — mit deutlich modischen Akzenten. Die Sprache ist voll von Anglizismen. Die Körpersprache ist von innerer Unruhe und Ungeduld gezeichnet.

Die Performer

Sie brauchen den eigenen Erfolg, aber auch den Erfolg des Unternehmens. Sie halten Härte und Leistung für Rationalität. Alles muss effizient und messbar sein. Nur was in Form von Zahlen ausgedrückt werden kann, zählt im wahrsten Sinne des Wortes. Weil eine gelungene Durchsetzung ihrer eigenen Interessen eine hohe Aktivität im Belohnungszentrum erzeugt, lieben sie auch harte Preisverhandlungen. Zum einen, weil ein erzielter niedriger Preis die wirtschaftliche Effizienz und Wettbewerbsfähigkeit erhöht. Zum anderen, weil er ein persönliches Erfolgserlebnis bedeutet. Aber: Lieferantentreue gibt es für sie nur so lange, wie der Lieferant nützlich ist. Weil sie laufend nach der Optimierung des Bestehenden suchen, sind sie in der Regel gut informiert. Argumente sind:

Weltweit die effizienteste Technologie

Das erhöht Ihren Wettbewerbsvorsprung

Sie werden entlastet und haben Zeit, sich um wichtigere Dinge zu kümmern

Wir arbeiten für die größten und erfolgreichsten Unternehmen der Welt

Wir sind absoluter Marktführer in diesem Segment

Woran erkennt man die Performer? Zunächst einmal an ihrem Verhalten, das auf sensiblere Gemüter oft arrogant und eitel wirkt. Performer inszenieren sich: Das beginnt mit einem perfekten Outfit inklusive Schuhen. Performer wissen nämlich, dass Schuhe ein extrem wichtiges Aushängeschild sind. Auch der Arbeitsplatz ist perfekt geordnet, oft liegt eine Mappe samt Zeitmanagementsystem auf dem Schreibtisch. Auch die Schreibutensilien drücken Status und Exklusivität aus.

Die Bewahrer

Sie haben Angst vor jeder Veränderung. Während die Bequemen Veränderungen zulassen, solange sie damit keine Arbeit haben, lehnen Bewahrer Veränderungen ab. Aus diesem Grund sind sie auch sehr misstrauisch und zwar bis ins kleinste Detail. Eine Schwäche im Detail ist für sie oft der Grund, das Ganze abzulehnen. Da ihr Balance-System auf Risikovermeidung aus ist, lehnen sie jede Art von finanziellem Risiko ab. Geld, das für Innovation ausgegeben wird, ist rausgeschmissenes Geld. Jede Veränderung, auch in Lieferantenbeziehungen, versuchen sie zu verhindern, weil neue Lieferanten, neue Produkte und neue Technologien Unsicherheit schaffen. Argumente sind:

Eine vielfach bewährte Technologie mit den meisten Marktanwendungen

Unser Kundendienst ist in kürzester Zeit da, falls mal etwas passiert

Wir geben eine 10-Jahresgarantie

Wir sind ein Traditionsunternehmen, das seit mehr als 100 Jahren im Markt ist

Woran erkennt man die Bewahrer? Sie sind im Verhalten eher verschlossen und misstrauisch. In der Regel sind sie korrekt, aber wenig modisch gekleidet. Man sieht dem Anzug und der Krawatte oft seine Discounter-Herkunft an. Auf dem Schreibtisch herrscht Ordnung, alles hat seinen Platz. Jede Art von Mode oder Lifestyle fehlt. Auf Äußerlichkeiten legen sie geringen Wert. Pure Funktion ist pure Vernunft.

Was passiert, wenn alle am gleichen Tisch sitzen?

Nachdem wir uns im Training mit den 4 Typen beschäftigt hatten, kam die Frage auf, was passieren würde, wenn alle an einem Tisch säßen. Ob denn nicht die Argumente für den einen, den anderen abschrecken würden? Die Antwort darauf war: „Wenn man ganz extrem argumentiert, schon." Aber in der Praxis würde man es ja nicht übertreiben. Man kann aber die Argumente auch adressieren.

„Für Sie als Geschäftsführer (= Performer) ist es wichtig, Ihr Unternehmen durch Innovation und Kosteneffizienz wettbewerbsfähig zu halten und zu machen. Unsere Anlage ist ein technologischer Quantensprung mit extrem hohen Laufzeiten und gleichzeitig geringem Energieverbrauch. Die Anlage drückt Ihnen jeden Tag einen zusätzlichen Tausend-Euro-Schein in die Hand."

„Sie als Produktionsleiter sind ja für den reibungslosen und zuverlässigen Produktionsprozess verantwortlich. Da die gesamte Konstruktion aus mehrfach gehärtetem Panzerstahl besteht und die Steuerung nach dem gleichen Sicherheitsprinzip wie in der Luftfahrt mehrfach abgesichert ist, erreichen wir eine einzigartige Zuverlässigkeit."

Man sieht schnell, dass hier jeder Typ zu seinem „Recht" kommt und von den anderen Argumenten trotzdem nicht abgeschreckt wird. Das Gegenteil ist der Fall. Wir dürfen nicht vergessen, dass ja jede Typisierung eine Verkürzung der Persönlichkeit ist: Auch ein Performer hat ein Balance-System und auch bei einem Bewahrer meldet sich von Zeit zu Zeit sein Dominanz-System. Wenn der Perfomer die Sicherheitsargumentation für den Bewahrer hört, nimmt er das unbewusst auch als zusätzlichen Mehrwert wahr. Damit wird auch noch etwas anderes deutlich: Wir müssen uns davor hüten, zu holzschnittartig zu argumentieren. Das richtige Vorgehen ist es, typspezifische Menüs zu kochen. Der Performer bekommt deshalb 60 % „Performerargumentation", die restlichen 40 % verteilen sich auf die anderen emotionalen Argumentationsbereiche. Der Bequeme dagegen bekommt 60 % „Bequem-Argumente" und 40 % aus den anderen emotionalen Argumentationsbereichen. Weil die ersten Argumente in einer Reihe immer eine stärkere Wirkung haben, beginnt die Argumentationskette für den Performer mit Performer-Argumenten — danach folgt die emotionale Zugabe.

Der emotionale Sales Cycle

Noch ein anderer Gesichtspunkt wurde im Workshop deutlich. Hohe Investitionsentscheidungen und die Involvierung der verschiedenen Typen folgen einem zeitlichen Prozess, der sich oft über Monate hinzieht. Während dieses Prozesses, verändert sich die Wichtigkeit der einzelnen Akteure und damit auch die Wichtigkeit der emotionalen Felder. Der gesamte Prozess wird in der Praxis als „Sales Cycle" bezeichnet. Schauen wir uns einmal so einen prototypischen Sales Cycle an.

Er beginnt in der Regel damit, dass die Innovativen des Unternehmens auf der Messe oder in Fachzeitschriften eine neue Technologie entdecken. Diese Neuigkeit kann revolutionär oder aber nur eine Verbesserung des Bestehenden sein. Damit wird klar: Der Sales Cycle beginnt im Stimulanz-Bereich des Unternehmens. Hier kommt es darauf an, sich deutlich in puncto Innovation vom Wettbewerb abzuheben. Die Innovativen laden dann zu einer Präsentation im Unternehmen ein. An dieser Präsentation nehmen in der Regel der Geschäftsführer, aber auch die Verantwortlichen aus anderen Bereichen teil. Das Hauptaugenmerk liegt jedoch auf dem Chef. Er entscheidet jetzt, ob man sich mit dem Thema näher beschäftigen soll. Er entscheidet aber in puncto Wettbewerbsfähigkeit und Effizienz. Der Sales Cycle ist jetzt im Dominanz-/Performance-Bereich angekommen. Der Chef gibt nun Order, die Wirtschaftlichkeit der Investition zu prüfen. Damit geht der Stab weiter in das Controlling und damit in das Emotionsfeld „Kontrolle". Jetzt werden die Anschaffungs-, Umstellungs-, Implementierungs- und Folgekosten berechnet. Stimmen die Zahlen, erfolgt das „Go" für den nächsten Schritt. Mit dem Controlling beginnt in der Regel auch das Engineering, nämlich die Spezifikation der Anlage und Planung der reibungslosen Implementierung. Hier spielt die Produktionstechnik und die Produktionsleitung des Unternehmens die wichtigste Rolle. Die aber sind im Balance-Bereich zu Hause. Nun liegen alle Fakten auf dem Tisch; die Gesamtentscheidung erfolgt. Die Anlage wird implementiert und aufgebaut. Alles muss und soll so reibungslos und bequem wie möglich gehen. Und nach der erfolgreichen Inbetriebnahme soll alles so bequem weitergehen. Der eigentliche Sales Cycle endet also im Bereich Balance/Bequemlichkeit.

Die Emotionalisierung der Produktpräsentation

Natürlich ist Wissen noch kein Können, aber die Teilnehmer gelobten brav weiter zu üben und sich gegenseitig zu kontrollieren und zu unterstützen. Nach der zielgruppenorientierten Argumentation ging es nun an die Produktpräsentation. Dies gestaltete sich zunächst gar nicht so einfach, weil das Produkt eine zimmergroße hermetisch verschlossene Komponente ist. Die bisherige Produktpräsentation verlief weitgehend über technische Schaubilder. Die Frage war nun, wie man diese Präsentation emotionalisieren könnte. Ein Teilnehmer hatte eine gute Idee, nämlich durch digitale 3D-Medien einen Rundgang im Inneren der Komponente zu simulieren und mit dem Kunden alle wichtigen und vom Wettbewerb differenzierenden Punkte anzulaufen. Doch wie konnte man diesen digitalen Rundgang noch stärker emotionalisieren? Die Antwort: durch multisensorische Erlebnisse. Auch hier fanden die Teilnehmer eine Lösung. Zu jedem dieser Differenzierungspunkte wurde überlegt, wie man ihn „anfassbar" machen konnte. Ein Beispiel: Die geräuschminimierende Zahnradfräsung, eines von vielen Details, sollte im direkten Vergleich zum Wettbewerb im Modell gezeigt werden, während zugleich über eine Soundanlage die realen Geräuschunterschiede eingespielt werden sollten. Aus diesem Arbeitsschritt heraus wurde ein 7 Stationen umfassender multisensorischer Parcours entwickelt. Die Realisierung dieser Idee ist inzwischen abgeschlossen.

Die Emotionalisierung des Unternehmens

Der Auftragswert der Komponente liegt im zweistelligen Millionenbereich. Zudem ist die Komponente das Herzstück der gesamten chemischen Anlage, die auf eine Lebensdauer von mehr als 15 bis 20 Jahre ausgelegt ist. Für den Auftraggeber ist deshalb nicht nur die technische Leistung von Bedeutung. Er muss auch sicher gehen, dass er mit einem Unternehmen zusammenarbeitet, welches solide und zukunftssicher zugleich ist und ihm für die kommenden zwei Jahrzehnte den notwendigen Service garantieren kann. Der Kauf einer solchen Komponente ist eine Schicksalsfrage, weil sich der Kunde über viele Jahre untrennbar an das Unternehmen bindet. Aus diesem Grund besuchten prospektive Kunden das Unternehmen am Stammsitz, um sich einen persönlichen Eindruck über dessen Solidität und Kompetenz zu machen. Der Firmeninhaber war ein Ästhet und dieser Anspruch zeigte sich auch in der Gebäudearchitektur des Unternehmens. Der Hightech-Anspruch des Unternehmens, aber auch dessen Solidität, wurde durch Gebäude und Inneneinrichtung kommuniziert. Da das Unternehmen sehr viel Geld verdient und der Eigentümer zudem sehr kunstsinnig ist, wurde auch das ganze Gebäude mit moderner Kunst ausgestattet.

Doch zurück zu den Kunden des Unternehmens, die aus aller Welt angereist kommen. Ich fragte die Teilnehmer, wie sie sich denn das Unternehmen vorstellten. Als Antwort zückte einer der Teilnehmer seinen Laptop und demonstrierte die klassische Unternehmens-Powerpoint-Präsentation mit Grafikvorlagen und Grafikmustern; eben so, wie man sie schon tausend Mal gesehen hatte. Das war zwar informativ, aber die emotionale Wirkung ging gegen Null. Ich fragte die Teilnehmer, welches Gefühl sie denn bei den prospektiven Kunden erzeugen wollten. Die Antwort kam schnell: Sicherheit aus der Vergangenheit heraus und Sicherheit für die Zukunft, denn die mit dem Kauf untrennbar verbundene langjährige Verbindung erforderte unbedingtes Vertrauen in das Unternehmen. Auch hier hatten die Teilnehmer die Aufgabe, sich zu überlegen, wie sie ihren Besuchern diese Gefühle vermitteln konnten. Einer kam auf die Idee, ähnlich wie bei der eigentlichen Produktpräsentation, zunächst die ganze Unternehmenspräsentation in Form eines Rundgangs mit festen Stationen zu inszenieren und zwar immer mit der Leitidee: „Vergangenheit versus Status quo und Ausblick in die Zukunft". Der Rundgang, so die Idee, sollte in der Forschungs- und technischen Entwicklungsabteilung beginnen. An dieser ersten Station wollte man mit Hilfe von Exponaten die Geschichte des Unternehmensgründers erzählen, wie er vor vierzig Jahren die Grundidee der bis heute gültigen Basistechnologie entwickelte. Das Heute und Morgen dagegen, auch das war Teil der Idee, sollten live vom Leiter der Entwicklungsabteilung oder einem Stellvertreter erklärt werden, der immer bei dieser Station seinen Einsatz hätte. Der Gedanke: So würde der Besucher auch gleichzeitig die Menschen des Unternehmens kennenlernen, der wichtigste vertrauensbildende Faktor überhaupt. Die nächste Station war schließlich die Montage. Auch hier die gleiche Logik: Der Blick in die Vergangenheit anhand von Fotos und Exponaten, der Blick ins Heute und in die Zukunft sollte vom Produktionsleiter dargestellt werden. Insgesamt wurden 5 Stationen einschließlich Dramaturgie skizziert, eine davon war die eigentliche Produktpräsentation. Entsprechend dem künstlerisch-ästhetischen Anspruch des Firmeninhabers sollte ein renommierter Museumsdesigner die Stationen konzipieren. Auch dieses Projekt wurde inzwischen umgesetzt.

Die Überprüfung der Serviceprozesse

Nach der Konzeption der Live-Unternehmenspräsentation stand die Überprüfung der Serviceprozesse auf Emotionalisierungspotentiale auf der Workshop-Agenda. Es begann mit dem sogenannten Pre-Sales-Prozess, mit den ersten Kontakten zu den prospektiven Kunden und dem Besuch der Kunden im Werk. Die Unternehmenspräsentation war davon ein wichtiger Teilschritt. Nach der Entscheidung des Kunden für eine Anlage des Unternehmens folgt die nächste Prozess-Phase, der Engineering-Prozess. Hier werden die Komponenten der Anlage auf die genauen Anforderungen des Kunden ausgelegt und mit ihm und seinen Ingenieuren abgestimmt. Nach der Fertigstellung der Anlage muss diese beim Kunden installiert und implementiert werden; dazu zählen das Einfahren der Anlage und das Training des Wartungspersonals. Der After-Sales-Prozess mit Kundendienst und Kundenweiterbetreuung beendet schließlich den gesamten Prozess. Alle diese Teilprozesse wurden konsequent aus der Perspektive der im vorigen Kapitel skizzierten emotionalen Service-Welten beleuchtet. Auch hier wurden mehr als 50 Punkte gefunden, die man ohne großen Aufwand verbessern, sprich emotionalisieren konnte. Beispielsweise wurde bei der Bearbeitung des Pre-Sales-Prozesses der Gedanke geboren, insbesondere asiatische Besucher beim Einkauf von Souvenirs und begehrten europäischen Markenartikeln zu begleiten und ihnen die besten Geschäfte zu zeigen. Eine „Finanzierung" der Geschenke durch das Unternehmen kam nicht in Frage, weil das Unternehmen seit jeher eine ganz strikte Anti-Korruptionspolitik verfolgte. „Wer besticht", so der Firmeninhaber, „ist unehrlich und nicht vertrauenswürdig – absolutes Vertrauen ist aber mit die Grundlage unseres Geschäftes." Übrigens: Auch die strikte Beachtung von Unternehmenswerten ist ein Teil des Emotional Boosting – wir gehen im letzten Kapitel darauf ein.

Die Unternehmensmarke und der Unternehmensauftritt

Nachdem wir mit den Trainingsteilnehmern die verschiedensten Möglichkeiten der B2B-Emotionalisierung erarbeitet hatten, kam zwangsläufig die Frage, welchen Einfluss die Unternehmensmarke auf alle im Workshop bearbeiteten Bereiche hätte. Die Antwort war klar. Streng nach dem Lehrbuch hätten wir unser Training eigentlich zuerst mit der Markenpositionierung des Unternehmens beginnen müssen, um uns dann top-down mit den einzelnen Kundenkontaktpunkten oder Touchpoints zu beschäftigen. Ziel des Workshops war aber nicht die strategische Markenpositionierung des Unternehmens, sondern ein Vertriebstraining mit dem Ziel, die pragmatischen Möglichkeiten zur Emotionalisierung des Unternehmens zu entwickeln. Trotzdem sollte das bisher Erarbeitete mit der Unternehmensmarke im Einklang stehen.

Wie sah nun die Unternehmensmarke aus? Sie hatte einen funktionalen-technischen Kern, der sich deutlich vom Wettbewerb unterschied. Das Unternehmen basierte auf einer revolutionären Erfindung, die den gesamten Produktionsprozess bei den Kunden veränderte. Diese Erfindung machte die Einzigartigkeit des Unternehmens aus. Der Einsatz dieser Erfindung verbesserte die Performance des Produktionsprozesses enorm, war aber mit extrem hohen Investitionen und einer jahrzehntelangen Bindung an das Unternehmen verbunden. Wir hatten dieses Thema weiter oben schon angesprochen. Welche Haupt-Emotionsfelder mussten also von der Marke angesprochen werden. Die Antwort war:

1. Performance: Der Leistungsvorteil
2. Trust: Die Solidität und Zukunftssicherheit
3. Customer Care: Die Betreuung des Kunden während dieser langen Zeit
4. Innovation: Die technische Erfindung war schon viele Jahre alt — wurde aber laufend im Detail verbessert

Damit war auch die emotionale Markengestalt des Unternehmens klar. Abbildung 102 zeigt die emotionale Markenstruktur.

Abbildung 102: Die emotionale Markenstruktur des Anlagenbauers

Das emotionale Hauptfeld und der Markenkern lagen im Performance-Bereich, die emotionale Markenpersönlichkeit wurde aber stark durch Trust und Care-Emotionen ausdifferenziert. Die Innovation spielte nur eine untergeordnete Rolle. Ausgehend von dieser emotionalen Markenstruktur wurden nun alle Workshop-Ergebnisse noch einmal überprüft und im Hinblick auf die Marke justiert. Das Ende des Workshops näherte sich und damit die obligatorische Feedback-Runde, in der alle Teilnehmer nochmals über ihre Eindrücke und Erkenntnisse berichteten. Das einhellige Fazit der Ingenieure war: „Nach diesem Workshop sehen wir uns selbst, unsere Arbeit und unsere Kunden mit völlig anderen Augen — schade, dass die Zeit schon vorbei ist."

10 Culture & Brand Boosting

10.1 Wie man die Spiegelneuronen seiner Mitarbeiter und Kunden aktiviert

> **Was Sie in diesem Kapitel erwartet:**
> *Emotional Boosting lässt sich auf zwei Wegen umsetzen. Der pragmatische Weg: Man optimiert jeden Kontaktpunkt situativ. Der strategische Weg: Man betrachtet jeden Kontaktpunkt als Markenbotschafter. Das setzt voraus, dass die Markenidee als zentrales Markengefühl formuliert wird und die Mitarbeiter als die wichtigsten Markenbotschafter die Idee spüren, leben und umsetzen können.*

Wir haben in den vorherigen Kapiteln gesehen: Es sind Emotionen, die den Wert eines Unternehmens, eines Produkts oder einer Serviceleistung steigern. Rekapitulieren wir also kurz:

1. Emotional Boosting bedeutet Abschied von der Hoffnung, dass es eine Zauberformel oder einen Zauberkaufknopf im Gehirn gibt, den man nur zu drücken braucht und dann stellt sich der Erfolg von selbst ein. Emotional Boosting dagegen ist Marketing aus Sicht des Gehirns. Das bedeutet, dass alle Kontaktpunkte mit dem Kunden emotionalisiert werden.
2. Wert entsteht nicht allein nur durch die Maximierung der positiven Emotionen, sondern auch durch eine Minimierung und Vermeidung der negativen Emotionen.
3. Menschen unterscheiden sich in der Präferenz der emotionalen Signale. Während Abenteurer auf Signale und Botschaften anspringen, die mit Thrill und Risiko verbunden sind, suchen Harmoniser und Traditionalisten in der Regel das genaue Gegenteil davon.
4. Produkt- und Unternehmensmarken heben sich vom Wettbewerb dadurch ab, dass sie eigene emotionale Felder in ihrer Kategorie besetzen und diese Emotionsfelder stärker und konsequenter ausfüllen als der Wettbewerb.

Strategisches Emotional Boosting: Im Mittelpunkt steht die Marke

Emotional Boosting kann man nun auf zwei Wegen betreiben. Weg Nummer 1 ist ein pragmatisches Vorgehen. Man überprüft alle Kontaktpunkte und setzt alles in diesem Buch bisher Gelernte um. Allein schon durch dieses Vorgehen erreicht man eine ungeheuere Wertsteigerung und Kundenbindung.

Die hohe Schule des Emotional Boosting ist aber der zweite Weg, nämlich ein strategisches Vorgehen. Dieser Weg beginnt mit der Markenpositionierung. Die Grundlagen dafür haben wir bereits im 3. Kapitel „Product Boosting" kennengelernt. Die Fragen lauten hier:

▶ Welche funktionalen und welche distinktionalen Motive sollen von der Marke besonders angesprochen werden?

▶ Welche Geschichte ist mit der Marke verbunden?

▶ Welche magischen Versprechen sollen mit der Marke verbunden sein?

Alles zusammen ergibt die Marken-Gesamtgestalt. An zwei Automobilmarken soll das Gesagte beispielhaft kurz verdeutlicht werden: an BMW und Audi. Auf der Ebene der Primärmotive eines Automobils aktiviert BMW stärker den Bereich Fahrspaß, Audi dagegen technische Performance. Auf der Ebene der distinktionalen Motive adressiert BMW Individualität und Status, während Audi vor allem die Status-Motive anspricht. Nun legen wir die beiden Motivebenen übereinander und erkennen, wo die beiden Marken ihren emotionalen Kern haben: BMW im Bereich Stimulanz bis Dominanz, während Audi im Bereich Dominanz in Richtung Perfektion/Kontrolle sitzt. Abbildung 103 a, b und c verdeutlichen diesen Gedankengang.

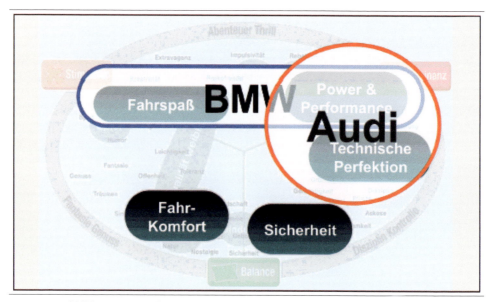

Abbildung 103a: Audi und BMW sprechen unterschiedliche Automobil-Primärmotive an

10 Wie man die Spiegelneuronen seiner Mitarbeiter und Kunden aktiviert

Abbildung 103b: Auch im Bereich der sozialen Distinktions-Motive gibt es Unterschiede zwischen Audi und BMW

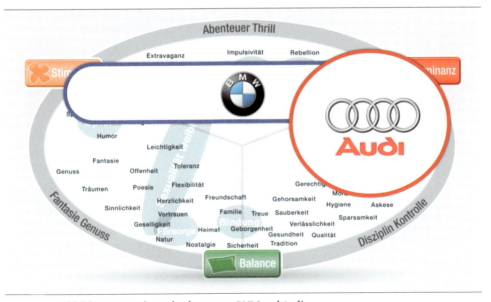

Abbildung 103c: Die Markenkerne von BMW und Audi

Das zentrale Markengefühl: Der genetische Code jeder Emotionalisierungsstrategie

Die hohe Schule der emotionalen Markenführung ist es nun, wenn es gelingt, diese Positionierung auf ein zentrales Markengefühl zu verdichten. Was ist das zentrale Markengefühl? Es ist das Gefühl, das entstehen soll, wenn man an die Marke denkt und mit ihr in Kontakt kommt. Gefühle und vor allem deren viele Nuancen entziehen sich oft der sprachlichen Beschreibung – trotzdem sollte man es versuchen.

Zurück zu unserem Auto-Beispiel. Das zentrale Markengefühl von BMW lautet: „Distinguierte Fahrfreude" und von Audi „Kontrollierte Überlegenheit".

Abbildung 104: Die zentralen Markengefühle von BMW und Audi

Warum ist es wichtig, die Marke möglichst auf ein zentrales Markengefühl zu verdichten? Ganz einfach: Weil an der Umsetzung einer Marke oft viele tausend Mitarbeiter beteiligt sind. Im Automobilbereich beispielsweise in der Fahrzeugentwicklung, im Fahrzeugdesign, im Verkauf, im Service und in der Kommunikation. Nur wenn alle Beteiligten verstehen und vor allem fühlen, welches zentrale Gefühl die Marke vermitteln will, können sie, jeder an seinem Platz, auch dazu beitragen.

Mitunter gelingt es nicht, das zentrale Markengefühl zu einem Begriff zu verdichten bzw. der Begriff bleibt irgendwie ausdruckslos. Auch hier gibt es einen Ausweg – man übersetzt das zentrale Markengefühl in eine einfach verständliche

Metapher. Ein kleines Beispiel aus der Praxis soll diese Form der Emotionalisierung verdeutlichen. Wir begleiteten eine große Lebensmittelkette bei der Umpositionierung. Als zentrales Markengefühl wurde „Frische" formuliert. Aber irgendwie war das zu wenig. Aus diesem Grund erweiterten wir das Ganze zu einer emotionalen Metapher: „Unsere Märkte sollen dem Kunden das Gefühl einer frischen klaren und sprudelnden Quelle vermitteln".

Das zentrale Markengefühl/emotionale Metapher ist also der emotionale genetische Code der Marke. Er leitet sich in der Regel aus der Marken-Mission ab. Nach seiner Erarbeitung erfolgt die konsequente Umsetzung aus der Perspektive des Emotional Boosting. Zunächst wird dieses zentrale Markengefühl in Design-, in Sound-, in Haptik- und in Geruchswelten übersetzt. Danach wird jeder Kundenkontaktpunkt unter die Lupe genommen und in Übereinstimmung mit der Markenpositionierung emotionalisiert. Wenn eine Marke wie BMW das Markengefühl „Distinguierte Fahrfreude" aktivieren möchte, dann muss vom Autodesign, über die Fahrwerksdynamik und Motorcharakteristik, über die Verkaufsräume bis hin zu den Prospekten alles dieses zentrale Markengefühl ausdrücken. Angesichts der ungeheuren Informationskonkurrenz im Markt kann man es sich nämlich immer weniger leisten, sich zu verzetteln. Das Gebot der Stunde lautet: Konzentration und permanente Wiederholung des zentralen Markengefühls.

Zielgruppen anders erleben und erfühlen

Eng verbunden mit der Markenpositionierung ist in der Regel eine kommunikative Kernzielgruppe, auf die man sich, in allem was man tut, verstärkt ausrichtet. In dieser Zielgruppe erreicht man dann auch die höchste Resonanz mit seinen Botschaften. Ein Unternehmen, welches sich beispielsweise konsequent auf Harmoniser ausrichtet, wird mit der Zeit in dieser Zielgruppe eine besonders hohe Ausschöpfung haben. Natürlich werden auch die benachbarten Zielgruppen (Offene, Traditionalisten) erreicht, während die Resonanz bei den entfernteren Zielgruppen, in diesem Fall Abenteurer und Performer, unterdurchschnittlich ausfallen wird.

Damit man aber seine Wunsch-Zielgruppen wirklich erreicht, muss man sie spüren und man muss sie leben. Es reicht bei weitem nicht, einige Verhaltensdaten der Zielgruppen aus der Marktforschung an die Wand zu werfen. Das schafft zwar abrufbares Wissen, aber kein emotionales Spüren. Hier kann man vom Theater lernen: Der große russische Schauspieler Konstantin Sergejewitsch Stanislawski hat mit seinem 1946 geschriebenen Werk „An actor prepares" eine Revolution eingeleitet. Er hatte gezeigt, dass Schauspieler nur dann erfolgreich sind, wenn sie sich in den anderen hineinversetzen und versuchen, die Gefühle von innen heraus zu erleben.

Aus diesem Grund integrieren wir häufig in unsere Markenentwicklungs- und Emotional Boosting-Projekte eintägige Trainings mit der Marketingmannschaft. Die Idee dazu stammt von den Unternehmensberatern Dr. Andreas Meyer und Arnd Roszinsky-Terjung, die beide mit Limbic® im Verlagswesen und im Buchhandelsbereich arbeiten. In diesen Trainings lernen die Teilnehmer durch Rollenspiele, Collagen, Briefe schreiben usw., die Welt aus der Sicht ihrer Zielgruppe zu denken und zu fühlen. Diese Erfahrung ist Gold wert. Insbesondere wenn man selbst der „Gegentyp" seiner Zielgruppe ist. Einer Hedonistin, sie war Marketingleiterin in einem Modeunternehmen, fiel es im Training wie Schuppen von den Augen, warum ihre Prospekte oft so wenig erfolgreich waren. Die Kernzielgruppe des Unternehmens waren nämlich Harmoniserinnen. Da sie vorher die Welt aber nur durch ihre eigene Persönlichkeitsbrille sah, entwickelte sie Prospekte, die ihr persönlich selbst gut gefielen, die aber an der Zielgruppe völlig vorbei gingen. Ohne dass ihr das selbst bewusst war, entwickelte sie nämlich Prospekte für Hedonistinnen.

Emotional Boosting als Teil der Unternehmens- und Markenstrategie oder warum Kundenorientierung viel zu kurz greift

Im Management von Unternehmen sind Führung, Innovation, Kosteneffizienz und Qualität als definierte Säulen und Managementprozesse beschrieben. Warum? Weil man davon ausgeht, dass hier die eigentliche Wertschöpfung entsteht. Die Mitarbeiter erhalten in Führungs-, Innovations-, Qualitäts- und Effizienztrainings das notwendige Know-how, ihr Unternehmen aus dieser Perspektive zu betrachten und zu optimieren. Alle diese Prozesse sind zweifellos wichtig. Sie sind aber unvollständig, weil ein wichtiger Prozess fehlt: nämlich das konsequente Denken und Handeln aus Sicht des emotionalen Kundengehirns.

Emotional Boosting geht, das haben wir gesehen, viel weiter als „Kundenorientierung". Denn „Kundenorientierung" geht in der Regel von den bewusst geäußerten Kundenwünschen aus. Da aber Kaufentscheidungen überwiegend im Unbewussten ablaufen, greift die klassische Kundenorientierung zu kurz. Es geht also nicht nur darum, dem Kunden „Qualität", „Preis", „Auswahl" und „Service" zu liefern, sondern alle Kundenkontaktpunkte entlang der ganzen Wertschöpfung, von der Marke, über das Produkt, den Vertrieb, den Service bis hin zur Präsentation am POS, ganz konsequent aus der Sicht des Gehirns emotional zu optimieren.

Ohne die Einbindung der Mitarbeiter geht nichts

Weil jeder Mitarbeiter an seinem Arbeitsplatz und in seinem Wirkungsfeld direkt oder indirekt dazu beitragen kann, emotionalen Mehrwert zu erzeugen, müssen auch die Mitarbeiter in dieser neuen Sicht, der Sicht des emotionalen Gehirns trainiert werden. Sie müssen selbst erfahren und lernen, welche Bedeutung ihre Arbeit direkt oder indirekt für die tausend unbewussten Kaufknöpfchen hat und wie sie dazu beitragen können, die Marke emotional umzusetzen. Doch Mitarbeiter sind nicht nur Macher und Umsetzer. Sie selbst sind ungeheuer wichtige emotionale Bedeutungsträger und Emotionsauslöser. Insbesondere im Dienstleistungs- und Servicebereich sind die Mitarbeiter die wichtigsten Emotional Boosters überhaupt. Im Kundengehirn wird das emotionale Mitarbeiterverhalten wie kein anderes Signal auf das Unternehmensimage und seine gesamten Leistungen übertragen.

Ein kürzlich durchgeführter Versuch macht deutlich, wie wichtig die Mitarbeiter sind. In einer Universitätsbibliothek wurde das emotionale Verhalten der Mitarbeiter an den Service-Punkten systematisch variiert. Im ersten Versuchsdurchgang spielten die Mitarbeiter „Interessenlosigkeit" und „Gleichgültigkeit". Der Augenkontakt zu den Kunden, den Studenten, Assistenten und Professoren, wurde vermieden. Parallel dazu führte man eine allgemeine Befragung über die Zufriedenheit mit der Bibliothek durch. In der Befragung wurde nicht nur die Zufriedenheit mit den Mitarbeitern bewertet, sondern auch die Verfügbarkeit von Büchern, die Ordnung in der Bibliothek, die Beleuchtung und der Lärmpegel. Nun kam der zweite Teil des Versuchs: In diesem Versuchsdurchgang spielten die Mitarbeiter „freundlich" und „hilfsbereit". Der Augenkontakt zu den Kunden wurde aktiv gesucht. Auch hier wurde die gleiche Befragung wie im ersten Durchgang durchgeführt.

Nach der Auswertung war es keine Überraschung, dass sich die Bewertung der Bibliotheksmitarbeiter zwischen den beiden Durchgängen deutlich unterschied. Das eigentlich Überraschende war, dass auch alle anderen Zufriedenheitsfaktoren dramatisch von der Bedienungsfreundlichkeit beeinflusst wurden! War das Bedienungspersonal unfreundlich, empfanden die Kunden die Bibliothek als unzureichend sortiert, die Ordnung schlecht, das Licht als zu dunkel und den Lärmpegel als zu hoch. Das genaue Gegenteil ereignete sich bei freundlichem Personal — hier waren die Kunden mit allem zufrieden. Das Mitarbeiterverhalten war also auch für die Bewertung von Dingen verantwortlich, mit denen es objektiv gar nichts zu tun hatte. Aber Objektivität interessiert uns nicht, weil wir Marketing aus Sicht des Gehirns betreiben und im Kundengehirn werden alle diese Faktoren, ausgehend vom Mitarbeiterverhalten, zu einer Gesamtbewertung verknüpft.

Das Mitarbeiter-Gesicht: Ein Super-Booster

In dem geschilderten Versuch waren der Gesichtsausdruck und der Blickkontakt der Bibliotheksmitarbeiter von entscheidender Bedeutung. Aber woher kommt das? Kein anderes Signal hat nämlich für ein menschliches Gehirn dieselbe hohe Bedeutung wie ein menschliches Gesicht (und die damit verbundene emotionale Körpersprache). Der Mensch ist neben der Ameise und der Biene eines der sozialsten Wesen überhaupt. Sozial bedeutet in diesem Zusammenhang: in Gemeinschaft lebend. Unser Großhirn ist auch nicht dazu entstanden, um beispielsweise die Relativitätstheorie zu entwickeln, sondern um sich in den vielfältigen sozialen Beziehungen, die in Großgruppen herrschen, zurechtzufinden und zu überleben. Insbesondere Gesichter sind deshalb emotionale Megasignale. Schon kleinste Veränderungen im Gesichtsausdruck von Mitarbeitern haben enorme Auswirkungen auf den Kunden.

Das beweist ein anderer Versuch, der kürzlich in den USA durchgeführt wurde. Zwei Gruppen von Versuchspersonen wurden im Vorfeld des Versuchs gleich durstig gemacht. Nun begann der eigentliche Versuch. Die Teilnehmer wurden vor einen Bildschirm gesetzt und durften für ein Getränk, welches auf dem Bildschirm gezeigt wurde, Geld bieten, um es zu kaufen. Was beide Gruppen nicht wussten war, dass ihnen am Bildschirm unterhalb der Wahrnehmungsschwelle, in 50 Millisekunden, ganz kurz ein Gesicht eingeblendet wurde. In Gruppe 1 wurde ein böses und aggressives Gesicht, in Gruppe 2 ein lachendes Gesicht eingeblendet. Der Effekt war dramatisch: Die Gruppe mit dem bösen Gesicht bot für das Getränk 10 Cent, die Gruppe mit dem lachenden Gesicht dagegen 38 Cent. Offensichtlich hatte diese kurze Einblendung völlig genügt, die Kaufstimmung total zum Kippen zu bringen. Keine der Versuchspersonen hatte die Gesichtseinblendung wahrgenommen, ihr Gehirn dagegen schon. Was war da passiert? Das böse Gesicht hatte im Gehirn das Angst- und Stresszentrum aktiviert. Bei Angst und Stress kaufen wir nicht, weil sich Gehirn und Körper auf Kampf oder Flucht und Überleben einrichten. Das Gegenteil passiert beim freundlichen Gesicht – hier reagiert das Gehirn auch mit Freude. Und wenn wir freudiger Stimmung sind, steigt unsere Kaufbereitschaft spürbar. Erinnern wir uns dabei nur an unsere gesteigerte Ausgabenfreude im Urlaub, wenn wir entspannt und heiter die Welt betrachten!

Die Macht der Spiegelneurone

Der Grund, warum Gesichter eine so große unbewusste Wirkung auf uns haben, liegt auch in den sogenannten Spiegelneuronen, die über das ganze Gehirn verteilt sind und nur eine Aufgabe haben: Vom Mitmenschen zu lernen (motorische

Spiegelneurone) oder uns emotional auf ihn einzustellen (emotionale Spiegelneurone). Wenn jemand ganz lieb und lachend auf uns zu kommt, ist die Wahrscheinlichkeit groß, dass wir alsbald ähnliche Gefühle empfinden. Das Gegenteil ist aber auch der Fall: Wenn jemand aggressiv auf uns zu marschiert, sind wir relativ schnell in gleicher Stimmung — denn jetzt geht es ums Überleben.

Insbesondere unsere Mimik, die Körpersprache, aber auch die Stimme unserer Mitmenschen sind extrem starke, meist unbewusst wirkende emotionale Signale. Da aber im Handel, in der Dienstleistung und auch im B2B-Bereich der zwischenmenschliche Kontakt die häufigsten und wichtigsten Markenkontakte bedeutet, darf und kann man Emotional Boosting nicht ohne die Perspektive Unternehmenskultur und Mitarbeiter betreiben. Nur wenn die Mitarbeiter sich innerlich mit dem Unternehmen, seinen Zielen und Werten identifizieren, wenn sie die zentrale Idee des Unternehmens fühlen, werden sie zu starken Markenbotschaftern. Man muss das Unternehmen und seine Mitarbeiter deshalb auch nach innen emotionalisieren — Culture Boosting eben.

Was wir von der erfolgreichsten Marke und dem erfolgreichsten Unternehmen aller Zeiten in Sachen Culture Boosting lernen können

Wenn ich Sie nun frage, welches das erfolgreichste Unternehmen aller Zeiten ist, werden viele antworten: Microsoft, Coca-Cola oder Mercedes-Benz. Doch diese Antworten sind falsch: Das erfolgreichste Unternehmen aller Zeiten ist die katholische Kirche. Einige der Leser werden jetzt sagen, dass die Kirche doch gar nicht so erfolgreich sei und dabei an die Kirchenaustritte in Deutschland und in manchen anderen „aufgeklärten" westlichen Staaten denken. Doch das ist ein Irrtum: In der Gesamtstatistik sind diese Kirchenaustritte marginal. Die katholische Kirche ist allein im Zeitraum von 1980 bis heute um ca. 200 Millionen auf über eine Milliarde Gläubige = Kunden gewachsen. Auch die Unternehmensgeschichte kann sich sehen lassen: Das Unternehmen besteht über 2000 Jahre. Im Vergleich dazu sind Coca-Cola und Microsoft Eintagsfliegen. Erfolg misst sich auch in finanziellen Daten: Das Grund- und Anlagevermögen ist ca. 200-mal so hoch wie das von Microsoft — die Kunstschätze sind hier noch gar nicht eingerechnet. Was ist das Erfolgsrezept der katholischen Kirche? Ganz einfach: Sie betreibt ein konsequentes Emotional Brand und Culture Boosting! Im Inneren gibt es eine hochemotionale Sinn- und Wertestruktur, mit der sich die Mitarbeiter identifizieren können. Nach außen wird das zentrale Markengefühl „Hoffnung" konsequent umgesetzt. Schauen wir uns die Kirche aus dieser Perspektive etwas genauer an.

Das zentrale Markengefühl: Hoffnung

Nur wenige Fragen beschäftigen den Menschen so sehr wie seine Zukunft. Die Ungewissheit, die mit der Zukunft verbunden ist, löst Angst aus. Aber die Gegenkraft der Angst ist, wie der Philosoph Ernst Bloch geschrieben hat, die Hoffnung. Welche Hoffnung verspricht die Kirche: Die Hoffnung auf ein besseres, erfüllteres irdisches Leben und die Hoffnung auf ein Leben nach dem Tod. Aus diesem Grund steht das zentrale Markengefühl auch im Mittelpunkt jeder Messe: Es ist die Aussicht, nach dem Jüngsten Tag zur Rechten Gottes sitzen zu dürfen und die Gewissheit, durch ein gottgefälliges Leben in der Gemeinschaft der Kirche einen Platz im Paradies zu bekommen.

Die Mission: Die Formulierung der Aufgabe und ihrer Rechtfertigung

Eng verknüpft mit dem zentralen Markengefühl ist die Mission. Das zentrale Markengefühl/emotionale Markenmetapher ist nämlich die emotionale Quintessenz der Mission. In der Mission wird die Idee und Tätigkeit des Unternehmens und der Marke beschrieben. Hier wird auch beschrieben, wo und wie sich das Unternehmen von anderen unterscheidet. Auch in der katholischen Kirche gibt es eine Mission. Diese lautet: möglichst viele Menschen dem katholischen Glauben und dem damit verbundenen Hoffnungsversprechen zuzuführen.

Das Feindbild: Der Teufel

Starke Marken können für viele Menschen zum Sinnstifter werden. Sie versprechen nicht nur ein „Wofür", sondern auch ein „Wogegen". Gerade wenn sich Menschen mit einer Idee identifizieren, fühlen sie sich als Teil einer Gruppe — das ist die Community. Gruppen stabilisieren sich aber auch dadurch, dass sich sie sich nach außen abgrenzen und gegen einen imaginären Feind kämpfen. Dieser imaginäre Feind kann eine politische Idee sein, es können Unternehmen sein, die mit Gentechnik oder Tierversuchen arbeiten oder in seiner elementarsten Form wie in der katholischen Kirche: Der Teufel. Der Name kommt vom griechischen Wort „Diabolos", was auf Deutsch Feind und Verleumder heißt. Wird in der Bibel vom „Satan" gesprochen, stammt der ursprüngliche Text aus dem Hebräischen. Der Ursprung des Teufels liegt weder in der christlichen noch jüdischen Religion. Die Juden brachten die Sage lange vor Christi Geburt aus der babylonischen Gefangenschaft mit. Weil das Andere und Böse in der Gruppenpsychologie eine enorm wichtige Rolle spielen, fand und findet der Teufel bis heute einen festen Platz.

Die Identifikation von Mitarbeitern und Kunden wird wesentlich erleichtert, wenn in der Marke und in der Unternehmenskultur ein plastisches „Wogegen" etabliert wird. Dies können Tierversuche sein, es kann Intoleranz sein, es kann die Gentechnik sein.

Die Aura: Das Gefühl von Einzigartigkeit und Stolz

Menschen haben das Bedürfnis, etwas Wichtiges zu sein (Dominanz). Dieses Bedürfnis haben sie auch in der Gruppe. Die Gruppenzugehörigkeit muss also das Gefühl der Überlegenheit und des Stolzes vermitteln. Jede Religion, aber auch ein Sportverein, wie der FC Bayern München, vermitteln ihren Mitgliedern und Kunden das Gefühl, einer überlegenen und besonderen Gruppe zuzugehören. Nur wenn die Mitarbeiter selbst diesen Stolz spüren, können sie ihn auch an die Kunden weitergeben.

Die Mythen: Die magischen Kräfte aus der Vergangenheit

Mythen sind Geschichten aus der Vergangenheit. Durch diese Geschichten wird an die gemeinsame Idee und an die Wichtigkeit der gemeinsamen Werte erinnert. Die Geschichten von den Heiligen und Märtyrern und die Berichte über die vielen Wunder von Jesus in der Heiligen Schrift unterstreichen, wie wichtig Mythen nicht nur für den Aufbau einer starken Gruppen-Identität, sondern auch für die Sinngebung sind.

Der Kodex: Die verbindenden und verbindlichen Werte

Zentrales Markengefühl, Mission, Feindbild, Aura und Mythos bilden zusammen das, was man gemeinhin als den verbindenden „Sinn" oder in Erich Fromms Worten „die faszinierende Idee" einer Gruppe bezeichnet. Ziel eines expandierenden Unternehmens ist es ja, seine Idee (bzw. sein Produkt) möglichst auf der ganzen Welt zu verbreiten. Doch je weiter Menschen von der „Zentrale" entfernt sind, desto größer ist die Gefahr, dass das Autonomiestreben aktiviert wird und die Menschen sich in kleinen Schritten von der Idee und von der Gruppe lösen. Gleichzeitig gibt die große Idee zwar den gemeinsamen Weg und das Ziel vor, aber im Alltag gibt es viel zu viele Situationen, in denen diese Orientierung nicht ausreicht, um genau zu wissen, was zu tun ist und wie man sich zu verhalten hat.

Starke Gruppen und Organisationen basieren deshalb immer auf einem gemeinsamen Wertesystem. Gleichzeitig vermeidet ein Wertesystem Konflikte und Unklarheiten und fördert Verhaltensweisen, die zur Erreichung der gemeinsamen Idee dienen. Solche Wertesysteme sind relativ einfach formuliert und für jeden leicht einprägsam. Auch die Kirche und der christliche Glaube pflegen seit Jahrtausenden ein solches Wertesystem: Es sind die „Zehn Gebote". Die verbindende Kraft aus gemeinsamem Sinn und Wertesystemen hat auch der amerikanische Soziologe Amitai Etzioni in vielen Untersuchungen bestätigt. Unternehmen mit einem starken gemeinsamen Wertesystem haben wesentlich weniger Konflikte und sind im Inneren wesentlich kooperationsbereiter als Unternehmen ohne gemeinsame Werteorientierung. Wirkungsvolle Wertesysteme beinhalten übrigens auch harte Strafen bei Nichtbeachtung der gemeinsamen Spielregeln.

Rituale und Symbole: Emotional Boosting pur

Die gemeinsame Idee und Werte bilden die innere Struktur einer Marke. In Kapitel 3 „Product Boosting" haben wir diese innere Struktur als „Inventio" bezeichnet. Nun geht es darum, diese innere Struktur erlebbar zu machen: das „Disegno". Auch hier können wir von der Kirche aus ihrer langen Erfahrung lernen. Es würde den Rahmen sprengen, alle im „Einsatz" befindlichen Symbole und Rituale aufzuzählen und im Hinblick auf ihr Emotional Boosting-Potential zu analysieren. Beschränken wir uns auf die wesentlichen:

- Das Kreuzzeichen dient als Symbol der Zugehörigkeit, aber auch der Abgrenzung nach außen
- Taufe, Kommunion, Firmung, Priesterseminar, Priesterweihe sind Initiationsrituale, die in kleinen Schritten das innere Commitment aufbauen und Stärke vermitteln (Magical Boosting)
- Das tägliche Gebet ist ebenfalls ein Ritual (Ritual Boosting)
- Mit der Verabreichung/Einnahme der Heiligen Kommunion wird die Macht Gottes übertragen und Kraft gespendet (Magical Bosting)
- Die ganze Symbolik und Messinszenierung, der Einsatz von Musik, Weihrauch usw. ist Multisensorik in allerhöchster Form (Multisensory Boosting)

Am Beispiel der Kirche haben wir gesehen, dass Emotional Culture & Brand Boosting im Prinzip gar nichts Neues ist. Aufgrund der Hirnforschung wird aber deutlich, warum das Ganze wirkt und wie es wirkt. Das Erstaunliche: Starke Marken aktivieren im Gehirn fast gleiche Strukturen, die auch bei religiösen Erfahrungen aktiv sind. Das ist ja auch kein Wunder, weil starke Marken Religionsersatz sind und weil sich Religionen wie starke Marken verhalten. Emotional Boosting in höchster Vollendung schafft emotionale Sinn-Strukturen, die konsequent inszeniert und auf alle Kundenkontaktpunkte übertragen werden.

Wie man die Spiegelneuronen seiner Mitarbeiter und Kunden aktiviert

Emotional Boosting: So setzen Sie das Ganze um

Nun haben Sie es fast geschafft, liebe Leser. Unsere gemeinsame Reise ist nun gleich zu Ende. Ich möchte Ihnen zum Schluss noch ein paar Hinweise zum Vorgehen und eine kleine Checkliste zur Umsetzung mit an die Hand geben.

1. *Emotional Boosting beginnt im Führungskreis und Kopf des Unternehmens*
Sensibilisieren Sie Ihre Kollegen für die Wichtigkeit, das ganze Unternehmen aus Sicht des Kundengehirns zu emotionalisieren.

2. *Formulieren Sie Ihr zentrales Markengefühl und die zentrale Markenmetapher*
Viele Unternehmen haben ihre Markenphilosophie zwar formuliert. Aber sie ist oft so abstrakt, dass sie nur von einem kleinen Kreis von Führungskräften verstanden wird. Das Ziel ist jedoch erst erreicht, wenn auch die Putzfrau, der Pförtner oder die Kassenkraft die Markenidee verstehen. Nur dann kann sie nämlich auch umgesetzt werden.

3. *Etablieren Sie Emotional Boosting entlang der gesamten Wertschöpfungskette Ihres Unternehmens*
Beginnen Sie mit der Marke, überlegen Sie sich dann, wo im Marketing Boosting-Potenziale liegen. Dann geht es weiter zu den Produkten und zu den Serviceprozessen. Nun folgt der Vertrieb, das Customer-Relationship-Management und schließlich der POS als Point of Sale und Point of Service.

4. *Integrieren Sie Emotional Boosting in Ihre Kernkompetenz-Prozesse*
Das bedeutet zum einen, Emotional Boosting in das Trainings- und Schulungskonzept zu integrieren, zum anderen aber auch die Controlling-Instrumente, wie z. B. Kundenzufriedenheitsmessung etc., daraufhin anzupassen.

5. *Lernen Sie, die Welt mit anderen Augen zu betrachten: aus der Sicht des emotionalen Gehirns*
Von besonderer Wichtigkeit für das Gelingen des Emotional Boosting ist die Veränderung unserer Sichtweise. Wir müssen lernen, die Welt und die Kundenkontaktpunkte konsequent aus Sicht des emotionalen Gehirns zu betrachten.

6. *Betrachten Sie jedes Detail als Differenzierungschance*
Oft hören wir in der Praxis: „Das merkt der Kunde doch nicht". Diese Einschätzung ist ein fataler Irrtum: Das Kundengehirn bemerkt es doch — aber ohne, dass es dem Kunden selbst bewusst wird. Steht der Kunde nämlich vor der Entscheidung zwi-

schen Ihrem und dem Wettbewerbsangebot, wird das Kundengehirn weitgehend unbewusst den Anbieter wählen, der ihm im Detail mehr Belohnung verspricht und Unlust vermeiden hilft.

7. *Denken und handeln sie proaktiv*

„Das hat der Kunde noch nie beanstandet". Auch diese Aussage offenbart ein völliges Unverständnis darüber, was im Kundengehirn wirklich passiert. Wer darauf wartet, dass ihm der Kunde seine negativen Gefühle offenbart und dann erst reagiert, hat viele Chancen bereits verspielt (der Grund: siehe Punkt 6). Emotional Boosting bedeutet proaktiv zu handeln: Also nicht zu warten, bis der Kunde negativ reagiert, sondern seine Produkte, seine Services und seine Verkaufsprozesse im Vorfeld ganz systematisch auf Emotionalisierungspotentiale zu durchleuchten. Das war die „negative" Seite. Nun zur „positiven" Seite: Kunden sind nicht nur nicht in der Lage, ihre Vermeidungswünsche zu äußern, sie sind meist ebenso wenig in der Lage ihre Belohnungswünsche auszusprechen.

Originalton Praxis: „Diesen Kundenwunsch haben wir in unseren Kundenbefragungen noch nie gehört". Hätte man sich auf Kundenbefragungen verlassen, gäbe es heute keine Autos, keine Handys, keine Computer und kein Internet usw. Gehen Sie anders vor: Sie kennen die Emotionssysteme und ihre Wünsche im Kundengehirn — nutzen Sie dieses Wissen konsequent in Innovationsprozessen.

Damit sind wir am Ende unserer Reise durch das emotionale Kundengehirn. Wenn Sie das Ganze noch etwas vertiefen wollen: Im Literaturteil finden Sie eine kleine Auswahl lesenswerter Bücher. Wenn Sie darüber hinaus Fragen, Anregungen, positives oder negatives Feedback haben: Ich freue mich auf Ihre Mail. Wie immer gilt das Beantwortungsversprechen — auch wenn es mal einige Tage dauern kann. Meine Kontaktdaten finden Sie vorne im Impressum.

Literaturempfehlung

Nachfolgend eine kleine Liste guter und empfehlenswerter Vertiefungsliteratur:

Ariely, D. (2008): Denken hilft zwar, nützt aber nichts: Warum wir immer wieder unvernünftige Entscheidungen treffen, Droemer

Assmann, J. (2007): Das kulturelle Gedächtnis: Schrift, Erinnerung und politische Identität in frühen Hochkulturen, Beck

Bischof, N. (1996): Das Kraftfeld der Mythen. Signale aus der Zeit, in der wir die Welt erschaffen haben, Piper

Böhme, H. (2006): Fetischismus und Kultur. Eine andere Theorie der Moderne, Rowohlt

Bauer, J. (2008): Warum ich fühle, was du fühlst: Intuitive Kommunikation und das Geheimnis der Spiegelneurone, Heyne

Elger, C. (2009): Neurofinance. Wie Vertrauen, Angst und Gier Entscheidungen treffen, Haufe

Fuchs, W. (2007): Tausend und eine Macht. Marketing und moderne Hirnforschung, Orell Füssli

Fuchs, W. (2009): Warum das Gehirn Geschichten liebt. Mit den Erkenntnissen der Neurowissenschaften zu zielgruppenorientiertem Marketing, Haufe

Gigerenzer, G. (2008): Bauchentscheidungen: Die Intelligenz des Unbewussten und die Macht der Intuition, Goldmann

Häusel, H. G. (2008): Think Limbic! Die Macht des Unbewussten verstehen und nutzen für Motivation, Marketing, Management, Haufe

Häusel, H. G. (Hrsg.) (2007): Neuromarketing. Erkenntnisse der Hirnforschung für Markenführung, Werbung und Verkauf, Haufe

Häusel, H. G. (2008): Brain View - Warum Kunden kaufen, Haufe

Häusel, H.G. (2011): Die wissenschaftliche Fundierung des Limbic® Ansatzes, (www.haeusel.com)

Hurth, J. (2006): Angewandte Handelspsychologie, Kohlhammer

Johnson, M./Lakoff, G. (2008): Leben in Metaphern: Konstruktion und Gebrauch von Sprachbildern, Carl-Auer

Kohl, K. H. (2003): Die Macht der Dinge: Geschichte und Theorie sakraler Objekte, Beck

Pispers, R. & Dabrowski, J. (2011): Neuromarketing im Internet: Erfolgreiche und gehirngerechte Kundenansprache im E-Commerce, Haufe

Reutemann, B. (2011): Service-Kamasutra. Unternehmen und Kunden leidenschaftlich dienen, ohne Diener zu sein, (Haufe)

Rizollati, G./Sinigaglia, C. (2008): Empathie und Spiegelneurone: Die biologische Basis des Mitgefühls, Suhrkamp

Roth, G. (2007): Fühlen, Denken, Handeln. Wie das Gehirn unser Verhalten steuert, Suhrkamp

Roth, G. (2008): Persönlichkeit, Entscheidung und Verhalten: Warum es so schwierig ist, sich und andere zu ändern, Klett-Cotta

Scheier, C./Held, D. (2006): Wie Werbung wirkt. Erkenntnisse des Neuromarketing. Haufe

Scheier, C. et al. (2010): Codes. Die geheime Sprache der Produkte, Haufe

Seelmann, H. (2007): The Asian Brain: Warum man Chi Ling anders gewinnt als Markus Sommer. In: Häusel, H.G (Hrsg.) (2007): Neuromarketing, Haufe

Schüller, A. (2008): Wie Sie Mitarbeiter kundenfokussiert führen. Orell Füssli

Ullrich, W. (2008): Habenwollen. Wie funktioniert die Konsumkultur? Fischer (TB)

Über die Gruppe Nymphenburg Consult AG:

Wer ist die Gruppe Nymphenburg?

Wir sind ein Beratungsunternehmen mit Schwerpunkt Marketing und Vertrieb. Zu unseren Kunden gehören nationale und internationale Markenartikelhersteller, Handelsunternehmen, aber auch Banken und Dienstleister. Darüber hinaus sind wir Mitglied im Beraternetzwerk Ebeltoft Group, einer Kooperation internationaler Konsumgüter- und Handelsexperten. 1971 gegründet, haben wir heute ca. 40 Mitarbeiter.

Was machen wir?

Wir begleiten Produkte und Unternehmen ausgehend von der Markenentwicklung über den Vertrieb bis zum POS (Point of Sale/Point of Service). Wir haben drei große Beratungsbereiche

1. Marke
2. Vertrieb
3. Handel/POS

Was macht uns einzigartig?

Unsere Beratung basiert auf einem einzigartigen Wissen vom Kunden. Diesen Anspruch fassen wir unter dem Stichwort Total Customer Understanding zusammen. Total Customer Understanding basiert auf zwei großen Forschungsbereichen, die wir in einzigartiger Weise zum Erfolg unserer Kunden verknüpfen, nämlich Consumer Insights und Shopper Insights.

Consumer Insights: Hier interessiert uns die Frage, wie der Konsument fühlt, denkt und handelt. Basis hier ist die Hirnforschung. Mit Limbic®, basierend auf den aktuellen Erkenntnissen der Hirnforschung, haben wir heute weltweit mit das beste Erklärungsmodell.

Shopper Insights: Hier erforschen wir mit verschiedensten innovativen Methoden, wo der Konsument bevorzugt einkauft, wie er sich am POS verhält, wie er läuft, wo er hinschaut und warum er kauft oder nicht kauft.

Mit praxiserfahrenen Beratern setzen wir dieses Wissen gemeinsam mit Ihnen von der Strategiefindung bis ins kleinste Detail um.

Kontakt: **Gruppe Nymphenburg Consult AG**

Arnulfstrasse 56

80335 München

089 54 90 21-0

info@nymphenburg.de

www.nymphenburg.de

Über den Autor

Dr. Hans-Georg Häusel, Dipl. Psychologe, ist Vordenker des Neuromarketings und zählt international zu den führenden Experten in der Marketing-, Verkaufs- und Management-Hirnforschung. Er hat beim ehemaligen Direktor am Max-Planck-Institut für Psychiatrie, Prof. Dr. mult. Johannes Brengelmann, über neuropsychologische Aspekte des Geld- und Konsumverhaltens promoviert.

Aufgrund dieser Erkenntnisse veröffentlichte er 2000 seinen ersten Bestseller „Think Limbic! Die Macht des Unbewussten verstehen und nutzen für Motivation, Marketing, Management". Mit diesem Buch revolutionierte er das Marketing- und Managementdenken. Inzwischen hat er viele weitere Wirtschaftsbestseller zum Thema Hirnforschung und Verkaufen geschrieben. Sein Buch „Brain View — Warum Kunden kaufen" wurde von einer internationalen Jury 2011 zu einem der 100 besten Wirtschaftsbücher aller Zeiten gewählt.

Das von ihm entwickelte Limbic® Modell gilt heute als das beste Instrument zur Erkennung bewusster und unbewusster Lebens- und Kaufmotive sowie zu einer neuropsychologisch fundierten Zielgruppensegmentierung und Persönlichkeitsmessung.

Gemeinsam mit der Haufe Gruppe und der Gruppe Nymphenburg veranstaltet er jährlich den größten europäischen Neuromarketing-Kongress, den er inhaltlich gestaltet und moderiert.

Er ist Mitglied im Vorstand der Gruppe Nymphenburg Consult AG, Dozent an der Hochschule für Wirtschaft in Zürich und sitzt im Herausgeberbeirat der wissenschaftlichen Zeitschrift Neuro-PsychoEconomics.

Mehr über Dr. Hans-Georg Häusel erfahren Sie unter :
www.haeusel.com

Stichwortverzeichnis

Symbole

1-Click®-Bestellung … 152

A

Actimel … 69, 104, 105
Active O2 … 59, 61
Aldi … 111—114, 116
Alter … 21, 77, 86, 116, 186
Ankerpunkt … 141
Autopilot … 28, 197
Axe … 77

B

B2B … 8, 155, 195, 199, 200
Bank … 108, 160, 177, 179, 180, 182, 184—186, 188, 191, 194
Belohnungssystem … 28, 30, 98, 132, 134, 153, 175, 199
Benutzer-Illusion … 15
bio … 68
Bling H2O … 13, 14, 58, 67, 77, 109

C

Cesar … 91
Conversion Rate … 144
Cor Soap … 61, 63, 65

D

Das Unbewusste … 22, 130
Design … 87, 89, 98, 102, 166
Disegno … 57, 85, 221
Distinction Boosting … 69, 109
Duft … 91, 165

E

Emotion … 13, 111

Emotionale Persönlichkeitsstruktur … 87
Emotionsfeld … 58, 158, 204 207, 211
Emotionssysteme … 7, 8, 20, 21, 25, 29, 30, 58, 71, 73, 87, 91, 111, 122, 155, 177, 223
Entlastung … 155, 156

F

Farbe … 85, 86, 112, 89, 114
Feindbild … 219, 220
Flow-Gefühl … 148
Functional Boosting … 57, 63, 64, 66, 69, 74, 109
Funktionale Nutzenstruktur … 63

G

Geld … 14, 19, 21, 85, 156, 165, 173, 177, 178, 182, 187, 188, 205, 218
Genetischer Code … 213, 214
Geox … 64, 65, 69
Geruch … 63, 91, 99, 107, 136, 214
Geschenk
 (siehe) Gelegenheitsgeschenk … 96—98, 173, 206
Geschmack … 89, 91, 92
Gesicht … 8, 28, 94, 173, 217, 218

H

Handy … 65
Herdentrieb … 96
Hirnscanner … 21, 98, 109
Hormone … 20, 29, 30

I

Ingenieur … 195, 197, 198, 206, 209
instrumentelles Konditionieren … 24
Insula … 21
Inventio … 57, 85, 221

J
Joy of Use 147

K
katholische Kirche 219
Kontroll-Verstärkung 66
Kopi Luwak Kaffee 77
Kundengehirn 7, 8, 13, 15, 16, 22—25, 27, 63, 85, 94, 100, 103, 108, 109, 130, 136, 162—165, 216, 217, 222, 223

L
Limbic® 7, 8, 25, 73, 116, 118, 163, 177, 179, 183—188, 190—192, 194, 195, 199, 215, 227
Limbic® Map 57—59, 63, 65, 71, 86, 87, 112, 153, 159, 186, 191, 198, 199
Limbic® Types 38, 87, 123, 178—180, 185—188, 191, 199

M
Magical Boosting 221
Miele 91
Mode 8, 65, 71, 72, 77, 124, 203
Moleskine 77
Motivstruktur 8, 57, 63—66, 69
Multisensorische Verstärkung 92
Multisensory Boosting 85, 221
Musik 14, 136
Mythen 220

N
Nucleus Accumbens 21, 30, 98, 109

O
Onlinekauf 139

P
Placebowirkung 61
Primärnutzen 58, 63
Product Boosting 8, 57, 87, 113

Produktmarke 57
Produktversprechen 57

R
Regierung 15, 21, 22
Reziprozitätsmechanismus 96, 98
Rituale 104, 105, 221

S
Sale 111, 222, 227
Sales Cycle 204
Sexualität 30, 71, 77
Sinn 67, 85, 89, 91, 93, 94, 134, 157, 201
Spannungsfelder 184
Sprache 28, 99, 100, 113, 114, 122, 187, 197, 201
staatlich Fachingen 59, 61, 67
Status 69, 71—74, 77, 160, 188, 203, 205
Superadditivität 92
Superverstärkung 61, 63, 65

T
Taxi 14—16, 23, 153

V
Vermeidungssystem 30
Vio 59, 61

W
Wasser 13, 14, 58, 59, 61, 66, 67, 109
Wein 13, 74, 77, 97, 109, 132—134, 136
Wert 7, 13—16, 21, 25, 57, 74, 91, 105—107, 109, 119, 166, 200, 211
Wrigley 89

Z
Zentrales Markengefühl 211, 213, 214, 220, 222
Zielgruppe 87, 123, 124, 127, 177, 183, 186, 188, 191, 199, 200, 215
Zusatznutzen 63—65, 69, 89